中国领导科学前沿丛书

NETWORK LEADERSHIP

网络领导

雷 强◎著

国家行政学院出版社

图书在版编目(CIP)数据

网络领导/雷强著.—北京:国家行政学院出版社,2012.11

(中国领导科学前沿丛书)

ISBN 978-7-5150-0427-3

Ⅰ.①网… Ⅱ.①雷… Ⅲ.①领导学 Ⅳ.①C933

中国版本图书馆(CIP)数据核字(2012)第288882号

书　　名	网络领导
著　　者	雷　强
责任编辑	沈桂晴
出版发行	国家行政学院出版社 (北京市海淀区长春桥路6号　100089) (010)68920640　68929037 http://cbs.nsa.gov.cn
经　　销	新华书店
印　　刷	北京金秋豪印刷有限责任公司
版　　次	2012年11月北京第1版
印　　次	2012年11月北京第1次印刷
开　　本	787毫米×1092毫米　16开
印　　张	21
字　　数	302千字
书　　号	ISBN 978-7-5150-0427-3
定　　价	54.00元

总 序

中国的领导科学是伴随着三十多年前的改革开放应运而生的，现在中国新一轮更全面深入的改革开放又催生着领导科学进入全新的发展阶段。领导与变革始终是互为依赖的，变革需要领导，领导需要变革，领导也推动并引领着变革。

一

中国的领导科学应该有它鲜明的研究特色、明确的研究对象和研究范式。领导科学是研究领导工作的特点和规律的科学，它包括相互联系的两个方面，一是研究领导者成长的特点和规律，二是研究领导力的生成、构成和发生作用的特点和规律。中国的领导科学研究应在以下四个方面多下功夫。

第一，中国的领导科学要把新领导观与新领导力结合起来进行研究，这就如同哲学上把世界观和方法论结合起来进行研究一样重要。中国的领导科学需要更多的理论自信、理论自觉，而不是对西方领导理论的照搬照抄。国外的领导科学重视领导力的研究、重视实证研究都是很有道理的，但不应该忽视形而上的领导观。所谓新领导观就是科学发展的领导观，就是中国特色社会主义的领导观，它是领导科学的内核和基石，具体包括简约领导观、柔隐领导观、平民领导观和变革领导观四个方面的内容。

第二，中国的领导科学要把新领导者与新领导力结合起来进行研究，要研究领导者的成才之道，研究领导者成才的特点和规律。所谓新领导者，他的身后是追随者，而不是被领导者。领导不能“被”，被领导就不是真正意义上的领导。领导科学要力求以“人”为本，而不是以“力”为本。曾几何时，国内国外的领导科学都以极高的热情关注超凡领袖的研究，仰望崇拜那些拔山盖世的风云人物，而忽视了具有实实在在的领导力却又平平凡凡的那些领导者。前面已经论及，国外的领导科学重视领导力的研究是个大进步，因为领导力并非属于领袖专有。但也不能因此而走向另一个极端，即只谈领导力而忽视对领导者和追随者的研究。只有把领导者与领导力结合起来进行研究，才是领导科学研究的正确路径。

第三，中国的领导科学要把领导理论与新领导力结合起来进行研究。前者是后者的概括和提炼，后者是前者的展现和运用。领导科学这三十多年在中国发展缓慢并几经波折，主要的原因就是缺少理论硬核的支撑，只满足于一些豆腐块式的经验概括，只满足于从管理学等别的学科拿来似是而非的杂乱观点。其结果是种了别人的地，荒了自己的田。领导科学虽然先后形成了领导特质理论、领导行为理论、领导情境理论与领导变革理论等流派，但缺少规范化和体系化。《中国领导科学前沿丛书》尤其是《简约领导》一书对这四大基础理论的内涵和外延进行了清晰界定，使领导科学具备了初步的理论形态。没有这些理论基石，没有简约的逻辑框架，很难称得上领导科学。

第四，中国的领导科学要把领导艺术与新领导力结合起来进行研究。前者体现了个性和创造性，而后者则体现了共性和科学性。领导艺术重在实践，重在应用，更能体现中国特色。领导力之“力”是个科学概念，领导工作有时是科学不了的，更多的时候则体现为“来去自如”和“方圆兼顾”的领导艺术。领导艺术是没有唯一答案的，科学领导与艺术领导的结合也许是中国式领导最大的特色和优势。在西方人看来领导艺术也许是不可思议的事，但实际上在中国的领导情境中恰恰是天经地义的，是最有价值最有效果的。

二

2009年12月22日，国务院总理温家宝签发第568号中华人民共和国国务院令，正式颁布《行政学院工作条例》（以下简称《条例》）。《条例》把领导科学作为国家行政学院和全国行政学院系统的重点学科来建设，从而奠定了领导科学官方的学科地位。

上面论述了中国领导科学学科发展的四大任务，下面我们重点介绍国家行政学院的领导科学学科发展的四大优势。

第一，国家行政学院有专职的稳定的领导科学教学科研团队，其中仅政治学教研部领导科学研究室就有7名教授、3名副教授专门从事领导科学的教学科研工作，这个阵容在国内绝无仅有。任何一个学科要发展，必须有专门的编制、专门的人员。国家行政学院成立了全国第一个领导科学教研部，第一个领导科学教研室，第一个领导科学研究中心，第一个领导人员测评考试中心。这就从体制、编制、职能和人员上保证了领导科学学科的顺利发展。

第二，国家行政学院有领导科学的博士点和硕士点，这在国内普通高校和干部院校中也是独此一家。领导科学作为二级学科，它包含领导力与领导艺术、领导理论与方法及领导胜任力研究等多个研究方向。如果说，《条例》规定了领导科学的学科定位还有政府行为之嫌，那么，领导科学学位点的设立则完全体现了国家行政学院领导科学在全国的学术地位。有了学位点就能招收研究生，有了研究生就有了学术上的传承。

第三，国家行政学院几乎所有主班次都开设与领导科学相关的课程和讲座，受到普遍的欢迎，评价最高，且影响最大。中央国家机关司局长干部选学班选领导科学的人数最多。需要特别指出的是，国家行政学院的学员既是领导科学的学习者更是领导科学的研究者。学员关注的重点不是学科的体系和概念，而是新领导力如何生成、如何构成及如何提升等实际问题。他们思想活跃，关注现实问题，同时善于理性思考。国家行政学院研究领导科学离领导干部近，离领导工作近，真可谓得天独厚。我们知道，社会一旦需要，干部一旦需要，就比十几所大学更能把领导科学推向前进。

第四，国家行政学院与国内国际的学术机构交流广泛。多年来国家行政学院与北京大学联合招收公共管理硕士生，其主课之一就是领导科学与艺术。与北大、清华等著名高校的合作交流对我们领导科学的发展帮助很大。此外，国家行政学院与新加坡公共服务学院领导力研究中心签订了长期合作协议，与英美等西方国家活跃在一线的领导科学的研究者都保持着经常的联系和交流，明年还将在国家行政学院举办国际领导力论坛。一方面，领导科学固然需要有中国话语和中国特色，另一方面，又不能自说自话，一定要与西方对话。

三

鉴于上述国家行政学院领导科学学科的特色和优势，鉴于国家行政学院目前各主体班次教学的需要，以及十八大以后全国大规模培训干部和提高领导能力的需要，由国家行政学院政治学部与中国领导科学研究中心组织编写了这套《中国领导科学前沿丛书》。丛书没有用心去构建领导科学的学科体系，而是把当前领导工作的实际要求和广大干部的迫切要求放在首位，把新时期如何提升领导能力作为主线和研究重点。

所谓中国领导科学的“前沿”也有四个方面的考虑：一是理论的前沿，二是理念的前沿，三是实践的前沿，四是时代的前沿。

第一，本丛书关注领导理论的前沿。中国的改革开放和民族复兴急需领导理论的创新。领导与管理不同，领导重视人，重视变革，重视价值导向，重视形而上的理论；管理重视事，重视秩序，重视效率提高，重视形而下的技术。领导与管理就像鸟之双翼，缺一不可。《简约领导》开宗明义讲述领导科学的基本理论及其应用，讲清什么是领导至关重要。“领”是领方向，价值取向，包括共启愿景、战略决策和目标路径等；“领”是领团队，引领追随者；“领”要明，方向要明，目标要明；“领”要刚，要有权威性，要有力度。“导”是前方的方向引导、近旁的业务辅导、事后的绩效督导和全程的培养教导。再比如，领导力＝决策力×影响力，决策力的核心是领，而影响力的核心是导。从另一个角度看，领导力＝硬权力＋软权力，但以软权力为重点。新领导力是领导者对追随者施加的积极的定向的影响力。领导力的定义清楚了，离领导理论的前沿就不远了。

第二，本丛书关注领导理念的创新。我认为，中国最缺的就是正确的领导理念，最缺的就是真实的领导力，既缺组织的领导力，更缺个人的领导力。各级领导干部要切实树立正确的领导理念，要切实理解并掌握现代新领导力的理念。新领导力不是属于达官贵人，不是高层领导者的专利，它属于每个组织，它降临在每个人身上。“旧时王谢堂前燕，飞入寻常百姓家。”每个人都有领导力，整个社会就更有活力、更有动力。

制度领导就是一个极为重要的新理念。领导重在制度，领导重在服务，邓小平的领导理念是极为深刻的。现代领导要顺应时代要求，超越人治，善于法治，制度更带有根本性和稳定性。新领导力重在制度力，领导环境重在领导制度和领导文化。怎样使制度活起来、动起来，《制度领导》一书中有很多精彩论述和独到见解。

第三，本丛书关注领导实践的前沿。《胜任领导》主要研究领导干部的胜任特征和胜任能力。作者大量的实证研究和结论对于竞争型选拔干部以及干部培训有很强的借鉴意义。《胜任领导》属于应用性研究，选择了一个合适的角度，方便地进入了领导实践的前沿。

如何运用行政权力和领导魅力，如何避免进入权力和魅力的误区，如何转变领导方式，改进领导方法，切实提高领导绩效，《行政领导》和《魅力领导》既有理论概括，更有操作建议；既符合当前领导工作的实际，又贴近当前领导干部的需求。

第四，本丛书关注时代的前沿。领导始终是面向未来的，是与时代的脉搏息息相关的。中国目前已进入了科学发展的新时代，我们的国情、党情和世情都发生了深刻的变化，我们的现实社会和网络虚拟社会的交融互动也出现了许多新的特征。如何主动应对并引领网络社会，《网络领导》试图给出答案，很多观点令人耳目一新。今日社会，民智大开，各级领导干部必须“网开一面”，善于引导。《网络领导》一书中的愿景领导和共享领导也很有见地，观点适度超前，走在了时代的前面。

《中国领导科学前沿丛书》将分辑出版，现在送到读者面前的是该丛书的第一辑，共计六本。希望丛书能够给广大读者以启发，也期待着大家的批评指正。

刘峰

国家行政学院政治学部　主任

中国领导科学研究中心　主任

新领导，新智慧（序一）

雷强博士的《网络领导》，探讨的是网络时代领导方式这样一个重大主题。

如何提升网络时代的领导水平和执政能力？在信息文明背景下，这个问题格外具有紧迫性和必要性。我很赞同雷强博士采取“接着讲，朝前讲，比照讲”的方式，破解这个难题。

领导方式有没有时代性？我认为是有的。因此需要“朝前讲”。

农业社会有农业领导，工业社会有工业领导，网络社会有网络领导。这种划分本身就意味着，如果时代变了，领导方式也要与时俱进，否则，执政能力就会出问题。

纵观中国各朝代的领导水平和执政能力，“朝前讲”时，相对各国就比较高。比如，战国时代的未来学家孔子谈治国理政，朝前讲了三百多年，到汉武帝时才得以实现。相反，“朝后讲”时，领导水平和执政能力就比较低。其典型如慈禧太后的时候，工业社会已经来了，还在那里讲老一套，结果硬让中国在GDP世界第一位置上落后挨打。

今天网络时代到来了，对领导力的现代化，朝后讲，还是朝前讲？朝前与朝后，是按生产力决定生产方式的方向来划分的。朝前讲，就是朝着信息生产力决定生产方式的方向上讲，朝着工业化之后的第二次现代化的方向上讲。顺着提高信息生产力的要求，朝前讲信息生产方式；顺着提高信息战斗力的要求，朝前讲信息作战方式；顺着提高网络执政能力的要求，朝前讲网络执政方式。“新四化”(工业化、信息化、城镇化、农业现代化),哪一化都离不开第二次现代化。领导“新四化”,更离不开领导方式的第二次现代化。

领导方式有没有全球性?我认为是有的。因此需要“比照讲”。

领导方式既不姓社,也不姓资。在网络时代面前,各国无论信仰什么,都有提高执政能力的共同要求。网络的挑战与机遇对大家都是共同要面对的。他山之石,可以攻玉。

互联网,本来是“冷战”时期美国为防止前苏联的核打击而发展起来的。通过网络化,把指挥部分散到各处以躲开集中式的攻击。它的理念是:把鸡蛋放在一个篮子里,不如把鸡蛋放在多个篮子里保险。分散比集中安全,这是互联网的独特之处。它对领导与管理提出新要求。“冷战”结束后,信息化资本主义正向着在各领域适应网络离散化、碎片化的方向发展,微博、手机被当作积极因素,调动起来为我所用;通过“国民酷”(GNC),致力于满足老百姓多元化的快乐需求,促进社会和谐稳定。这些都值得借鉴。

相反,领导能力如果只有在集中条件下才能表现得出来,一到分散条件下就发挥不出来,岂不相当于只有把鸡蛋放在一个篮子里才安全,放在多个篮子里反而不安全了?一旦走出温室,离开防火墙,进入全球化的网络丛林环境中,这种路数就会经不起风雨,见不得世面。成熟的做法,不是幻想找到离散化、碎片化的“总开关”,一遇招架不了的时候就把它关上,把头埋到沙子里,眼不见心不烦;而是要善于驾驭离散化、碎片化,让每一个节点、每一个网页、每一部手机、每一位网民,都成为让鸡蛋变得更安全的篮子,使广大“微众”成为社会稳定和谐的正能量。发达国家的网络实践正在证明,只要想到,是可以做到的。

雷强博士比照美国的“信息化资本主义”讲中国的“信息化社会主义”,从为“人民”服务到为“人人”服务,在现有领导力基础之上,发展出“微领导”这样的领导力增量,对建设和谐社会有重大现实意义。

领导方式有没有继承性?我认为是有的。因此需要“接着讲”。

互联网在人们的印象中,是新而又新的事物。但天天接触互联网,我觉得互联网并不是从石头缝里蹦出来的，它的许多优点，都需要在继承传统的过程中细细体会，才能感悟精髓。

举例来说，群众路线就是网络领导需要继承的最大传统。现在互联网前沿流行众包（crowd sourcing），把精英都做不好的事，交给草根去做。草根对应的就是群众，有时甚至被称为群氓（rowd）。哈佛大学佩奇教授研究“傻瓜在什么条件下会战胜聪明人”这一课题发现，当系统复杂到极限，也就是“人算不如天算”的时候，傻瓜群组会非常稳定地战胜聪明人群组。因为傻瓜具有聪明人不具备的一个优势，就是具有多样性。多样性正是复杂系统进化所需要的核心竞争力（所以，我们说要“保护生态多样性”，而不说保护生态最优性）。其实这个道理，就是传统上说的“三个臭皮匠，顶个诸葛亮”。网络领导要解决人算算得清的问题，是可以依靠精英的，但遇到了网络中复杂透顶的问题，发扬群众路线传统，从群众中来，到群众中去，最终实现为了群众，才能体现出更高的领导力。

再比如，网络是扁平化的，少有层级节制，没法像任命班长、排长、连长这样去领导。但儒家有修身、齐家这样的传统，用小圈子平行地套大圈子，组成网际网络，就像《地道战》里唱的“村与村户与户地道连成片”。这相当于互联网前沿的小世界网络结构，可以在SNS结构中，通过强关系、弱关系，自组织、自协调地发挥领导作用，实现无为而治。这样的现象还有许多，说明网络领导要善于接着讲，批判继承前人的优良传统，并在新的历史条件下发扬光大。

《网络领导》这本书非常及时。现在近半数中国人都上了网，网络学生、网络商人、网络农民、网络创客……，都涌进了信息时代的新大陆。希望网络领导不要落在后面。欧洲的工业领导史上就出现过这样的笑话。军事家毛奇发现，工业化后，欧洲的军队统统都专业化了，但只有各国总司令还是业余的（因为君主是世袭的）。他为德军设计参谋部体制的意图，就在君主这个领导力层面。建立专业化的大脑，避免“拍脑门”决策。今天，雷强博士就像网络时代的毛奇，他提出网络领导这个问题，在我看来，是在像毛奇那样忧天，就是希望别等到智慧地球实现那一天，各行各业都被互联网变智慧了，一草一木都被物联网变智慧了，只剩下领导这一个物种，以及执政这一门工作，还在智慧之外业余着。为此，要为领导力建立一个智慧体系，使执政能力得以成熟。从这个意义上说，网络领导，就是智慧领导的含蓄的说法。

姜奇平
中国社科院信息化研究中心秘书长
《互联网周刊》主编
2012年11月28日

网络领导，网络执政（序二）

近两年，国家行政学院雷强博士多次来奥一网调查研究，带来诸多真知灼见，是我的良师益友。近日拜读新著《网络领导》，观点新锐，论证严密，文风激昂，实为领导学领域的领先之作。《网络领导》给我的最大启示，是网络问政的先发地区，已向网络参政过渡，最终将达到网络执政，实现这一目标的关键因素，即网络领导。

十八大报告指出，全党要“增强紧迫感和责任感，牢牢把握加强党的执政能力建设、先进性和纯洁性建设这条主线”，要“加强和改进网络内容建设，唱响网上主旋律”，要“加强网络社会管理，推进网络依法规范有序运行”。执政能力与网络发展的融合，使“网络就是领导”不但成为可能，而且成为必然。在这个关键问题上，雷强博士的《网络领导》和奥一网首倡的“网络问政”，不仅不谋而合，而且与中央精神高度契合。

从2006年至今，一个充满活力、和谐有序、建设性的网络民主平台在广东已经初步建成，形成了党政一把手率先垂范、各级官员积极响应介入、主流媒体搭建互动平台、各地网民踊跃参与、民间智库穿针引线的一个大格局，渐成上下呼应、左右竞合、线上线下浑然一体、长效机制有效运作的常态机制。其主要特点：一是网络互动作为硬性执政要素，省委书记省长一年一会网民，一封拜年信，已成“例牌”；二是网络技能列入必备执政素质。各地书记市长都要通过网络应用技能考核；三是网络问策成为常态执政思维。“不上网、不善于用网的干部，不是好干部”的观念已经普及；四是网络参与改变原有参政方式；五是网络问政降低社会治理成本。凡是网络沟通开展得好的地方，上访率都大幅下降。

对形成这一局面，奥一网起了推动作用，被公认为广东网络问政的核心推动者。这首先得益于广东掀起新一轮思想大解放，得益于广东领导者的国际视野和政治远见，得益于广东的政治清明。奥一网在国内率先建成Web 2.0网络问政平台，后升级为“民意畅通大平台”，40多位各地市、省直机关网络发言人上网“值班”，50多万条原汁原味的问政帖子，从中产生“龙剑血帖”等典型事例，解决一批民生问题；组织三届中国网络问政研讨会、首届华人网络论坛、广东网民论坛、实施《珠三角规划纲要》群众论坛等线下活动；注册成立广东首个民间智囊组织——南方民间智库，为网络问政提供智力支持。奥一网获得第二十届中国新闻奖“新闻名专栏”、“广东省五四青年奖章”等荣誉，即对推动网络问政的有力注脚。雷强教授所言“奥一网持续不断的微创新，最终引发了网络问政的‘非线性’风暴，推动了中国政治民主的发展”，则是对奥一网新的鞭策。

广东省第十一次党代会报告写进了两处有关网络问政的表述。一处是“健全决策咨询制度，积极开展网络问政”，一处是“推进网络参政问政制度化”。这表明网络问政在广东已进入决策的新层面，尤其是首次提出“网络参政”概念，为公民通过网络参与政治生活和公共事务，提供了政策上的“名分”。“参政”与“问政”相比，一字之差，但意味着在力度、深度、广度、维度上都有拓展。广东网络问政参政的方向，一定程度上代表了中国的方向：网络必将成为执政能力的要素，衡量执政能力的标尺。网络问政硕果累累，网络参政如火如荼，网络执政蓝图已就。网络问政、参政、执政并不是截然分开的，而是渐次推进，互有包容，就像从Web 1.0到Web 3.0共存的当下。

所以，《网络领导》既是对现实的梳理，更是对前景的展望，全书要义可概括为四个字“依网执政”。相比依法执政，它更具灵活性和开放性，更考验公权力机关领导者的智慧。全书既有理念上的创新，如新领导生态、新领导模式和新领导使命，也有操作上的总结，如锻炼网络思维、提升网络素养和应对网络危机。作为一名媒体人和媒体管理者，我尤其关注书中对媒体的论述。书中论及Web 3.0思维、媒治、传播革命与全媒体博弈、网络话语权与舆论引导，均令人豁然开朗。对微博这一最新的传播手段，书中有详细介绍，非常“解渴”，进而提出“微众”概念——“是基于网络平台的相互影响的独立主体，即使微不足道，但是通过信息网络工具，微众迅速组成小众、大众，直到巨众，爆发出无所不能的微动力”，并衍生出“微领导”、“微权利”、

“微动力”、“微杀手”。读至此处，有醍醐灌顶之感。

如何打通“两个舆论场”？如何消除”塔西陀陷阱”？这是党政机关和媒体面临的共同命题。《网络领导》给出了答案：具有媒体和社交双重属性的网络，正在成为多元领导主体共建认同的“网络公共领域”。信息网络技术，倒逼我们形成新的媒体观、新的领导观、新的执政观、新的变革观。归根到底，网络改变的是人；归根结底，舆论争取的是人心。

是为序。

任天阳
奥一网创始人
凯迪网副董事长
南方民间智库秘书长
2012年11月28日

前言

什么是网络？什么是领导？什么是网络领导？

党政领导干部、工商企业家、非政府组织领导人以及意见领袖如何领导网络社会？

网络社会的崛起，是领导者提升领导力的重大历史机遇。从根本上来说，网络逻辑与领导逻辑是一致的：网络需要增加更多节点，需要节点之间的互动和信息交流；领导需要赢得更多追随者，需要领导者和追随者之间的互动和信息交流。

研究网络领导，我在无意之中不自觉地按照从“接着讲”、“朝前讲”和“比照讲”三个角度来深入和展开。这恰好符合网络领导研究的客观规律，符合中国网络领导的实际需要，符合当代中国“返本开新，面向未来”的文化需要。

“接着讲”，就是接着中国文化传统讲。中华文明，源远流长，生生不息，在今天重新焕发新的生机和活力。天下为公，选贤举能，讲信修睦，是中华民族的共同理想。在网络社会，在网络战中，领导者要大力弘扬传统文化，坚持和创新“为将五德”：“智”，就是要开放决策，链接“智库”和“网脑”，集合网民智慧；“信”，就是要信息公开，“阳光透明”，立信于民；“仁”，就是要“仁者爱人”，把人民当贵人、亲人、主人，从“以民为本”到“以民为主”；“勇”，就是要勇于创新，超越危机；“严”，就是要从严律己，从严治网，共建和谐网络。在网络战中，唯有具有“五德”的领导者，才能进入“不战而屈人之兵”的最高境界。从中国传统文化来看，虽然互联网在战争中产生，但是它却以和平为发展目的。

“朝前讲”，就是朝着建党百年愿景和建国百年愿景讲。从建党之初，中国共产党把马克思主义与中国实践结合起来，探索社会公平正义，推动生产力发展，推动生产方式的变革。从建立新中国开始，中国共产党就畅想建党百年愿景，建国百年愿景，引领第一次现代化运动，引领第二次现代化运动，把中国从农业社会引入工业社会，引入信息社会。

网络领导，需要坚持和创新基本路线，不仅要以经济建设为中心，而且要以信息化带动工业化，以网络化促进现代化，全面推进经济、政治、文化、社会、生态建设，全面推动人的自身建设。

网络领导，需要坚持和创新群众路线，学会“网言网语”，坚持“网来网去”，从“民本”到“民主”，从为“人民”服务到为“人人”服务，与民共建，与民共富，与民共享，与民共治，与民共乐。

网络领导，需要坚持和创新统一战线，通过网络联系各种群体，联系各种追求社会公益的非政府组织，联系各种支持中华民族伟大复兴的爱国力量，联系建设社会主义的积极力量，共同追求社会正义。

“比照讲”，就是比照美国的“信息化资本主义”，讲中国的“信息化社会主义”。对比两种制度，信息化是相同点，资本主义和社会主义是不同点。如果说占领华尔街运动彰显了信息化资本主义的制度局限，是资本主义的自我调整，那么，创新信息化社会主义就是中国要抓住的重大历史机遇，完善社会主义制度，彰显社会主义制度的优势。

信息化社会主义，一方面是信息化，超越以原子为概念的物质经济，或者说超越工业社会的经济模式，建立以比特为概念的信息经济，或者说建立以知识社会的新经济模式；另一方面是社会主义，建立共建共享的社会分配机制，既不是把“金苹果”让少数人集中占有，也不是把“金苹果”绝对平均分配，而是把基尼系数控制在合理范围之内，既保证社会发展，又保证社会和谐。信息化社会主义，将要开启中国历史发展的新阶段，将要开动社会主义历史发展的新引擎，将要开创人类社会发展的新模式。

网络领导，就是超越危机，加强创新，引领变革，推动发展，实现美好愿景。信息网络技术革命和信息化社会主义创新，将是网络领导者的核心工作，成为建设世界大同的重要力量。

返本开新，面向未来，才是网络领导者的开放心态！

2012 年 11 月 28 日

目 录

绪论 网络与领导

第一章 网络领导观

第二章　网络领导者

第三章　媒介领导力

第四章　开放领导力

第五章　微众领导力

第六章　超越领导力

结语　网络为王

绪论

网络与领导

- 网络社会的崛起
- 领导科学的发现
- 研究内容和方法

一切都在变化！全球化、信息化、网络化、知识化、市场化、城市化运动，促进网络越来越社会化，社会越来越网络化。越来越多的国家、民族、组织和个人越来越深地“卷入”密切联系、错综复杂、纷繁变化的网络社会。信息网络技术革命正在重新塑造人们的时间观、空间观、媒体观、信息观、网络网、社会观、世界观和领导观。

对领导者来说，信息网络技术革命既带来了严峻挑战，又带来了重大机遇。把握网络社会的新趋势，分析领导科学的新成果，笔者发现，网络逻辑与领导逻辑是一致的，网络与领导是相通的。从这个意义上说，网络即领导！

一、网络社会的崛起

面对信息网络技术革命，面对全球网络社会的崛起，有的人是先知先觉者，有的人是后知后觉者，有的人是不知不觉者。先知先觉者走在时代前面，引领着思想观念的革命，创造和抓住历史机遇。后知后觉者亲历网络事件之后，才发生思想观念的革命，顺应网络社会崛起之势而有所作为。不知不觉者还处于前互联网时代，等待着思想观念的启蒙。

（一）全新的观念

如果说蒸汽机是 18 世纪最伟大的发明，引发了第一次工业革命，如果说发电机是 19 世纪最伟大的发明，引发了第二次工业革命，那么，计算机就是 20 世纪最伟大的发明，引发了信息网络革命。如果说工业技术增强了人类的体力，把人类从沉重的体力劳动中解放出来，那么，信息技术正在增强人类的脑力，把人类从繁杂的脑力劳动中解放出来，开启了人类能力发展的新阶段。

信息网络技术革命创造了继陆地、海洋、天空、太空之后的第五空间。与陆、海、天、空等实体空间不同，第五空间是虚拟的。信息网络技术把实体空间和虚拟空间紧密联系起来，形成了无所不在、无所不控、多域融合的复杂空间。

正如人体是由复杂的神经系统联系和控制的一样，人类社会是由复杂的电子神经系统联系和控制的，迅速演变成为更加复杂的网络社会。基于信息网络平台，人类正在共同创造一个消除时间间隔和地理间隔的互相连通的"信息乌托邦"①。在创造信息乌托邦的过程中，人们正在进行思想的变迁，形成全新的七大观念。

第一，人们已经突破了空间的"间断"，正在形成新的空间观。在网络之上，微电子以光速运行，全球范围内的信息传播只是"弹指一挥间"，"海内存知己，天涯若比邻"，空间的"间隔"似乎消融了。麦克卢汉在 1964 年提出的"地球村"已经成为现实。

第二，人们已经突破了时间的"间断"，正在形成新的时间观。在网络之上，时间不再是由钟表时针分割的间断，时间不仅是一种纵向的过程，而且是横向的存在。人们在网络空间好像不需要考虑时间因素，时间之"间隔"似乎消失了。

第三，人们已经突破了信息的"间断"，正在形成新的信息观。通过网络，人们将传播和获取更鲜活、更丰富、更全面的信息。文字、图片、音频、视频等各种形式的信息日益融合起来，报纸、电台、电视所传递的各种介质的信息日益融合起来。与"物质不灭"和"能量守恒"不同，信息是可生可灭的，也是不守恒的。信息既是高度抽象的，又是实实在在的。哈佛大学信息政策研究中心主任安瑟尼·G. 欧廷格教授把物质、能量和信息三者的关系描述为："没有物质，什么东西也不存

① ［美］凯斯·桑斯坦著，毕竟跃译：《信息乌托邦：众人如何生产知识》，法律出版社 2008 年版，第 203 页。

在；没有能量，什么事情也不会发生；没有信息，什么事物也没有意义。这表明，物质、能量的利用率，取决于信息调控作用的发挥。”[①] 如果说没有物质的世界是虚无的世界，没有能量的世界是死寂的世界，那么，没有信息的世界就是混乱的世界。信息逐渐变成权力的来源，信息流通逐渐成为人们生活意义的来源。

第四，人们已经突破了各种网络的“间断”，正在形成新的网络观。从第一代互联网到第二代互联网，从电信网、广播电视网、互联网的三网融合，到互联网、物联网和移动互联网新三网融合，世界将变成密切联系、浑然一体的网络平台。网络更加个性化，为每个人提供个性化、即时性服务。个人更加网络化，工作、生活和学习都将处于“在线状态”。

第五，人们已经突破了新旧媒体的“间断”，正在形成新的媒体观。从传播信息的角度看，传统三大媒体各有其局限，报纸只是通过文字图片传播信息，广播只是通过声音传播信息，电视主要通过视频传播信息。这三种传统媒体的信息传播都是单向的，信息传播者控制着信息接受者。作为新媒体，网络不仅集中了所有传播手段，实现了“多媒体”传播，而且把信息发布权赋予每个网民。每个网民既是信息消费者，又是信息生产者。从这个意义上说，“人人都有麦克风”。传统自上而下的单向度的控制型媒体格局变成更加平等的双向互动的全媒体格局。

第六，人们已经突破了国家的“间断”，正在形成新的世界观。美国著名记者托马斯·弗里德曼在环球调查之后，真切地感受到“世界是平的”。他认为，全球化 1.0 主要是国家之间的融合，始于哥伦布发现新大陆。全球化 2.0 主要是公司之间的融合，主要发生在 19 和 20 世纪，工业革命是核心力量，世界因此变得越来越“小”。全球化 3.0 是个人的全球化，始于 21 世纪，信息革命是核心动力，世界变得越来越“微”。越来越多的个人通过网络界定自己在全球范围内的新角色，重新界定自己在全球网络社会中的地位。

第七，人们已经突破了社会阶层的“间断”，正在形成新的社会观。基于网络平台，全球越来越成为一个生机勃勃的网络社会。网络将推动

① 朱海松：《网络的碎片化传播》，中国市场出版社 2010 年版，第 8 页。

“个人的世界化”和“世界的个人化”，使每个自由的人可以自由地联合，追求更加美好的信息化社会主义乃至信息化共产主义。

正如凯文·凯利指出的：“哥白尼排除了地球与物理宇宙其他部分之间的间断。接着，达尔文排除了人类与有机界其他部分之间的间断，最后，弗洛伊德排除了自我的理性世界与无意识的非理性之间的间断”，但是，“我们依然面对着第四个间断，人类和机器的间断。”①

姜奇平强调，我们正在跨越这第四个间断。② 麦克卢汉从另外一个角度强调“理解媒介”，认为“工具是自我的延伸”。如果说轮子是腿的延伸，如果说照相机是眼睛的延伸，如果说电脑是大脑的延伸，那么，“云”便是人们灵魂的延伸。③ 20年以后，随着云技术的普及，“云”不仅遍布我们周围，而且分布在我们身体内部。人们将生活在“云”之中，人们本身也构成了“云”。④

（二）时代的挑战

信息网络技术革命如此迅猛地发展，网络社会如此以迅雷不及掩耳之势崛起，以致很多领导者在不知不觉中卷入网络舆论风暴之中！

“失窃门”、“会所门”、“错字门”、“破损门”、“瞒报门”……2011年8月，公众不断围观，不断追问，“故宫深深深几许?”在网民的努力之下，故宫博物院神秘之门，“门门洞开”。

在北京这座崭新的开放的智慧城市中，故宫领导者的思维似乎还停留在古老的“紫禁城”年代，把故宫这座公共文化殿堂发生的失误乃至严重错误，权当“宫内”之事处理，能掩则掩，能藏则藏，能拖则拖。⑤ 但是，大量关于故宫的段子在网络之上进行着病毒式传播。

---

① ［美］凯文·凯利著，东西文库译：《失控》，新星出版社2010年版，第162页。

② 姜奇平：《新文明论概略》，商务印书馆2012年版，第124页。

③ ［美］凯文·凯利著，张行舟、余倩等译：《技术元素》，电子工业出版社2012年版，第225页。

④ 王壮：《马化腾VS凯文·凯利：互联网千亿级的考问》，2010年4月24日，http：//www.36kr.com/p/102779.html.

⑤ 新华网北京8月5日电：《故宫深深深几许?》，http：//news.sina.com.cn/pl/2011-08-05/235422943136.shtml.

> “小时候，故宫是一枚小小的邮票。我在这头，庄严在那头。而现在，故宫是一个不锁门的保险柜。我在外头，文物在里头。再后来，故宫是一个错别字。我‘捍’这头，你‘憾’那头。其实，故宫是一个会所，我在外头，领导在里头……”

同时，歌曲《故宫门之歌》风靡网络，娱乐网民。如此质疑和恶搞，层出不穷，络绎不绝，原本神圣的故宫形象支离破碎，轰然倒塌了。①

故宫“十重门”事件是一个很好的隐喻：紫禁城时代的思维和行为模式，或者说前互联网思维和行为模式，是无法适应网络社会发展要求的。有些领导者处于不知不觉状态，处于“紫禁城时代”，仍然是前互联网时代的思维和行为模式，难以适应网络社会的要求，不断激起各种网络事件。

在Web 2.0和3G手机时代，尤其是微博普及以来，网民积极上传和下载文字、照片和音像视频资料，朝着假、恶、丑现象开火。网络，已经成为“大规模杀伤性媒体”；网民，已经成为最大规模的虚拟而真实的政治力量。

2011年，无论春夏秋冬，无论非洲美洲，世界各国已经进入网络危机时代！春天，突尼斯、埃及、利比亚、也门、叙利亚、巴林等西亚北非国家，先后爆发了骚乱甚至战争冲突，执政23年的突尼斯阿里政权、执政30年的埃及穆巴拉克政权、执政42年的卡扎菲政权相继垮台。夏季，伦敦、巴黎、柏林、费城、旧金山等欧美大城市，先后出现了大规模民众游行、集会和骚乱。在美国大肆鼓吹“阿拉伯之春”之际，9月17日“占领华尔街”示威抗议活动拉开“华尔街之秋”的大幕。冬天，经济衰退的欧洲更加“寒冷”。11月30日，200万英国人走上街头举行“世纪大罢工”；同一天，保加利亚两大工会发起“万人大游行”。

“环球同此凉热”。个人表达与政治参与使官僚体制的缺陷不断暴露，社会抱怨与不满在互联网世界的聚合、统筹与释放，再转化为街头政治、广场政治或舆论政治，最终形成冲击旧有治理秩序的巨大力量。②

---

① 李卫柠、窦含章：《微时代，危处理》，中共中央党校出版社2011年版，第79页。

② 王文：《Web 2.0时代的世界政治》，《外交评论》，2011年第6期。

国家不再是唯一的国际行为主体，跨国公司、非政府组织、恐怖组织、犯罪集团乃至个人越来越频繁地成为与国家乃至整个世界抗衡的力量。网民灵活选择和运用各种网络工具，对主权国家和政府治理提出“无差别的挑战”。[①] 毋庸置疑，这是领导者必须迎接的时代挑战，也是领导者必须抓住的时代机遇。

（三）抓住领导机遇

据历史记载，胡耀邦在延安向毛泽东请教什么是政治，毛主席大手一挥说，政治就是把支持我们的人搞得多多的，把反对我们的人搞得少少的！政治即领导，毛泽东的领导路线，不仅包括群众路线，而且包括统一战线，核心是壮大我们的力量，削弱敌人的力量。

什么是领导力？从物理学角度来说，“力”是物体间的相互作用。从心理学角度来说，“力”是人与人之间的相互作用。领导学大师詹姆斯·库泽斯和巴里·波斯纳在《领导力的挑战》一书中写道：“所谓领导力，是渴望领导与选择跟随的人们之间的关系。”换句话说，领导力就是领导者和追随者之间的相互作用、相互影响和相互认同的关系。

需要注意区别的是，领导能力与领导力不同。领导能力是领导者自身的能力，领导力是领导者和追随者间相互的关系。

正如信息网络技术强调开放、互动、联系、聚合、行动和变革一样，网络领导者利用信息网络技术工具，超越传统的物理的、地理的、社会的界限，灵活而有效地联系更多网民，加强协作，推动变革，实现目标，共享成果。这就是说，网络领导者不仅可以通过组织内网加强与组织内部成员建立更加紧密的关系，而且可以通过组织外网与外部社会建立更加广泛的关系，全面提升网络社会领导力。从这个意义上说，网络逻辑和领导逻辑是一致的，网络即领导！

迅猛发展的信息网络技术，正是党和政府坚持和发展基本路线，坚持和创新群众路线，坚持和创新统一战线的有力工具。2008 年 6 月 20

① 沈逸：《从突尼斯到伦敦：Twitter 的无差别挑战》，《东方早报》，2011 年 8 月 10 日。

日，胡锦涛总书记在视察人民网与网民交流时指出："随着信息技术的快速发展，互联网已经成为人们获取信息的重要渠道，成为党和政府联系群众的重要纽带。"

2009年2月28日，温家宝总理通过中国政府网和新华网，与网民在线聊天，问题涉及民生、教育、医疗等多个方面。2010年2月27日，温家宝总理第二次与网民在线交流，强调"知政失者在草野，知屋漏者在宇下"，鼓励开展"网络问政"。2011年2月27日，温总理与网民在线交流，强调"最能了解政府的是群众，最有资格评价政府的也是群众"。

顺应网络社会崛起之势而为，越来越多的党政领导干部成为广受欢迎的网络书记和网络市长。从2006年创办以来，截至2012年6月30日，人民网"地方领导留言板"共刊发来自全国各地的网民留言约26万条；累计有51位省委书记、省长，350多位地市级一把手，近530位县委书记先后对网民留言做出公开回复，开展留言办理工作，共以官方名义回复了10万项网民问题，几乎涉及全国内地所有省、区、市。而且，先后有19个省、自治区、直辖市针对人民网"地方领导留言板"网民留言出台文件或规定，建立规范网民留言办理工作的长效机制。

顺应网络社会崛起之势而为，越来越多的党政领导干部不断推进网络民主蓬勃发展。中央政治局委员、广东省委书记汪洋明确提出了"网络民主"的概念。他认为，网络为人们参与社会的公共生活，乃至政治生活，提供了崭新的、广阔的平台，大大地提高了人们社会政治参与的广泛性、平等性和主动性，深刻地改变了人们的社会政治参与模式，为现代民主政治和公民社会的发育和完善提供了新的条件。汪洋认为，对待网络民主，不能采用封闭的视野、僵化的思维和单纯强制的管理方式，而要有开放兼容的思想理念，允许探索，允许失败，甚至允许犯错误，让各种网络现象、网络意见和网络事物在相互对比、充分竞争中发展，从而让代表网络社会进步的主流力量茁壮成长。[①]

① 汪洋：《构建充满活力和谐有序的网络民主平台》，2008年4月18日，ttp：//news.qq.com/a/20080418/000020.htm.

顺应网络社会崛起之势而为，越来越多的党政领导干部不断推动政务公开健康发展。浙江省委组织部部长蔡奇认为："公开透明应该是政务微博的起点。公开是一个好东西，实质上它也是一种改革，而且这种改革风险小，成本低，几乎没有成本，大家容易接受。这两个字就可以比较好地解决长期困扰我们的体制性问题。"

顺应网络社会崛起之势而为，越来越多的党政领导干部不断推动社会管理全面创新。人民网舆情监测室秘书长祝华新认为，网络舆论是监测和研判社会"突出问题"最新鲜、最丰富的信息源。加强提出社会管理创新，要以解决"影响社会和谐稳定突出问题"为突破口，进而促进官民沟通，改进公共治理。加强社会管理创新，是当前成本最小、风险最低的体制机制改革路径。①

顺应网络社会崛起之势而为，越来越多的领导者不断推动网络问政。广东奥一网主要领导人任天阳认为，网络问政是推动国家和社会全面进步的重要方式。网络问政是"点对点，一对一"的低成本、低风险的社会变革。这种低门槛、低风险的社会变革，符合中国国情，是推进国家和社会良性互动和深度融合的最佳抓手。

总之，领导干部要抓住机遇，坚持和发展基本路线，发展知识经济，建设信息化社会主义，推动实现建党百年愿景和建国百年愿景。领导干部要抓住机遇，坚持和创新群众路线，加强网络党建，建设网络化政府，提升党和政府的领导水平和执政能力。领导干部要抓住机遇，坚持和创新统一战线，开展网络公共外交，树立国家和政府形象，传播中国文化和社会主义核心价值观，提升中国和中华民族的竞争力。

二、领导科学的发现

关于领导问题的研究，大致分为三个阶段。第一阶段是 20 世纪 20

① 祝华新、单学刚、胡江春：《2011 年中国互联网舆情分析报告》，http：//yuqing. people. com. cn/GB/209170/index. html.

年代之前，学者把“领导”作为一个重大问题，从哲学、政治学、历史学等多个学科角度进行研究。第二阶段是从 20 世纪 20 年代到 80 年代中期，学者主要从管理学角度进行研究，把领导作为管理的一个职能研究，形成了领导特质理论、行为理论和权变理论。第三阶段开始于 20 世纪 80 年代中期，以愿景为核心概念，以软、硬权力为重点，形成了愿景领导、变革领导、卓越领导和灵巧领导等理论。这标志者领导科学已经成为一个新的独立学科。

（一）愿景领导

如果说用一个词作为领导科学的奠基石的话，如果说用一个词区别领导科学和管理科学的话，那么，这个词就是“愿景”。

愿景，从英文单词 vision 翻译而来。1985 年，本尼斯对美国 90 位成功领导者进行深度访谈，发现这些领导者以愿景为核心，形成了全神贯注、赋予意义、共建信任、自我调整四个成功策略（见表 1）。因为《领导者》这本薄薄的小册子，本尼斯成为“领导学大师们的院长”，成为“使领导学成为一门学科，为领导学建立学术规则的大师”。1990 年，美国著名学者彼得·圣吉出版了《第五项修炼》（见表 1）。从愿景的角度解读，这本书主要内容是：领导者通过个人超越、完善心智模式、形成共同愿景、组织学习和系统修炼五个方面，形成和实现组织愿景。

1996 年，美国著名领导学者约翰·科特出版了《领导变革》一书（见表 1）。他认为，领导变革共有八个环节。其中，第三环节是设计愿景和战略，第四环节是传播变革愿景（如图 1 所示）。

1997 年和 2004 年，美国著名领导学者斯蒂芬·柯维分别出版了《高效能人士的七个习惯》和《高效能人士的第八个习惯》（见表 1）。他认为，高效能人士，也就是卓越领导者，共有八个习惯，第一个习惯是主动超前，建立个人愿景。第八个习惯是倾听和融合众人心声，形成和实现共同愿景。

表 1 西方著名领导理论研究

作者	沃伦·本尼斯	库泽斯和波斯纳	约翰·科特
代表作	1985，1997，2003，《领导者：成功策略》	1987，1995，2003，2007，《领导力》	1990，《变革的力量》 1996，《领导变革》
领导理论要点	1. 通过愿景，唤起专注	1. 以身作则	1. 增强紧迫感
	2. 通过沟通，赋予意义	2. 共启愿景	2. 组建领导团队
	3. 通过定位，取得信任	3. 挑战现状	3. 设计愿景和战略
	4. 通过调整，完善自我	4. 使众人行	4. 传播变革愿景
		5. 激励人心	5. 授权行动
			6. 创造短期成效
			7. 巩固并推进变革
			8. 将新方法融入文化
作者	彼得·圣吉	吉姆·柯林斯	斯蒂芬·柯维
代表作	1990，2006，《第五项修炼》	1994，《基业长青》 2001，《从优秀到卓越》	1997，《高效能人士的七个习惯》 2004，《高效能人士的第八个习惯》
领导理论要点	1. 自我超越	1. 训练有素的人	1. 积极主动建立个人愿景
	2. 调整心智模式	2. 第五级经理人	2. 以始为终
	3. 建立共同愿景	3. 先人后事	3. 要事第一
	4. 团队学习	4. 训练有素的思想	4. 双赢思维
	5. 系统修炼	5. 画面残酷的现实	5. 知彼解己
		6. 刺猬理念	6. 统合统效
		7. 训练有素的行为	7. 不断更新
		8. 训练有素的文化	8. 倾听和融合众人心声，形成和实现共同愿景
		9. 技术加速器	

2003 年，美国著名领导学者库泽斯和波斯纳第三次出版了《领导者》（见表 1）。他们认为，领导者要以身作则，共启愿景，要挑战现状，使众人行，要激励人心。他们进一步把五大行为分解为十个使命。“以身作则”包含的两项使命是：明确自己的理念，找到自己的声音，宣扬共同的梦想；使行动与共同的理念保持一致，为他人树立榜样。“共启愿景”的两项使命是：展望未来，想象令人激动的愿景；诉诸共同愿景，感召他人为共同的愿景奋斗。“挑战现状”的两项使命是：积极进取，尝试新方法，猎寻机会；进行试验和冒险，不断取得小的成功，从错误中学习。“使众人行”的两项使命是：通过强调共同愿景和建立信任来促进合作；通过分享权力和自主权来增强他人的实力。“激励人心”的两项使命是：通过表彰个人的卓越表现来认可他人的贡献；通过创造

一种集体主义精神来庆祝价值的实现和胜利。①

1.增强紧迫感
•审视市场和竞争现状
•确定并讨论当前危机、潜在危机或主要机会

2.组建领导团队
•建立一个具备足够权力的小组来领导变革
•使这个小组进行团队工作

3.设计愿景和战略
•设计愿景来指导变革
•制定战略来达到愿景

4.传播变革愿景
•利用各种可能的方式来不断地传播新愿景和战略
•领导团队要以自身的行为来为员工做出表率

5.授权行动
•消除障碍
•改革那些阻碍变革愿景的制度和结构
•鼓励采取冒险性的非传统的概念、活动和行为

6.创造短期成效
•对可预见的绩效改进或“胜利”加以计划
•创造计划中的胜利
•对胜利的取得做出贡献的人，要给予明显的肯定和嘉奖

7.巩固成果并进一步推进变革
•利用人们对变革增加的信任感来变革所有相互不协调或与变革愿景不符合的制度、结构和政策
•对于可以实施变革愿景的人要加以雇用、升职，给予其发展机会
•用新的计划、主题和变革工具来使变革处于活跃状态

8.将新方法融入企业文化
•通过以顾客为导向和以生产率为导向的行为、更多更好的领导才能、更有效的管理来创造更好的绩效
•清楚地陈述新行为与组织成功之间的关系
•开发新的方式来保证领导层的进步与成功

图 1　创造大规模变革的 8 个步骤

资料来源：［美］约翰·科特著，罗立彬、翟润梅、李猛译：《变革》，机械工业出版社 2005 年版，第 23 页。

综观本尼斯、科特、库泽斯和波斯纳等人的共同研究，“愿景”已

① ［美］詹姆斯·库泽斯、［美］巴里·波斯纳著，李丽林、张震、杨振东译：《领导力》，电子工业出版社 2009 年版，第 20 页。

经成为领导科学的基础性概念。

那么，什么是愿景呢？愿景是希望实现、可以实现而且务必实现的美好前景。领导，领导，向哪儿领？往何处导？这需要方向，需要力量。这个方向，来自愿景，这种力量，也来自愿景。形成共同愿景，实现共同愿景，是最重要的领导工作。在迪伊·霍克看来，健全的组织激发人们合力追求愿景、价值、意义及自由，而不健全的组织强迫和控制人们的行为。在迪伊·霍克看来，如果没有共享的愿景，如果在追求这些愿景的过程中没有共享的价值，那么，社群将不断地分裂，组织将沦为专制的工具。[①]

福特公司的愿景是什么呢？汽车要进入家庭。微软公司的愿景是什么呢？计算机要进入家庭，放在每一张桌子上，都使用微软公司的软件。美国著名管理学者吉姆·科林斯通过调查发现，世界上"基业长青"的公司都是高瞻远瞩的公司，都是有清晰"愿景"的公司。

"20世纪最伟大的CEO"——美国的杰克·韦尔奇认为，领导者的第一要务是"形成愿景，使愿景体现在生活与工作中，并激发团队去实现它"。伟大的领导者、伟大的组织都有伟大的愿景，都能激发伟大的动力，创建伟大的事业。

基于愿景这个核心概念，本尼斯等人开创了领导学，开创了愿景领导学派。如果说本尼斯使得愿景为学者所重视，那么，彼得·圣吉则使这个词语为大众所熟悉起来。此后，不同的学者从不同的角度来研究愿景，如愿景与组织变革的关系、愿景与领导成长的关系、愿景与领导行为的关系。从美国到印度，到中国台湾，愿景领导理论融合了西方领导科学与东方领导智慧。愿景领导强调关系、意义、认同、信任、直觉、心智模式、超越自我、双赢思维、共同心声、系统修炼。这些都是软的、柔的、敏感的、玄妙的、深入心灵的、关乎文化的，甚至是深入宗教的。不难发现，愿景领导理论是"软"的科学，是软科学。[②]

为什么愿景这个崭新的词汇能够为学者和大众所接受呢？为什么领

---

① [美] 迪伊·霍克著，张珍、张建丰等译：《隐形VISA：面向未来的混序组织》，上海远东出版社2011年版，第91页。

② 雷强：《浅谈愿景领导理论》，《理论探索》，2010年第5期。

导科学在 20 世纪 80 年代中期能够独立呢？1981 年，斯佩里因为左右脑优势理论而获得诺贝尔医学奖。斯佩里发现，左脑是“意识脑”、“学术脑”、“语言脑”，主要负责逻辑、判断、推理、分析、分类、排列，具有语言和书写机能，负责视、听、嗅、触、味觉五种感觉，思维方式具有连续性、延续性和分析性；右脑是“潜意识脑”、“创造脑”、“音乐脑”、“艺术脑”，主要负责情感、直觉、想象、美术、音乐、身体协调等，具有图像化机能，如企划力、创造力、想象力，具有与宇宙共振共鸣的机能，如第六感、透视力、直觉力、灵感、梦境等，思维方式具有跳跃性、直觉性等特征。

斯佩里的左右脑优势理论在 20 世纪 80 年代征服了全世界，在各个领域引发了“右脑革命”。因为右脑革命，西方管理学界开始重视“本能”，重视“潜意识”。出版于 1982 年的彼得斯的《追求卓越》恰逢其时，成为美国工商管理圣经；出版于 1985 年的本尼斯的《领导者：成功策略》应运而生，成为美国当代领导学的开山之作。

（二）变革领导

约翰·科特，美国哈佛大学年轻的终身教授，创立了领导变革理论。在美国当代领导学科创立过程中，科特也是功不可没的。科特在长期的研究中付出了艰苦的劳动，采取了“纵向的历史的多元的方法”，在对美国经理人群体进行深入的调查研究的基础上，步步为营，层层深入，令人信服地建构了完善的领导变革理论体系。他先后于 1982 年，出版《总经理》；1985 年，出版《权力与影响》；1990 年，出版《变革的力量：领导与管理的差异》；1992 年，出版《企业文化与经营业绩》；1996 年，出版《领导变革》。

1990 年，在信息网络技术革命推动社会和企业变革的过程中，科特敏锐地发现了领导和管理的差异，强调经理人要充分发挥领导变革的作用。和本尼斯一样，科特强调，领导是做正确的事，管理是正确地做事；领导是推动变革，管理是维护秩序。

表 2　领导与管理的差异

	领　导	管　理
决　定	确定经营方向——确立将来，通常是遥远的将来的远期目标，并为实现远期目标制定进行变革的战略	计划、预算过程——确定实现计划的详细步骤和日程安排，协调必需的资源，实现计划
人力网络	联合群众——通过言行将所确定的企业经营方向传达给群众，争取有关人员的合作，并形成影响力，使相信愿景和战略的人们形成联盟，并得到他们的支持	企业组织和人员配备——根据完成计划的要求建立企业组织机构，配备人员，赋予他们完成计划的职责和权利，制定政策和程序对人们进行引导，并采取某种方式或创建一定系统监督计划的执行情况
执　行	激励和鼓舞——通过唤起人们的基本需求，激励人们战胜变革过程中遇到的政治、官僚和资源力的主要障碍	控制、解决问题——相当详细地监督计划的完成情况，如发现偏差，则制订计划、组织人员解决问题
结　果	引起变革，通常是剧烈变革，并形成积极的变革潜力（例如，生产出顾客需要的新产品，寻求新的劳资关系协调办法，增强企业的竞争力等）	在一定程度上实现预期计划，维持秩序，并能持续满足股东和顾客的期望（例如，对顾客而言总是要求准时；而股东们则要求实现预算）

资料来源：[美] 约翰·科特著，方云军译：《变革的力量》，华夏出版社 1997 年版，第 6 页。

科特认为，对经理人说来，单纯的管理和单纯的领导都是不够用、不足取的，只有把二者结合起来，互补起来，才可能提升企业绩效。一般来说，领导和管理的关系有四种类型。一是领导有余，管理不足。这样的组织往往有活力，善于变革，但制度不健全，秩序较混乱，难以持续发展。二是管理有余，领导不足。这样的组织往往秩序井然，但缺少活力，难以变革。三是领导不足，管理也不足。这样的组织既没有活力又没有秩序，缺乏竞争力。四是领导与管理均衡发展，优势互补。这样的组织，既有活力，又有秩序，是最理想的状态。

1996 年，在更加深入的调研之后，科特出版了《领导变革》，提出领导变革八步曲（如图 1 所示）。科特十分关注变革步骤的秩序，强调每一个步骤都是为下一个步骤奠定坚实的基础，变革要循序渐进，欲速则不达。从第一步到第四步的热身活动，在于认清当前艰难的现状，增强紧迫感，建立领导团队和愿景，从第五步到第七步提出有效的策略，实现变革，最后一步将变革融入企业文化，实现永续变革。这八步，少一步也不行，顺序错乱也不行，这就是“科学”。

在经过6年的深入研究之后，2002年科特出版了《变革之心》。科特发现，那种“分析—思考—改变”是一种很难见效的变革方式。在进行大规模变革的时候，企业所面临的最核心的问题绝对不是战略、结构、文化和技术，而是改变组织中人们的行为。改变人们行为的最有效方式，就是改变他们的内心感受。领导变革的深层次奥秘是：在变革的每一步，都要进行感情动员。只有触目惊心，才能人心思变。为此，科特提出了“目睹—感受—变革”的变革心理模式 。

（三）卓越领导

与科特相同，吉姆·柯林斯（James C. Collins）素以研究严谨而著称。1994年，他出版了《基业长青》一书；2001年，他出版了《从优秀到卓越》一书。这两本书构成了卓越领导理论的核心。[①] 柯林斯更加强调实证，更加强调细致的调查研究，更多地让数据说话，得出简明扼要的结论。

企业如何走向卓越？柯林斯发现，在从优秀公司到伟大公司的转变过程中，成功需要清晰的思路和坚定的行动，而不是所谓的灵感，根本没有什么“神奇时刻”；成功需要排除一切干扰，把精力集中在最重要的事情上，全力以赴去实现目标。

柯林斯认为，如果把实现从优秀到卓越跨越的过程想象为“积蓄力量，……实现跨越！”那么，它必然经过3个发展阶段。第一阶段是聚集训练有素的人，意志坚定而谦虚谨慎的第5级领导人采取“先人后事”的策略，先建设领导团队、建立领导队伍，再确定事业发展方向和具体战略；第二阶段是形成训练有素的思想，领导者既要“直面残酷的现实”，意志坚定，头脑清醒，又要坚持“刺猬理念”，抓住中心工作不动摇；第三阶段采取训练有素的行动，领导者不仅要建设强有力的组织文化，而且

① 雷强：《关于“卓越领导者”理论的几个问题》，《理论探索》，2005年第5期。

要借助技术促进组织发展。通过训练有素的人，训练有素的思想和训练有素的行为，第 5 级领导者坚持不懈地积聚力量，推动飞轮加速运转，最终实现突破性跨越（如图 2 所示）。

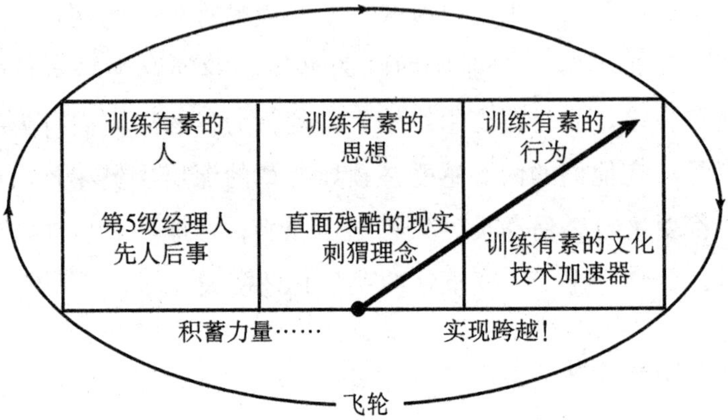

图 2　从优秀到卓越的框架

资料来源：[美] 柯林斯著，俞利军译：《从优秀到卓越》，中信出版社 2002 年版，第 26 页。

企业从优秀到卓越之后，如何才能基业长青？为什么有的企业在辉煌之后迅速衰败？为什么愿景型企业经历着一代又一代产品、一代又一代领导人却能长盛不衰？

柯林斯带领他的研究小组，用了 5 年的时间进行调查研究，收集了 700 位全球 500 强的工业与服务公司、500 强的上市与未上市公司资料，选取了 18 个卓越非凡、长盛不衰的愿景型企业（Visionary Companies），从社会因素、技术、领导人、产品与服务、财务分析及市场与环境等 9 个维度将这些公司与他们的主要竞争对手进行直接对比。柯林斯选择愿景型企业的标准是：所在行业中第一流的机构、广受企业人士崇敬、对世界有着不可磨灭的影响、已经经历很多代的 CEO、已经经历很多次产品（或服务）生命周期，而且在 1950 年前创立（平均创立时间为 1897 年）。根据这 6 条标准，他们选定的 18 家企业包括国际商用机器公司（IBM）、通用电气公司（GE）、宝洁公司（P&G）、摩托罗拉公司（MOTOROLA）、惠普公司（HP）、索尼公司（SONY）等著名企业。另外还选择了 18 家企业（包括通用汽车公司、高露洁公司等知名大公司）进行对照研究。

通过分析，柯林斯认为愿景型企业之所以“基业长青”，是因为这些企业具有“愿景规划框架”，“既坚持核心经营理念，又不断规划生动愿景”。

柯林斯用中国太极图形象地表达了企业“愿景规划框架”概念：阴为“核心经营理念”，阳为“生动未来愿景”，两者相辅相成，相互促进。愿景规划框架中的“阴性”成分——“核心经营理念”，又一分为二，由核心价值观和核心目的构成。核心经营理念，界定了企业是什么，说明了企业为什么存在，代表企业立足的根本和存在的原因是不变的，至少是100年不动摇。核心目的是组织存在的理由，而不是具体目标或企业战略。愿景规划中的“阳性”成分——“生动的未来前景”，又一分为二，一个是10～30年的大胆目标，另一个是“生动形象的描述”。阴是不变化的，并且是阳的互补物。阳指的是生动的未来前景，它是组织成员渴望实现、渴望创造的东西，是那些需要经过明显的改变和发展才能达到的东西。

也就是说，愿景型企业的成功秘诀在于“保存核心、刺激进步。”“保存核心”就是坚持企业的目的和价值观，坚持企业的选择，沿着企业既定的目标不断前进。“刺激进步”就是通过各种方法不断创新，不断变革，使企业不断产生新的活力和动力，以适应不断变化的环境。“保存核心”与“刺激进步”是辩证统一的。

愿景型企业“保存核心”的方法大体上有三种：一是“利润之上的追求”，这种方法是用核心经营理念去塑造员工的观念，激发员工的使命感；二是“教派般的文化”，这种方法是用核心经营理念去规范员工的行为，塑造员工的价值观；三是“自家培养经理人”，这种方法保证了核心经营理念的保持和传承。这三种方法构成一个体系，有效地保证了企业坚守自己的核心经营理念。

愿景型企业“刺激进步”的方法大体上有三种：一是外加的压力，即设立“胆大包天的目标”；二是内在的动力，即“永不满足的心态”；三是外生的选择和内生的创新的结合，即“择强汰弱的进化”。

在柯林斯的卓越领导理论中，“择强汰弱的进化”是一个非常重要的概念。企业“择强汰弱”的依据是什么呢？虽然能够把握的机会是多种多样的和不确定的，但企业的选择必须是确定的，即只选择符合自己核心经营理念，并且能够刺激企业进步的机会。简单地说，企业选择和把握的机遇，一方面要符合企业的核心经营理念，另一方面要符合企业未来前景。这种选择类似于达尔文的“不定向变异，定向选择”生物进化论。“愿景型企业都是突变的机器，但同时都坚决地固守核心理念。”“愿景型企业的最佳行动，绝不全是来自复杂的策略规划，反倒有很多是来自试验、尝试错误和机遇、欣然接受改变。”

柯林斯把“能够择强汰弱的进化的企业”称为“逐渐演进的物种”。换句话说，企业之所以基业长青，是因为它能够在随机变化中变革和创新。“在创新中演进”，正是自然界和人类社会发展的基本规律，也是领导者需要遵循的基本规律。当前，复杂网络科学正在研究人类社会进化的规律。

（四）灵巧领导

约瑟夫·奈（Joseph Nye），曾任卡特政府助理国务卿、克林顿政府国家情报委员会主席和助理国防部长、哈佛大学肯尼迪政府学院院长。从《权力与相互依赖》、《美国权力的悖论》、《软权力：在世界政治中获得成功的途径》、《理解国际冲突：理论与历史》、《权力大未来》等著作，人们不难发现他是研究权力问题的专家。1990年，约瑟夫·奈出版《注定领导世界：美国权力性质的变迁》一书，同年在《对外政策》杂志上发表《软实力》一文，最早明确提出并阐述了“软实力”概念。

2008年，约瑟夫·奈出版了《灵巧领导力》（The Power to Lead）。这是他学术思想的总结和提升。约瑟夫·奈把领导者定义为帮助团队创建并实现共同目标的人。领导过程包括明确意义和目标、巩固团队认同、加强凝聚力、确保秩序、团队协同工作等活动。约瑟夫·奈认为，领导活动中的共同目标非常重要。

约瑟夫·奈十分强调领导者、追随者和环境之间的微妙关系。约瑟夫·奈指出："我们不应把领导和权力关系简单地视为某种英雄式人物的行为，而应综合考虑构成领导问题的领导者、追随者和环境这三方面因素。"在信息网络社会，领导者和政策经营者就像等待巨浪的冲浪好手，"人不能控制海浪，但能随浪共舞。人不能控制事件或结果，但能做出预见，让事件和结果在一定程度上适应自身的目标。"

约瑟夫·奈的领导理论的精华依然是他擅长的"权力"研究。他认为，领导者之所以能够领导，不仅因为有硬权力，而且因为有软权力。领导软权力有两个来源：一是领导魅力，领导者天生的气质就容易吸引人；二是沟通能力，既可以表现为象征符号，也可以表现为愿景，关键是促使他人信任、认同和服从。领导硬权力有两个来源：一是威胁和强迫，包括聘用、降职和解雇等；二是回报和利好，包括升迁、奖金和报销等。当然，威逼和利诱这两种手段是密不可分的、交相为用的（见表 3）。

表 3　领导行为的软、硬权力的比较

类　型	行　为	资　源	列　举
软权力	吸引和感召	内在特征	魅力
		沟通	说服、辩才、表率
硬权力	威逼和利诱	威胁和强迫	聘用、解雇、降职
		回报和利好	升迁和报销

资料来源：[美] 约瑟夫·奈著，李达飞译：《灵巧领导力》，中信出版社 2009 年版，第 80 页。

约瑟夫·奈将领导风格划分为感召型领导、务实型领导和灵巧型领导。"感召型领导"是主要使用软权力资源的领导风格。一般来说，感召型领导具有较高的情商。情商是领导者的自控、自律和移情的能力，能将个人感情传导给他人，从而吸引他人。作为成功的领导者，富兰克林·罗斯福具有"二等智商，一等性格"。与感召型领导相对立的是务实型领导。务实型领导注重建立信息系统，掌握马基雅弗利式技巧，管理好亲疏远近不同的追随者。灵巧型领导具有"环境智慧"，不仅理解他人，而且积极建立联盟，扩大政治势力和影响力（见表 4）。

表 4　高效的领导风格：软、硬权力技巧

软权力（感召型领导）	
1. 情商	①能处理好人际关系和个人魅力 ②自我情商意识和控制
2. 沟通	①有说服力的话语和符号、表率作用 ②对亲、疏下属具有说服力
3. 远见	①对追随者有吸引力 ②有效性（理想和势实力相平衡）
硬权力（务实型领导）	
1. 组织技巧	①管理回馈和信息系统 ②管理由亲至疏的追随者圈子（直接和间接领导）
2. 马基雅弗利式技巧	①能胁迫、收买和讨价还价 ②能构建并维持成功的联盟
灵巧的权力（灵巧型领导）	
环境智慧	①了解不断变化的环境 ②利用发展趋势（创造运气） ③根据环境和追随者的需求改变风格

资料来源：[美] 约瑟夫・奈著，李达飞译：《灵巧领导力》，中信出版社 2009 年版，第 80 页。

面对信息网络技术革命的深刻影响，约瑟夫・奈十分强调灵巧领导力，即将软、硬权力有效结合的领导智慧。这种领导智慧既包含在复杂社会中认清形势的能力，又包含在复杂社会中影响事件发展的能力。“环境智慧”由文化、权力资源分配、追随者的需求、时间紧迫性、信息流等五要素构成。在信息爆炸的今天，领导者的“带宽”应更宽，并应根据不同情境调节“带宽”的使用。①

三、研究内容和方法

信息网络技术革命带动人类思维范式的革命。在量子物理和混沌理论等物理学新范式出现之后，领导学、传播学和社会学都发生了“范式的变迁”，涌现了新的学者、新的名著和新的理论。在多学科相互融合、共同发展的时代学术背景中，研究网络领导需要采用新的“网络研究

① 方堃：《灵巧领导力：软硬结合的风格与艺术》，《中外企业文化》，2010 年第 8 期。

法”，从多个维度深入研究网络领导观、网络领导者和网络领导力。

（一）范式的变迁

托马斯·库恩认为，作为一种在时间和空间上扩展的复杂过程，“科学的革命”表现为“理论范式的变迁”。所谓“范式”，就是学术共同体认同的思维方式。库恩认为：“范式是一种成熟的科学共同体在某段时间内所接纳的研究方法问题领域和解题标准的源头活水。因此，接受新范式，常常需要重新定义相应的科学。”自从物理学新范式出现之后，在领导学、经济学、政治学、心理学、社会学和人类学等社会科学领域，都发生了“科学的革命”和“范式的变迁”。

1994年，美国的本尼斯和印度的帕瑞克及其他国家的学者联合出版了《超越领导》，共同提出了领导科学从旧范式到新范式跃迁的问题，希望超越传统领导理论，开创新的领导科学范式。帕瑞克认为，物理学的范式已经发生了变革，从过去几个世纪盛行的以笛卡儿—牛顿模型为基础的机械论发展到以量子相对论模型为基础的整体论（如图3所示）。①

帕瑞克强调，人们正在经历从“第一次哥白尼革命”到“第二次哥白尼革命”的转变，正在进行着“意识”革命。如果说第一次哥白尼革命开创了人们对“外部空间”的认知和了解，确定了地球作为一颗行星在太阳系中的位置的话，那么，“第二次哥白尼革命”将促进人们对“内心世界”的认识，引导人们确定“自我”的认同和社会价值。

与以牛顿经典物理学为代表的传统科学不同，以量子力学为代表的新科学更加注重整体，更加注重从整体上把握系统，尤其重视把握系统内外的网络关系。人们需要超越分析思维的简化论，树立复杂网络思维的整体论。世界不再是机械的钟表，而是错综复杂、繁密联系、生机勃勃的网络。人们不仅要重视客观存在的实证主义，而且要重视内心体验的主观感受。人们不仅要看到物质主义的“原子式的积木”，而且要看

① ［美］沃伦·本尼斯、［印］希克迪克·帕瑞克、［英］罗尼·雷瑟姆著，刘芸、朱瑞博译：《超越领导：经济学、伦理学和生态学的平衡》，上海人民出版社2008年版，第296～302页。

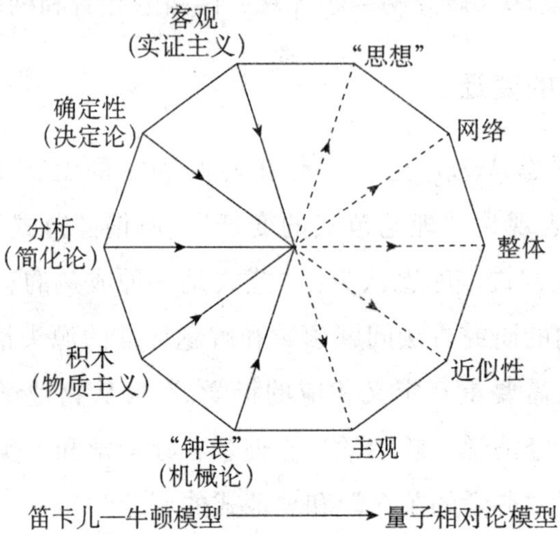

图 3　范式转变：变化中的世界观

图片来源：［美］沃伦·本尼斯、［英］希克迪克·帕瑞克、［英］罗尼·雷瑟姆著，刘芸、朱瑞博译：《超越领导：经济学、伦理学和生态学的平衡》，上海人民出版社 2011 年版，第 297 页。

到这些“原子式的积木”之间联系起来的网络。在笛卡儿的理论体系中，遗漏了最具有决定性的部分，即生命力，生命的意义。

在大多数人内心深处，在潜意识或无意识之中，深受 300 年来工业时代影响而根深蒂固存在的，是来自牛顿经典物理学的关于实在的机器模型，崇尚机械论、分离主义、因果作用、支配与控制。正是这种思维模式，使得人们背离自然规律，破坏生态平衡。正是这种思维模式，引发利益冲突，导致政府失灵，市场失灵，组织低效，领导乏力。因此，领导者要超越旧思维模式，建立新思维模式，要关注每个人，注意鼓舞人心。员工要注意友好合作而不是彼此斗争，和谐人际关系比物质利益更有价值。组织结构更加具有弹性，竞争策略更加灵活。组织要建立兼容并包的价值观，要注意领导持续变革（见表 5）。

在新领导范式指导下的研究成果中，布兰克的量子领导理论更加引人注目。布兰克认为，量子型领导者需要从网络化生态环境和网络化组织系统中有意识地收集和处理信息，对周围世界和组织状况做出判断，进而指明组织前进的方向和路线。面对新的网络世界，由于没有确定的规则，也没有充分的信息，量子型领导者必须善于决策，尽量降低风险，提升领导绩效。适者生存，量子型领导者必须具备很高的信息素养。

表 5　领导范式的变迁

特　点	旧　范　式	新　范　式
领导	专断教条	鼓舞人心
策略	计划缜密	即兴灵活
结构	等级制	网络式
体制	僵化不变	灵活多变
员工	等级分明	友好合作
方式	解决问题	转换生成
技能	需要完善	需要重建
共同价值观	力求统一	求同存异
重点	制度	个人
力量源泉	稳定	变革

图片来源：［美］沃伦·本尼斯、［英］希克迪克·帕瑞克、［英］罗尼·雷瑟姆著，刘芸、朱瑞博译：《超越领导：经济学、伦理学和生态学的平衡》，上海人民出版社 2011 年版，第 299 页。

与帕瑞克相同，在布兰克的量子领导力模型中，最为突出的概念就是“意识”。从文字角度来看，“意”，是自我的意思；“识”，是认知，认识。一般来说，意识是人们对环境和自我的认知能力及认知的清晰程度。意识既包括人们认识自己的存在，又包括人们认识环境的存在。意识具有能动性，能够与环境互动，能够把过去的经验与现在连接起来，成为“自我认同”的基础。通过深化和锻炼“意识”，领导者更加深刻地认识自己，认识环境，赢得追随者，把握各种事件的本质，探索群体前进的方向，制定组织行军路线图，建构组织内外的生态环境，最终建构领导活动的“意义”（如图 4 所示）。

建构“意义”，不仅意味着领导者要知其“然”，而且要知其“所以然”。“意义”是指各个部分所具有的、植根与生命本身之中的整体的关系。从更广泛更深刻的角度看，意义不仅指向人的生命，而且指向人与自然界的互动过程。

以新领导范式为指导，布兰克创立了新的量子领导力模型。他认为，量子领导力和传统领导能力主要有五个区别（见表 6）。

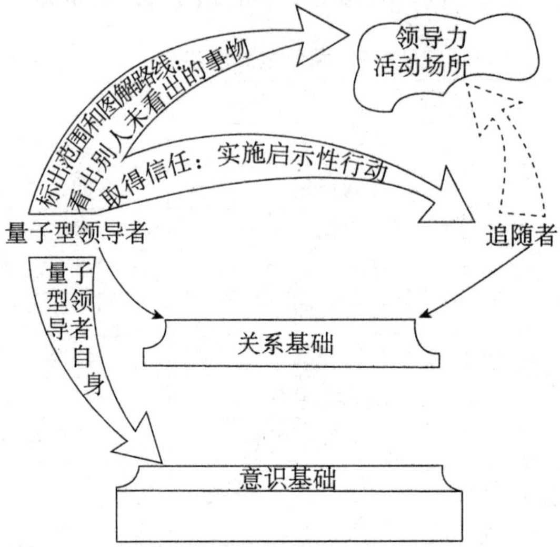

图 4　量子领导力模型

资料来源：[美] 沃伦·布兰克著，夏善晨、谢根华、罗茂生译：《领导能力的 9 项自然法则》，上海人民出版社 1997 年版，第 64 页。

表 6　领导力的两种观点

经典物理学对于领导能力的观点	量子物理学对于领导力的观点
1. 领导能力是其组成部分	1. 领导力是一个活动范围
2. 领导能力是一个人持续的属性	2. 领导力是一个断续的事件
3. 领导能力的影响基于权力	3. 领导力是基于相互之间的信任
4. 领导能力遵循因果逻辑	4. 领导力是没有结构的和不可预测的
5. 领导能力是一种客观的现象	5. 领导力是一种主观的现象

资料来源：[美] 沃伦·布兰克著，夏善晨、谢根华、罗茂生译：《领导能力的 9 项自然法则》，上海人民出版社 1997 年版，第 25 页。

布兰克在创新量子领导力理论时，不是简单地全部地否定传统领导理论，而是积极继承和超越传统领导理论，提出了“领导能力的九项自然法则”。与传统领导理论相同的是，布兰克强调“领导者要有心甘情愿的追随者”（自然法则之一），指出“不是每一个人都有愿意追随领导者的主动性”（自然法则之九），申明“领导力是一个相互作用的活动范围，是领导者与追随者之间的相互关系”（自然法则之三）。

当然，布兰克更多地提出了新观点。第一，布兰克强调“意识产生领导能力”（自然法则之二），强调领导者的信息素养，强调领导者要能够感悟与追随者和环境的互动交流的关系；第二，布兰克强调“领导行为是一种自我安排的过程”（自然法则之四），是自发产生的；第三，布兰克强调“领导力伴随着风险和不确定性”（自然法则之五）；第四，布兰克强调“领导力随着事件发生而产生”（自然法则之六）；第五，布兰克认为，领导者不是依仗职权施加影响（自然法则之七）；第六，布兰克认为，领导者在组织体制所规定的程序之外工作（自然法则之八）。[①]

（二）多学科研究

当前，不同学科、不同学者从不同角度研究互联网和网络社会，涉及众多研究主题，主要包括新科学与理论范式的变迁、科技革命所引发的网络社会的崛起和风险社会、网络特征、网络精神和网络思维、新媒体革命网络舆论引导、电子政务、网络问政、网络经济、信息网络安全、微博和微众、微创新、网络规制、网络治理和共享领导力、网络群体性事件和化解网络危机、网络文化建设等诸多问题。这些研究成果共同构成笔者进行网络领导研究的知识网络体系。就笔者所见，主要集中在四个主要领域。

第一，从信息网络技术革命角度研究网络社会的崛起及其影响。尼葛洛庞帝、凯文·凯利等著名学者分析信息网络技术的迅猛发展，卡斯特分析全球网络社会迅速崛起，桑斯坦分析了人类走向信息乌托邦和网络共和国的过程，托马斯·弗里德曼分析了全球范围内的激烈竞争与合作。

作为数字革命的传教士，尼古拉斯·尼葛洛庞帝（Nicholas Negroponte）是麻省理工学院媒体实验室的主席和共同创办人。1995 年，尼葛洛庞帝出版了《数字化生存》，深入浅出地讲解了信息网络技术的基本概念、趋势和应用、巨大的价值和数字时代的宏伟蓝图。尼葛洛庞帝认为，比特——“信息的 DNA”正在迅速取代原子而成为人类生活中

① ［美］沃伦·布兰克著，夏善晨、谢根华、罗茂生译：《领导能力的 9 项自然发展》，上海人民出版社 1997 年版，第 13 页。

的基本交换物，让媒体世界改头换面。数字化革命引发了媒介革命，从前所说的“大众”传媒的单向传播正演变成个人化的双向交流。信息不再被“推给”消费者，而是消费者自己从网络媒体上“拉出”所需要的信息，并参与创造和传播信息的过程。“计算机不再只和计算机有关，它决定我们的生存”。①

作为技术崇拜的新祭司，作为网络文化的观察者、预言家及发言人，凯文·凯利（Kevin Kelley），1994年出版了《失控：机器、社会与经济的新生物学》。这是一部思考人类社会进化的“大部头”，以恢弘的气势研究了我们的社会、经济、文化、历史及超生命体（生命体及具有类似生命体特质的人造物）。凯文·凯利的研究主题是新生物文明，即人工制造与自然生物的融合与进化。他既突出生物逻辑、蜂群思维和自然的流变，又强调技术逻辑、人造物和定向人工进化。无论是人造系统还是生命系统，都是复杂的“活系统”。凯文·凯利从人工制造的有心智的机器开始，从简单到复杂地分析了人类科技的演变过程，分析了人工进化、有组织的变化及后达尔文主义。凯文·凯利关注“混沌中的有序”，强调复杂系统通过“比特的洪流”来传递信息，在千变万化的环境中生存和发展。最后，凯文·凯利提出了大自然演进的“九律”：①分布式系统；②自下而上的控制；③递增收益；④模块化生长；⑤边界最大化；⑥鼓励犯错误；⑦不求最优化，但求多目标；⑧谋求持久的不均衡态；⑨变自生变。② 凯文·凯利寻求的是人与万物的网络化融合，寻求的是人与万物的共同进化。

著名学者曼纽尔·卡斯特（Manuel Castells）花费了15年时间撰写了信息时代三部曲，即《网络社会的崛起》、《认同的力量》和《千禧终结》。学术界认为，他是继马克思、韦伯之后的伟大的社会学家，是信息时代的社会学家。他认为，信息技术和网络技术所导致的全球资本主义的信息化，导致了网络社会的崛起，同时导致了网络世界和非网络世

① ［美］尼古拉斯·尼葛洛庞帝著，胡泳、范海燕译：《数字化生存》，海南出版社1996年版，第15页。

② ［美］凯文·凯利著，东西文库译：《失控》，新星出版社2010年版，第4页。

界的分裂和对立。在分裂的世界里，宗教、民族、族群、领域、性别、环境等因素决定了社会认同的不同类型。

卡斯特认为，在当代世界，共有三种社会认同形式。第一种是合法性认同，由社会的支配性制度引入，以扩展和合理化其对社会行动者的支配。第二种是抗拒性认同，由那些其地位和环境被支配性逻辑所贬低或者污蔑的社会行动者所拥有，表现为"被排斥者对排斥者的排斥"。第三种是规划性认同。当多元社会行动者基于多元的文化材料共同构建一种新型社会形态的认同。

凯斯·桑斯坦（Cass Sunstein），曾任奥巴马竞选团队的法律事务顾问，现在是白宫信息管制事务办公室主任。作为法律专家，桑斯坦的"网络三部曲"——《网络共和国》、《信息乌托邦》和《网络共和国2.0》堪称与时俱进，准确理解和把握网络社会，既强调网络技术对网民的赋权及网民对信息乌托邦的向往，又强调网络自由带来的社会负面效应，是研究网络社会规制问题的重要文献。

在Web 1.0背景下，桑斯坦认为信息乌托邦是一个以协商民主为特征的"网络共和国"，是一个信息高度分享、众人高效发表意见和参与决策的世界。"在一个自由的共和国里，公民期望一个体制，这个体制可以提供广泛的经验——包括人、主题和想法，而这些是他们未经事先筛选的。"[①] 但是，这种网络自由容易导致同质网站的链接、群体极化、协同过滤、公民疏懒等，并将导致传播世界的分裂。

在《信息乌托邦》中，桑斯坦强调走向乌托邦，既要注意保证网民的自由权利，又要加强网络规制，以保证网络自由权利得到合理使用。《网络共和国2.0》是对《网络共和国》的修订，桑斯坦重申了对网络空间言论自由的疑虑，强调每个人应当承担公民责任和遵循道德规范。但是，由于Web 2.0技术，普通民众越来越憧憬"信息乌托邦"，并正在快速走向"网络共和国"。

---

① ［美］凯斯·桑斯坦著，黄维明译：《网络共和国：网络社会中的民主问题》，上海人民出版社2003年版，第142页。

第二，从新闻传播学角度研究媒介革命和网络规制问题。作为系统阐述电子世界的第一人，马歇尔·麦克卢汉（Marshall Mcluhan）获得了人们“以偏执狂似的不可抗拒的信仰所赋予的、罗马祭司才享有的那种魅力”。麦克卢汉在其经典著作《理解媒介》（1964 年出版）中主要提出四大观点。一是“地球村”。电子信息瞬息万里，时空差别不复存在，全球生活紧密联系。二是媒介即信息。任何技术都逐渐创造出一种全新的人的环境，在电子时代，电子媒介建立了全新的社会，重塑人们的思考方式和生活方式，将开辟新的历史时代。换句话说，媒介成为场域，成为多元主体互动平台。三是电子媒介是中枢神经系统的延伸。任何一种新技术或新媒介的出现，都会导致一项新的延伸，而电子技术是人的中枢神经系统的延伸，就像非电子技术是人的肢体的延伸一样。四是部落化—非部落化—重新部落化。从媒介演化的角度去解读历史，有三种基本的技术革命：拼音文字的发明，打破了原始部落人感官的平衡，突出了视觉的作用；16 世纪后印刷机械的推广，加快了感官失衡的进程，更加强调视觉的作用；1844 年电报的发明，预告了电子时代的来临，因为电子技术要恢复人的感官平衡，因此，足以使人重新部落化，重新寻求认同的根源，建构新的自我认同。①

对于从工业社会向信息网络社会转型的中国来说，网络规制是非常重要的话题。2009 年，李永刚出版了《我们的防火墙：网络时代的表达与监管》，重点研究了互联网时代的民意表达与政府监管。李永刚建构了一个多阶层、多偏好的分析框架，全方位了解监管政策及其背后的政治文化传统。李永刚认为，现有的互联网监管体系是四种不同主体的协同监管，即充当主导者的中央政府、充当执行者的部门与地方政府、充当协作者的运营机构及充当自律和相互监督者的网民。李永刚希望多元监管主体“走向宽容与合作治理”，更多耐心和信心，为价值理想和现实权衡寻找对话空间。

---

① ［加拿大］马歇尔·麦克卢汉著，何道宽译：《理解媒介》（中译者第二版序：麦克卢汉的遗产），译林出版社 2011 年版，第 11 页。

蔡文之在2011年出版了《网络传播革命：权力与规制》，进一步讨论中国互联网的监管与规制问题。从全球化的时代背景下把握网络传播革命，蔡文之以网络传播革命推动的网络分权—网络赋权—权利积聚—网络权力—网络行动—社会权力—社会效应为主线，分析了网络传播革命引发的新理念、新格局和新的交互方式，从技术和社会两个层面对网络赋权的内在逻辑和现实效应进行了阐述，从互联网的价值取向和权力主体视角解读了网络权力的双刃剑作用。蔡文之精彩地分析了信息权力、网络权力和微权力。他认为：信息权力成为权力之权力，“促进世界格局的变化和世界秩序的重新建构。”[①] 而网络权力是“一种在‘认同的力量’驱使下的、有弹性的社会关系和政治力量。”[②] 基于社会共识的行动基础，以微博客为基础的微力量改变了权力格局。在系统分析网络权力的基础上，蔡文之讨论了网络权力的技术嵌入、权力滥用、权力革命和国家安全3.0战略、权力规制与网络监管、网络舆论与监管战略。

中国网络传播学会会长杜骏飞，2011年出版了《政府网络危机》，讨论政府如何科学应对网络危机，从而寻求政府与公众沟通的有效方式。杜骏飞等人大量收集并系统分析了近年来的国内政府网络危机事件，侧重研究政府网络危机的主体类型、网络事件的性质及其影响。杜骏飞等人主要探讨三大部分。第一部分是政府网络危机的主体行为。在这部分，他们全面介绍了网络审判、人肉搜索、网络恶搞、网络流言、网络集群等重要概念，从而比较全面地介绍了网络危机群体行为。第二部分是网络事件的性质和影响。主要讨论了政府网络危机中的政府行为、媒介行为、公众行为、(非政府组织NGO)行为、专家行为及危机事件中的主体互动规律。第三部分是网络群体性事件的类型研究。在这部分，他们主要讨论了权力型冲突、地位型冲突和因公共资源分配而产生的冲突。杜骏飞认为，互联网有信息公布渠道、舆论引导指南、公众集结平台和公民监督利器四大作用。[③] 在当代中国，政府能否在应对危

---

① 蔡文之：《网络传播革命：权利与规制》，上海人民出版社2011年版，第15页。
② 蔡文之：《网络传播革命：权利与规制》，上海人民出版社2011年版，第15页。
③ 杜骏飞等：《政府网络危机》，中国发展出版社2011年版，第43页。

机的过程中贯彻“媒体执政”的理念，进行有效的危机传播，是检验政府执政能力的重要标准。

第三，从政治学角度研究网络民主与网络公共领域问题。2006年，安德鲁·查德威克（Andrew Chadwick）出版了《互联网政治学：国家、公民与新传播技术》。查德威克主要探讨了两个方面的问题：一个方面是互联网对于政治的影响，即互联网的政治应用，另一个方面是互联网内部的管理政治学。查德威克深入分析了网络政治领域中的持续性的和争议性的政策问题，主要包括数字鸿沟，电子民主、电子动员、电子竞选和电子政务，互联网自身的治理，监视、隐私与安全之间的张力，互联网媒体领域的政治经济学。

查德威克采用比较研究的方法，提供了美国、英国和其他许多国家的大量案例，对中国应该有较强的借鉴作用。“毋庸置疑，查德威克书中所提到的互联网的部分政治应用在中国社会已经出现并呈现出深入发展的趋势，比如，以政府上网为标志展开的电子政务、以人大代表政协委员与选民沟通为标志展开的电子民主、以民间力量自发组织开展社会运动为标志展开的电子动员等，都是互联网的政治应用中出现的形式，丰富了转型中的媒介形式和传播方式，为各种社会力量提供了新的参与渠道和博弈空间。”① 对比查德威克的互联网政治学，我们发现，由于社会背景和制度架构的独特性，中国正在形成复杂的独具特色的互联网政治。

作为中国互联网研究的重要人物，胡泳在2008年出版了《众声喧哗：网络时代的个人表达与公共讨论》。“共有媒体”是胡泳提出的核心概念，是指各种基于数字技术，集制作者、销售者、消费者于一体，消解了传统的信息中介的媒体系统。胡泳认为，共有媒体一方面促进了个人的自我表现，让个人尽可能充分地发展自己独特的内在生活，另一方面深刻影响了日常的私人生活，使自我实现更像是从俗从众而非真正的个性化；一方面造成了公共生活的多元化，促成了各种议题与公众的组

---

① ［英］安德鲁·查德威克著，任孟山译：《互联网政治学：国家、公民与新传播技术》，华夏出版社2010年版，序言第8页。

合，另一方面造成了各种异议难以达成共识，网络讨论存在责任缺失、“回声室效应”及“丛林法则盛行”等沟通障碍。面对“网络在中国同时满足人们参与和远离政治的欲望”这一两难困境，胡泳对“网络公共领域”表达了谨慎的乐观。

第四，从复杂性科学角度研究网络组织和网络传播等问题。作为维萨（Visa）这种复杂组织的创立者，迪伊·霍克在《隐形 VISA：面向未来的混序组织》中提出了混序（Chaoradic Organization）组织模式。迪伊·霍克认为，复杂网络组织的灵魂是“混序”：介于“混沌”与“有序”之间，其中心思想就是追求一种具有“活性”趋势的人际关系，让人主动地而不是被动地为组织的愿景、价值与战略而共同工作。处于“混序”状态的公司是“自组织”的，就像一个生态雨林那样自我调节、自我成长。迪伊·霍克认为，正如人体不是一个由各部分按照越往上就越重要的线性顺序来排列的垂直层级结构，未来的组织也同样不会以这种方式建构。作为一个分布式授权组织，维萨和互联网一样，是自组织的也是自我进化的。①

作为中国网络新媒体营销的重要实践者，朱海松在《媒介的破碎化》一书中，从复杂网络的角度深入研究网络传播的不确定性与复杂适应性。朱海松认为，互联网本质上是混沌的。互联网是复杂适应性系统，在环境的影响下能够自组织、自学习、自适应，不断演化形态而生存、繁衍和发展。网络传播是“所有人对所有人”的混沌过程，其形式是“分形”的，在传播过程中呈整体涌现性，因此，具有不确定性。朱海松强调，“互联网是电脑，移动互联网是人。互联网经营的是内容，移动互联网经营的是人。”②

在《涌现与互动：网络社会的传播视角》中，彭虹以复杂性科学理论的基本观念和方法为视角，以“涌现”与“互动”为主题词，讨论了

① ［美］迪伊·霍克著，张珍、张建丰等译：《隐形 VISA：面向未来的混序组织》，上海远东出版社 2011 年版，第 216 页。

② 朱海松：《媒介的破碎化：网络传播的不确定性与复杂适应性》，中国市场出版社 2010 年版，第 58 页。

复杂科学视野下网络传播的结构、功能、意义传递、文化互动等一系列重要问题。彭虹以细腻而华丽的文笔，深切关照波澜壮阔的网络传播现实与实践。彭虹认为，网络作为一种观念，本质上是后现代的，改变了公私分明的观念，激发了网民的力量，对人们的思维方式和行为方式造成革命性的冲击。“互联网，作为一个复杂系统，常常会不由自主地呈现出自组织性、自创生性、自适应性等典型特征。从复杂性科学意义上看，互联网是一个由简单技术‘规则’建立起来的复杂系统，是一个不断变化和演进的自组织复杂系统。”①

（三）网络研究法

研究网络领导，尤其是研究以中国复杂网络社会为背景的网络领导，如果采用传统的研究方法，是非常困难的；如果局限于单独的研究领域，也是难以见效的。

在研究过程中，笔者逐渐形成了网络思维，逐渐树立了网络精神，逐渐形成了网络研究法。所谓“网络研究法”，简单地说，就是按照研究主题的需要，从多个维度和学科进行综合研究的方法。

网络研究法，首先是要打开理论的空间。如果只拘泥于领导科学的视野，研究是无法展开的，也是难以深入的，因为网络领导这个主题突破了不同学科知识领域的“间断”，联系了政治学、社会学、新闻传播学、网络科学和复杂性科学等多个学科。

网络研究法，还需要突破时间的“间断”。如果只拘泥于网络时代的研究，是隔断历史的联系，是割裂当代世界和中国的共时性和复杂性联系，因为网络领导这个主题突破了时间的“间断”。当代中国网络社会，同时存在着农业时代、工业时代和网络时代，同时存在着 Web 1.0 时代、Web 2.0 时代和 Web 3.0 时代。

网络研究法，更需要拓展研究的对象。如果只拘泥于对党政领导干部的研究，研究是无法展开的，甚至本身就是错误的，因为网络领导这

① 彭虹：《涌现与互动：网络社会的传播视角》，中国社会科学出版社 2010 年版，第 65 页。

个主题突破了不同社会主体的“间断”，联系了党政领导者、媒体领导者、企业领导者、非政府组织领导者和微领袖等多元社会主体。

当然，网络研究法还是统筹兼顾多个层面的研究方法。笔者既进行哲学层面的宏观研究，又进行实践层面的具体研究；既进行文献分析，又进行实地调查；既进行案例分析，又进行深度访谈。笔者认为，研究网络领导及实施网络领导，需要把握四种重要的辩证关系。

第一，研究网络领导，既需要理解信息网络技术，又需要关注政治发展目的。从第一代互联网到第二代互联网，到第三代互联网，从三网融合到新三网融合，从智慧城市到云计算，信息网络技术迅速升级，迅速普及，迅速转化成网络社会的技术基础。作为推动中国政治发展的力量，信息网络技术发挥着越来越重要的作用。尤其需要强调的是，微博技术的普及激发了蕴藏在微众中的巨大智慧和力量。大量网络群体性事件，尤其是郭美美事件、温州动车追尾事件、乌坎危机事件等充分说明，当前中国最紧迫的政治就是微博政治。同时，我们知道，当前中国最大的政治是实现建党百年愿景，实现建国百年愿景，是实现现代化，实现中华民族的伟大复兴，建设中国特色社会主义。换句话说，当前中国最重要的政治是“共同富裕”，党和政府要引导东、中、西地区协调发展，提供基本公共服务，让改革开放的成果惠及社会不同阶层不同群体。

第二，研究网络领导，既追求实现愿景，又讲求微柔变革。对于未来中国的愿景：建党百年时期的中国，建国百年时期的中国，笔者持乐观的态度，因为党委政府积极引导和推动下一代互联网、三网融合、新三网融合等新技术不断发展。观察中国网络社会，网民积极使用麦克风，“众声喧哗”，从网上议论到网下行动，迅速汇聚成为推动国家和社会发展的基本动力。但我们也不宜盲目乐观，简单地认为网络技术能够在短期内彻底改变中国。目前，从总体上说，中国仍然处于工业社会。尽管，北京、上海、广州等大城市已经进入了网络社会，但是其他大部分地区处于工业社会和农业社会。很多领导干部不太了解网络，甚至有网络恐慌症，更多老百姓还没有成为成熟的网民。所以，不同地区党委政府需要具体情况具体分析，更多地进行微创新，推动微创新的迭代，积累改革的智慧和力量。党委政府需要用宽容的心态，耐心地培育网络公民社会，耐心地等待公民社会的成熟。网民需要看到党委政府的治理创新和改革措施，积极通过网络参与推动政府转型升级，共建和谐社会。

第三，研究网络领导，既要研究政府需求，又要研究社会需求。网络领导，是多元主体协商共治，是党委政府、媒体、企业、公益组织、微领袖和广大网民通过网络平台，形成公共领域，讨论公共问题，实现正和博弈，共同实现美好愿景。网络领导需要多元主体间的互相理解与配合。因此，在讨论政府时，笔者“设想政府的立场会是什么，它会怎么想，又会怎么做，为什么会那么做”①，注意区分中央政府和地方政府的差异，关注地方政府的微创新，关注地方政府的网络执政能力。在讨论媒体时，笔者“站在媒体立场，它又会怎么想，怎么看，怎么行动”，关注传统媒体和新媒体的差异，考虑境外媒体，研究全媒体格局。在讨论网民时，笔者注意区分传统群众和掌握网络技术的微众的差异，注意区分意见领袖和微领袖的差别，充分考虑微众的利益需求与表达机制。只有如此，我们才能充分理解网络空间中博弈的多元主体，理解合作博弈的重要性和必要性。

第四，研究网络领导，既强调宏观把握，又强调微观操作。在网络平台上，每个人都是有背景的，都可能得到成千上万网民的支持和帮助。网络无小事，一条微博、一段微视频就可以引起网络风暴。互联网已经把个人、组织、民族、国家和全球网络社会联系起来。因此，研究网络领导，既需要从信息革命和政治领导的高度来把握网络的基本特征，认识中国网络社会，也需要研究具体操作，讨论网络新闻发布和舆情引导技巧，研究微博运用艺术，研究微创新及其引发的非线性变革。笔者更多地进行案例分析，更多地关注网络事件，把握网络领导的理念，探讨网络领导的艺术。

研究网络领导，既要注意领导科学的内在理路和领导学科的研究主

---

① 李永刚：《我们的防火墙》，广西师范大学出版社2009年版，第12页。

题，又要注意网络社会基本规律并体现网络特色。所以，本书突出领导观、领导者和领导力三大主题，突出网络特征、网络思维和网络精神。第一章讨论网络领导观，第二章讨论网络领导者，第三、第四、第五、第六章讨论网络领导力，从多元领导主体的角度讨论领导力，即以媒体为主体的媒介领导力，以政府和企业为主体的开放领导力，以微领袖、网络公民及普通网民为主体的微众领导力，以及多元领导主体协同共治的超越领导力。从总体来说，笔者强调研究传播革命和舆论引导、开放平台与信息网络安全、微众创新与网络规制、网络危机与网络认同等深藏于中国网络社会的四大基本矛盾。

第一章，网络领导观。按照领导科学的内在理路和领导学科的研究主题，笔者首先研究网络领导观。如果想要把握网络领导，必须把握信息网络技术革命，理解信息化社会、网络化社会、知识社会、透明社会、风险社会、后工业社会、后现代社会、后资本主义社会等基本概念。如果想要在中国正确进行网络领导，必须理解中国错综复杂的现实社会和虚拟社会，把握东、中、西部地区的差异，把握“一个中国，四种社会”的基本国情。超越“命令—控制”的传统领导范式，笔者提出了“协商—共享”的网络领导范式，以共建、共治、共享为核心。党和政府通过网络领导坚持和发展基本路线，坚持和创新群众路线，坚持和创新统一战线，实现建党百年愿景和建国百年愿景。

第二章，网络领导者。从传统领导者转型升级为网络领导者，需要深入理解分布并行、开放兼容、效益递增、共同演进四大特征，树立公共精神、公益精神和公平精神三大网络精神，锻炼 Web 1.0，Web 2.0，Web 3.0 网络思维，全面提升网络素养。网络领导者，重在把网络公共空间转化成为“网络公共领域”，解决公共问题，实现公共利益。

第三章，媒介领导力。信息网络技术革命，引发了新闻传播革命。从媒体产生时间看，报纸、广播、电视是传统三大媒体，互联网是第四媒体，移动互联网是第五媒体。但是，从当前新闻传播的过程来看，移动互联网已经发挥着信息源头的作用，微博实际上发挥着“第一媒体”的作用。媒介领导就是在全球化全媒体格局中发挥领导作用，发挥“意识”作用。媒介型领导者通过全媒体与网民互动，树立网络领导形象，发布网络新闻，引导舆论，赢得话语权，增进相互认同。而且，媒介型领导者需要打通两个舆论场，增强社会凝聚力，建立网络共识。媒介型领导者要注意通过网络媒介树立民主亲民开放专业的形象，提升领导魅力。

第四章，开放领导力。网络形成之初，就具备了开放兼容的技术基因，就是不断扩大链接、扩展空间的。党政领导干部也好，工商企业家也好，提升开放领导力，不仅对内网络化，共享信息，共享领导，而且要对外开放，与互联网链接，实现外部网络化，共享信息，共享领导，与追随者建立密切合作关系。但是，在开放过程中，开放型领导者必须保守秘密，保证信息网络安全。平衡开放与安全的关系，才是开放的王道。

第五章，微众领导力。网络形成之初，就具备了分布并行的技术基因，决定了每个节点都处于既相互联系又相互独立的存在状态。微博的迅速普及，使得传统意义上的群众迅速转化成为微众。微众不仅是被领导者，不仅是追随者，而且是具有自组织能力的自我领导者。微众领导力就是分布式领导力，全球互联网上，每一个节点都可能发挥领导作用。微众领导力就是量子领导力，因为微众既是个体，又是群体；微众既是信息生产者，又是信息消费者；微众既是虚拟的，又是真实的。在“微众”集群过程中，自发“涌现”出更多的意见领袖；在意见领袖中，自发“涌现”出更多的知行合一的微领袖。微领袖积极推动微创新，积极推动政府和社会进步。

第六章，超越领导力。网络社会，就是后工业社会，是后现代社会，是后资本主义社会。“后”，就是否定，就是扬弃，就是超越，就是发展。超越型领导者，并不是消极地“后”，而是积极地超越，积极地适应全球化、信息化和网络化的趋势，共同创造幸福生活。超越领导，就是超越对网络群体性事件的传统认识，超越零和博弈思维，建立正和博弈思维，化解危机，超越硬权力，超越控制，重视软权力，重视网络认同。超越领导力，就是多元领导主体发挥互联网的超链接功能，超越各种界限、间隔和冲突，形成新的合作关系。

第一章

网络领导观

- ⊙新领导生态
- ⊙新领导模式
- ⊙新领导使命

信息网络技术革命，迅速推动人类社会进入信息社会、网络社会和风险社会，迅速改变了人们的学习、工作和生活方式。作为最大的发展中大国，作为最大的互联网国家，中国迅速进入虚拟社会与现实社会交织融合的错综复杂的充满风险的社会。顺应网络社会崛起之势，适应新的领导生态环境，领导者应树立新的网络领导观。网络领导的本质是多元领导主体共享领导；网络领导的关键是协同共治；网络领导的目的是共享幸福；网络领导的道路就是坚持和创新基本路线，坚持和创新群众路线，坚持和创新统一路线。

一、新领导生态

信息网络技术革命使得迅猛发展的全球化、信息化、网络化、市场化、知识化浪潮席卷世界各国，把越来越多的国家、民族、公司和个人卷入竞争激烈、错综复杂、充满风险的网络社会，把领导者和追随者置于越来越透明、越来越平等、越来越复杂的新型的网络生态环境之中。

（一）科技革命

人类先后进行了四次历史性科技革命，形成了四个社会类型。工具制造革命发生在大约 250 万年前，人类进入原始社会；农业革命发生在大约公元前 8000 年，人类进入农业社会；工业革命发生在 18 世纪下半叶，人类进入工业社会，具备工业化、市场化、理性化、民主化、福利化、城市化等特征；信息网络技术革命发生在 20 世纪后半期，持续至今，人类进入知识社会，具备全球化、信息化、知识化、网络化、个性化、多样化、生态化等特征（见表 1-1）。

表 1-1　人类文明的四个时代

项　　目	工具时代	农业时代	工业时代	知识时代
大致时间	250 万年前—公元前 3500 年	公元前 3500 年—公元 1763 年	1763—1970 年	1970—2100 年
时间跨度	大约 250 万年	大约 5260 年	大约 210 年	大约 130 年
四次革命	工具制造革命 250 万年前	农业革命 公元前 8000—前 3500 年	工业革命 18 世纪下半叶	知识和信息革命 20 世纪后期
主要特征	没有文字 没有国家 狩猎采集 原始文化 原始经济 原始社会	发明文字 国家出现 奴隶制、封建制 农业文化 农业经济 农业社会	工业化、城市化 民主化、理性化 福利化、市场化 工业文明 工业经济 工业社会	知识化、信息化 全球化、多样化 绿色化、生态化 知识文明 知识经济 知识社会

资料来源：何传启主编，《中国现代化报告概要（2001—2010）》，北京大学出版社 2010 年版，第 19 页。

从 20 世纪 70 年代开始，作为数据收集、分析、利用的技术，信息网络技术迅猛发展，引发人类社会第四次技术革命。从广义上来说，信息网络技术包括微电子、计算机（软、硬件）、电信、广播、光电、遗传工程、数字电视工程及其发展应用等技术。从狭义上来说，信息网络技术指基于计算机与微电子技术的信息技术，主要包括微电子技术、计算机技术、电子通信技术和软件技术。

信息网络技术革命正在迅猛地推动人类社会的发展，使人类社会进入后工业社会、后现代社会、后资本主义社会的发展阶段。从哲学角度来看，这里的“后”具有两个方面：一方面，“后”意味着否定，否定大规模工业生产方式，否定资本主义，否定现代思维方式，即要与所有现代性的理论、文化、意识形态决裂，从旧的限制和压迫中解放出来；另一方面，“后”意味着超越，在否定和批判现代性的基础上继续推动人类社会向更高阶段发展。人类社会通过后工业社会、后现代社会、后资本主义社会的发展，进入信息社会、知识社会、网络社会、透明社会、风险社会的新阶段。

卡斯特指出：“作为一种历史发展趋势，信息技术的支配性功能与过程日益通过网络组织起来，网络重新建构了社会新形态，而网络化逻辑的扩散实质性地改变了生产、经验、权力和文化过程的操作和结果。”①迅猛发展的全球化、信息化、网络化、市场化、知识化浪潮把全球每个国家、民族、公司和个人联系成为一个生机勃勃的复杂网络社会（the network society）。

通过信息网络技术革命，人类在“现实社会”的基础上，创造了“虚拟社会”（cyber society），拓展了社会空间。高度发展的信息网络技术，一方面通过现实社会的投射，构成了“虚拟社会”；另一方面通过对现实社会的渗透，普遍联系了各种已存的社会实体网络，使“网络社会”成为整个现实社会的结构形态。

与工业社会的工业化、理性化、市场化、民主化、福利化、城市化等特征不同，网络社会（或者说信息社会、知识社会）具有信息化、全球化、网络化、知识化、个性化、多样化和生态化等特征（如图 1-1 所示）。凯文·凯利认为，当人们创造新技术时，技术给人们增加了更多的可能性、选择性和差异性。从长期来看，技术发展给了人们更多的差异、选择和机会，还有更大的自由。②

迪伊·霍克指出，信息在道德上是中性的，它的巨大威力既可以用于建设性的、公正的、和平的目的，也可以用于破坏性的、不公平的或者暴力的目的。③ 在万维网 20 周年纪念活动上，专家总结了互联网给人类的工作、生活及娱乐等诸多方面带来了 10 大积极变化和 10 大消极变化。

互联网给人类的工作、生活及娱乐带来的 10 大积极变化包括：①互联网已成为信息的传播基地；②从硅谷的崛起到 .com，再到 Web 2.0，互联网为人类提供了前所未有的创业机会；③互联网始终保持着中立性；④互联网的出现推动了电子商务的发展；⑤各种节点（包括

① ［美］曼纽尔·卡斯特著，夏铸九、王志弘译：《网络社会的崛起》，社会科学文献出版社 2006 年版，第 434 页。

② ［美］凯文·凯利著，张行舟、余倩译：《技术元素》，电子工业出版社 2012 年版，第 66 页。

③ ［美］迪伊·霍克著，张珍、张健丰译：《隐形 VISA：面向未来的混序组织》，上海远东出版社 2011 年版，第 163 页。

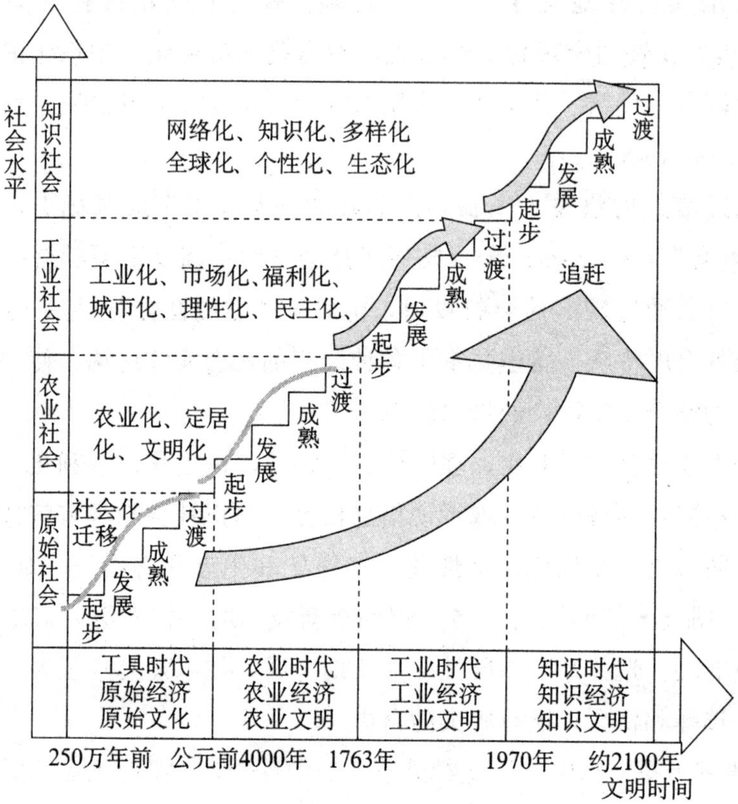

图 1-1 人类社会发展形态及其主要特征

资料来源：何传启主编：《中国现代化报告概要（2001—2010）》，北京大学出版社2010年版，第20页。笔者对农业社会、工业社会和知识社会的特征有所调整。

人、企业和政府）可以通过互联网有效组织起来；⑥互联网正在改变人类的文化交流方式；⑦互联网上有着丰富的历史资料和文献；⑧在没有互联网的日子，游戏玩家只能在本地孤独地玩着游戏；在互联网诞生后，游戏玩家可以超越时空地竞技和娱乐；⑨无论是搞笑视频，还是幽默段子，互联网的喜剧素材源源不断；⑩互联网改变了视频存在的目的和传播手段。

互联网给人类带来的10大消极影响包括：①虚假信息泛滥；②网络欺诈猖獗；③病毒和恶意软件；④色情内容泛滥；⑤互联网成瘾；⑥数据丢失；⑦网络爆红；⑧阴谋论；⑨过于暴露个人隐私；⑩过于商业化。因此，治理互联网成为更加艰巨的时代重任。

一般来说，科学技术革命和社会形态革命的关系是辩证的。一方面，科学技术革命推动社会革命，另一方面，社会革命又促进科学技术革命，构成了“科学革命—技术革命—产业革命—社会革命”的向上螺旋式发展过程。

从信息网络技术革命的角度来看，工业社会的“发达国家”和“不发达国家”的概念，已经为“快（反应）国家”和“慢（反应）国家”、“联网国家”和“未联网国家”、“信息富国”和“信息穷国”所取代。世界各国越来越积极发展信息网络技术，融入全球互联网，成为联网国家。联网国家将成为信息富国，而未联网国家沦为信息穷国。信息富国将成为迅速发展的快反应国家，而信息穷国沦为慢反应国家。最终，在全球范围的竞争中，快反应国家将战胜慢反应国家。因此，我国必须更加积极发展信息网络技术，充分运用互联网不断解放生产力，发展生产力，占领知识经济和信息社会的制高点。[①]

（二）复杂状态

作为世界最大的发展中国家，中国的现代化发展呈现地区不平衡性。就全国平均水平来说，中国目前大约处于城市化的中期及工业化的后期阶段。在我国的 34 个省、直辖市、自治区（包括港澳台）中，北京、天津、上海、香港、澳门和台湾的互联网发展水平已经超过了世界平均水平，接近发达国家水平。浙江、江苏、山东、广东等沿海地区达到世界平均水平。广大中西部地区的现代化水平，仍然低于世界平均水平。因此，发达地区抓住信息网络革命的机会，加强自主创新，赶超发达国家。中部地区既要搞好工业化和城市化，又要大力发展引进新经济，同时推动工业化和信息化两次革命。西部地区既要大力发展工业技术，又要有重点地引进信息网络技术，还要兼顾以信息化和工业化引领现代农业的发展，实现科学发展、跨越发展和非均衡发展。[②]

---

① 王中桥：《提高领导干部网络执政和舆论引导能力》，《长江日报》，2012 年 5 月 19 日。

② 《何传启谈中国现代化战略》，2011 年 8 月 15 日，http://fangtan.china.com.cn/2011-08/12/content_23201097.htm.

从总体上来看，中国同时进行着人类文明进程上的农业革命、工业革命和信息革命。2000 年，何传启对长江流域进行调研，发现作为龙头的上海浦东已经进入信息社会，长江下游地区处于工业社会，长江中游地区处于农业社会，而龙尾的有些地区还需要农业化，还保留着原始社会的痕迹。何传启认为，作为中国的缩影，长江流域的发展能够代表中国的发展（如图 1－2 和图 1－3 所示）。

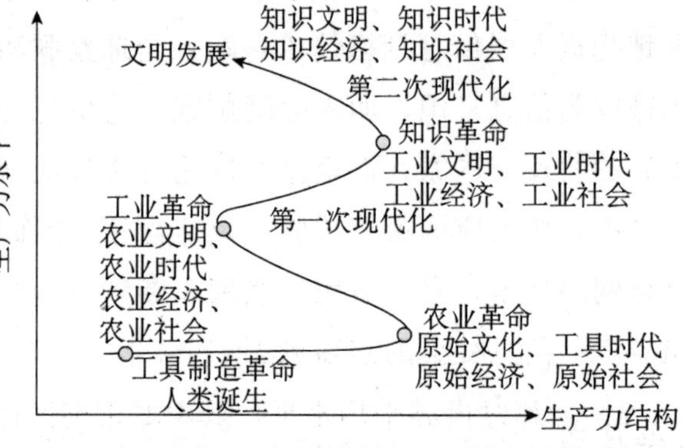

图 1－2　人类文明进程的路线

资料来源：何传启主编：《中国现代化报告概要》（2001—2010），北京大学出版社 2010 年版，第 21 页。

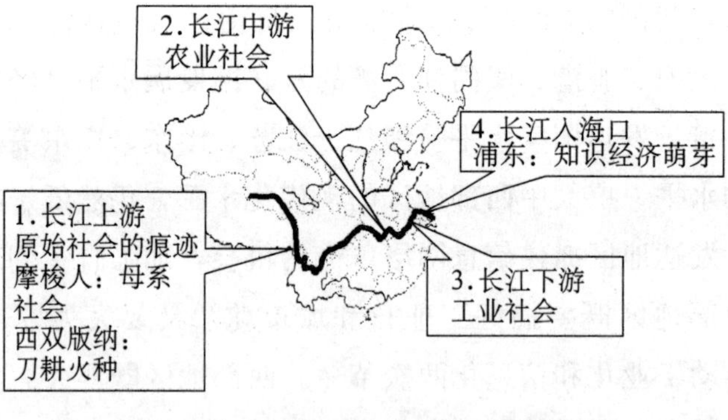

图 1－3　2000 年长江流域社会发展形态

资料来源：何传启主编：《中国现代化报告概要》（2001—2010），北京大学出版社 2010 年版，第 20 页。

为促进中国现代化事业发展，中国政府积极制定信息化发展战略，努力在世界信息网络科技革命竞争中取得优势地位。1994 年 4 月 20 日，中国连入互联网。2000 年 10 月，党的十五届五中全会指出：信息化是当今世界经济和社会发展的大趋势，也是我国产业优化升级和实现工业化、现代化的关键环节，要把推进国民经济和社会信息化放在优先位置。

2005 年 11 月 3 日，国家信息化领导小组第五次会议在北京召开。会议审议并原则通过《国家信息化发展战略（2006—2020 年）》，突出 10 项战略重点：一是推进国民经济信息化；二是推行电子政务；三是建设先进网络文化；四是推进社会信息化；五是加快国防和军队信息化步伐；六是完善综合信息基础设施；七是加强信息资源开发利用；八是提高信息产业竞争力；九是建设国家信息安全保障体系；十是提高国民信息能力。

积极贯彻互联网发展战略，中国互联网事业迅猛发展，迅速成为世界互联网大国。“十一五”期间，网民数增长 3 倍，达到 4.57 亿人，普及率攀升至 34.3%，超过世界平均水平，其中城市网民达到 3.32 亿人，农村网民达到 1.25 亿人。互联网网站数由 2005 年年底的 69.4 万增长至 191 万个，网页数增长 13 倍达到 600 亿个，容量接近 1 800TB。应用创新迅猛推进，移动互联网、互动媒体、网络娱乐、电子商务等成为“十一五”期间发展最快、影响最广的领域。

互联网在经济发展中的作用日益显现。工业领域，多个工业企业不同程度地通过互联网开展生产经营活动，推动了工业转型升级。农业领域，截至 2010 年年底，建成涉农网站近 2 万个，乡镇信息服务站 2 万多个，支撑服务了农业农村发展。商贸领域，2010 年电子商务交易总额达 4.5 万亿元，2007—2010 年网络零售交易额年均增速是同期社会消费品零售额增速的 5.7 倍。

互联网创造了越来越多的就业机会，2010 年互联网服务企业直接从业人员接近 80 万人，并有上百万人以开网店形式实现了就业。同时，互联网推动了政府管理和公共服务水平的提升，促进了文化传播和社会交往方式的变革创新。

与中国现代化进程保持同步发展，中国网络社会也具有很大的非均衡性，地域差异依然延续。截至2011年年底，我国大陆地区的31个省（市、自治区）中网民数量超过千万规模的省份达到21个。其中，12个省市的互联网普及程度超过全国平均水平，这些省市大部分集中在东部沿海。另外，10个互联网普及率低于全球平均水平的省市分别是西藏、湖南、广西、四川、河南、甘肃、安徽、云南、江西和贵州，大部分为中部和西部地区。互联网普及率位列前三的北京、上海、广州分别为70.3%、66.2%和60.4%，排名最后三位的贵州、江西、云南分别为24.2%、24.4%和24.8%。

在北京、上海、广州等城市，网络社会已经从“虚拟”转变成为“现实”。网络迅速向政治、经济、军事、文化及社会生活等领域全面渗透和辐射，现实社会的人、事、物和社会关系等各个要素向网络空间全面延伸和发展。网络空间与现实社会相互渗透、交叉影响、彼此作用，两者之间的结合和互动日益频繁。

网络社会化和社会网络化使得互联网的政治、社会和媒体功能越来越强，使人们的学习方式、生产方式和生活方式都发生了深刻的变化。但是，在广大中西部地区尤其是老、少、边、穷地区，大部分群众还是很难上网或者说无法上网。

综观当代中国，共有原始社会、农业社会、工业社会和信息社会四种比较纯粹的社会形态存在。作为典型信息社会的现代化国际性大都市、典型工业社会的大都市、典型农业社会的乡村集镇和典型原始社会的部落群体，在地理空间上分布是比较明显的。这就是我们通常所说的“一个中国，四个世界”。

但是，当代中国社会并非如此简单地分为四种社会形态，而是由虚拟社会与现实社会迅速融合的复杂社会。处于农业社会和工业社会的群众通过互联网，脱离本地现实情况，超前进入了虚拟空间和信息社会，发现理想社会与现实生活的差距，希望能够迅速改变社会，追求幸福生活。处于信息社会的联众通过互联网，脱离本地现实情况，进入了工业社会和农业社会地区，发现了现实生活与理想社会的差距，也希望能够迅速改变生活，改变社会、改变中国。

网络正在成为一种新的学习、生产和生活工具，越来越多的人通过它获取信息、丰富知识；越来越多的人通过它创业，实现自己的理想；越来越多的人通过它交流沟通，密切相互间的关系。在四川汶川地震、青海玉树地震、西南地区旱灾等重大自然灾害发生后，中国网民充分利用网络传递救灾信息，表达同情关爱，发起救助行动，充分展示了它不可替代的作用。

中国以跨越式的非均衡的发展，把13亿人从农业社会带入工业社会，带入信息社会。这种巨大的复杂的经济发展和社会转型，为党委政府的领导和执政带来巨大挑战，也带来巨大机遇。正如在绪论中所谈到的科特的变革领导理论，领导网络社会，既不落后，也不超前，要充分考虑到中国网络社会错综复杂的现实情况，既需要工业社会的管理方法，又需要网络社会的领导方法，需要平衡好领导和管理的关系，平衡好迅速发展和风险治理的关系。

（三）风险社会

与信息社会、网络社会、全球化社会等概念相联系的，还有德国社会学家贝克（Ulrich Beck）所提出的“风险社会”（risk society）。贝克认为，现代社会以工具理性为基础，以实现经济发展和技术进步为目标。但是，在物质层面的现代化实现以后，人类并未进入高枕无忧的“理想国”，而是进入了令人担忧的风险社会。

就在贝克出版《风险社会》的1986年，苏联发生了震惊世界的切尔诺贝利核电站泄漏事件。此后，作为全球化、现代化和商业化过程中积累的各种“症候”，恐怖主义、气候变暖、环境污染和全球性瘟疫频频爆发，进一步证明了风险理论的正确性。

贝克所谓的“风险”（risk），不是“危险”（danger）或“灾难”（disaster），而是一种发生危险和灾难的可能性。当人们试图去控制自然和社会，并试图控制由此产生的种种难以预料的后果时，就面临着越来越多的风险。

风险在人类社会中一直存在，但它在当代社会中的表现与过去已经有本质的不同。现代风险是隐形的，无处不在的和无时不在的，以一种“平均化分布”的方式影响到社会中的所有成员，包括穷人和富人。如前所述，网络社会时间之“间隔”消失了，空间之“间隔”消失了，风险的传播和聚集更加容易，风险的影响更加深远。在最短的时间，更多的风险聚集起来，爆炸开来，转化成为危机，转化成为灾难。

风险一旦转化为灾难，它的波及面和影响程度都将大大高于传统社会的灾难。更为重要的是，由于全球化和网络化的风险放大机制，由风险和灾难所导致的恐惧感和不安全感将通过现代信息手段迅速传播到全社会，就会造成“魔弹效应”，击中身处危机当中的受众敏感和脆弱的神经，引发更大范围的“媒体恐慌”。人们普遍感到“害怕”，感受“恐惧”，感觉“在劫难逃”。

我们是无处可逃的，唯一的对策是积极应对。学者指出，社会的根本选择不在于风险管理而在于风险治理，在于通过“我们参与”而建立起“网络化风险治理”模式。传统风险治理体制强调科学知识和专家系统的重要性，认为依靠人类的“工具理性”就足以有效地防范和控制风险。但我们今天需要建立“新合作风险治理”模式，在政府、企业、社区、非政府组织之间构筑起共同治理风险的网络联系和信任关系，建立起信息交流与互补的平台。这样，我们才可能充分动员一切社会力量，共同应对未来可能发生的风险。①

建立网络化风险治理模式，首先，强调“多元参与”，将社会多元主体，尤其是利益相关者纳入风险治理的体系中；其次，强调开放透明，高度的公开性和透明度能够稳定情绪、消除恐慌、赢得信任、达成共识；再次，强调责任明确，尽可能清晰地明确风险责任，尽可能精细地划分风险责任，尽可能精确地追究风险责任。② 这也就是说，网络化风险治理需要所有的行动主体创新网络化领导模式，达成共识，协同行动，分担责任。

---

① 赵延东：《风险社会与风险治理》，《学习时报》，2004年4月16日。

② 张成福，陈占锋，谢一帆：《风险社会与风险治理》，《教学与研究》，2009年第5期。

二、新领导模式

作为新领导模式，网络领导是基于网络平台的多元领导主体共建愿景、共同治理、共享幸福的过程。网络领导的本质是共享领导，是多元领导主体共享信息、共享权力。网络领导的关键是共同治理，是协同共治。网络领导的目的是共享幸福，让改革开放的成果惠及大多数人。

（一）网络领导

2012年9月23日，在第三届中国网络问政研讨会上，惠州市委书记黄业斌总结了五年来惠州市“建设科学发展惠民之州”的工作经验。黄业斌认为，“惠民之州的内涵，惠民之州的本质，就是幸福惠州。”幸福惠州来自“五个民共”。第一，与民共建，人人参与，是惠州发展发展的动力。第二，与民共富，不断加强丰富的物质基础，让人民群众过上美好幸福的生活。第三，与民共享，就是发展成果与人民共享。第四，与民共乐，建设良好的人文环境和生态环境，让人民快乐地享有丰富多彩的文化生活。第五，与民共治，就是人民参与公共事务的共同治理。[①] 因为“在共建中共享、在共享中共建”的理念，惠州三次蝉联“中国十佳最具幸福感城市”。[②]

正如惠州那样，积极顺应网络社会崛起之势，党和政府积极探索“网络领导”，提升网络社会领导能力。所谓“网络领导”，就是多元领导主体基于网络平台共建愿景、共同治理、共享幸福（如图1－4所示）。

更进一步说，网络领导不仅是做正确的事，正确地做事，而且是有意义地做事。网络领导不仅要做艰难复杂的事，而且要轻松简单地做成

① 《黄业斌、郑永年高端对话文字实录》，2012年5月23日，http：//wen. oeeee. com/a/20120923/1051320. html.

② 徐滔、罗锐：《网络问政“广东样本”引关注》，《南方日报》，http：//wen. oeeee. com/a/20120924/1051329 _ 1. html.

事。毫无疑问，这是需要网络智慧的，需要多元领导主体的合作。[①]

具体来说，网络领导具有如下七个特征。

第一，多元主体。在实施网络领导的过程中，共有五大领导主体，即党和政府、媒体、企业、公益组织、微领袖。“网络领导”是以政府为主导力量，以媒体（包括新旧媒体）为平台，以企业、非政府组织和微领袖为基本力量的多元主体协同共治的活动。微领袖，作为新兴领导力量，主要包括网络公民、专家学者、意见领袖、舆情分析师和广大网民。从这种意义上来说，网络领导就是多元领导主体的共享领导。

第二，网络关系。多元领导主体通过互联网形成了网络关系。在网络平台上，国家、政府、媒体、企业、公益组织、微领袖都是网络科学意义上的节点，形成越来越平等的网络关系。在全球互联网系统之中，这种网络关系具有分布式特征，更加安全，更有活力，更有智慧。

第三，共同建设。多元领导主体通过网络平台建设共同愿景，达成共识，确定共同使命。共同愿景及相应战略决定了国家和社会的存在“意义”。在共同愿景的引导下，多元领导主体自觉调整自己的行动，自觉调整与其他主体的关系。“共同建设”就是要发挥多元领导主体的积极性、主动性和创造性，通过网络聚集智慧和力量，共同实现愿景。从这种意义上来说，网络领导就是网络社会的愿景领导。

第四，共同治理。多元领导主体参与公共决策，共同治理公共事务。共同治理既需要成熟包容的领导者，也需要理性负责的网络公民。只有共同治理，才能实现真正的网络民主、理性协商、正和博弈。只有共同治理，才能实现多元领导主体在法律框架中博弈，真正实现依法治国、依法行政、依法经营、依法参政和依法维权。

第五，推动变革。为了实现美好愿景，多元领导主体顺应时势，重视矛盾、混乱与失衡，克服恐惧，超越危机，推动创新和变革。多元领导主体在推动变革过程中，不仅解决具体问题，而且调整公共政策，甚至推动机制体制创新，创新网络文化。多元领导主体推动变革，关键是

① 姜奇平：《新文明概略》（上卷），商务印书馆 2012 年版，第 15 页。

制度创新，形成有效的制度安排，如网络问政制度、政务微博制度。从这种意义上来说，网络领导就是网络社会的变革领导。

第六，共同控制。网络领导不是不要控制，而是多元领导主体的共同控制，共同规制。领导者要向下属授权，让下属自我控制。国家要向社会“赋权”，让社会自我控制。共同控制，不是多元主体的彼此牵制，而是按照共同规则，通力合作，维护网络平台的秩序。

第七，共享幸福。多元领导主体共建愿景，共同治理，其目的就是共享幸福。共享幸福，就是让改革开放成果惠及广大人民群众。政府提供均等化公共服务，进而提供个性化服务，建设幸福社区、幸福城市、幸福国家，创建人民群众看得见、摸得着、感受得到的幸福生活。在信息网络社会，人们追求的幸福、快乐和满意，即本书所强调的“意义”。

需要强调说明的是，网络领导不仅是愿景领导，是变革领导，而且是“择强汰弱的进化”的卓越领导，是“在创新中演进”的卓越领导。多元领导主体既要不屈不挠的追求愿景，又要在反馈和调整，积极稳妥推动创新和变革；既要讲究灵巧领导，刚柔相济，又要注意共享领导，共担责任。无论是通过体制内路径，还是体制外路径，多元领导主体通过博弈和协商，解决共同关注的问题，制定与调整公共政策，创新与改革体制机制，实现共同愿景，共享美好生活。

当然，正如柯林斯所强调的，实现远大而美好的愿景，从优秀到卓越，需要多次的循环，需要多种力量的合作博弈，不断积累经验，不断积累能量，推动组织发展的巨大飞轮（如绪论中的图 2 从优秀到卓越的框架所示)！

（二）共享权力

网络领导，本质特征是多元主体共享领导权力。经过 30 多年的改革开放，尤其是信息网络技术革命的催化作用，我国经济体制深刻变革，社会结构深刻变动，利益格局深刻调整，思想观念深刻变化，国家和社会关系也发生深刻调整。党和政府、企业和公益组织及微领袖日益形成相对独立的社会主体。以国家为中心的命令控制式政府管理方式逐

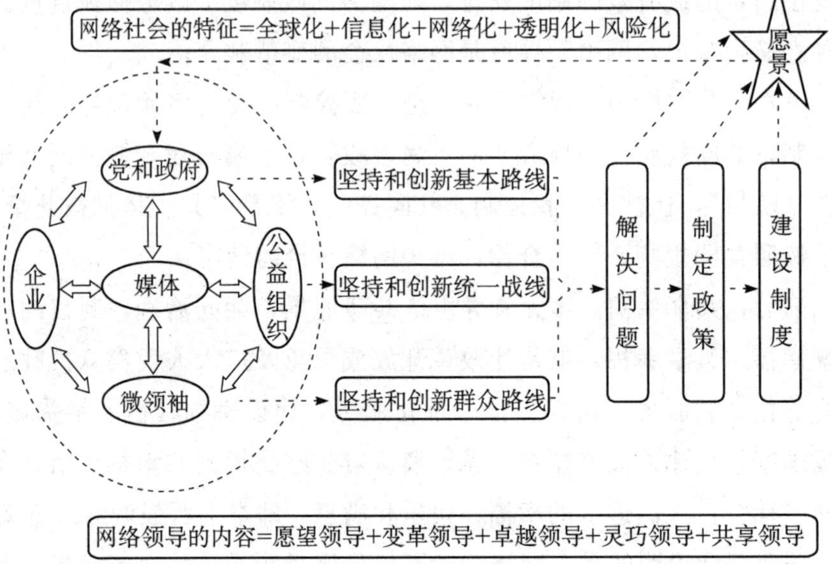

图 1-4　网络领导示意图

渐向多中心的协同共治式社会治理方式转型升级，党和政府领导、企业和公益组织合作管理和利益相关者参与决策过程的网络领导和民主治理已经成为政治发展的浩浩荡荡的历史潮流。

正如笔者在绪论中所强调的，由于信息网络技术革命，人们正在经历从“第一次哥白尼革命”到“第二次哥白尼革命”的转变，正在进行着“意识”革命。经历改革开放的洗礼，公民的主体意识、平等意识和权利意识日益增强。公民将重新思考自我，思考社会，寻找自我在社会中的角色和地位，充分发挥自我对社会的影响。在全球化、信息化、知识化的当代社会，“人人都是领导者”正在从学术意义的理念转变为普遍意义的实践。

因此，党的十八大报告中提出，党和政府要进一步推动“民主选举、民主决策、民主管理、民主监督”，进一步引导人民群众进行“自我管理、自我服务、自我教育、自我监督”，进一步保障人民的“知情权、参与权、表达权、监督权”。实现“四个民主”，推进“四个自我”，保障“四种权利”，必然要求党委政府和网民共享权力，共享领导。

因此，领导者需要调整“命令—控制”的权威模式，走向“协商—

共享”的网络模式。领导者超越传统的垂直的科层制组织的独自负责和控制一切的观念，更加注重通过网络来“引导”和“推动”组织内外成员。[①] 领导者要从威权观转向学习观、从单赢观转向双赢观、从模式观转向变革观、从权力观转向非权力观，成为学习型领导者、创新型领导者和变革型领导者。[②]

网络领导，意味着共享信息，意味着共享权力。正如尼葛洛庞帝所指明的信息以比特形式存在，本身就包含有共享的性质。一般来说，信息产品包括以原子形态存在的物质载体和以比特形态存在的信息内容。信息产品的物质载体是有形的，也是有限的。但信息不等于它所栖息的载体，是非物质的，是无形的，也是无限的。信息的非物质性与载体的物质性，既是相反的，又是相辅相成的，没有载体的信息无法存在和传播，不承载信息的物质不是信息载体。[③] 信息的生产和传播遵从无限丰富、无限利用和无限重组的原则，而不是遵从稀缺性和所有权的原则，也不是遵循工业时代的供不应求的规律。一般来说，传播和分享信息不仅不会使发送者蒙受损失，而且会使发送者获得更多收益；对于接收者来说，则意味着低成本的投入和高效益的收获。人们常说：“你有一个苹果，我有一个苹果，交换之后，还是一人一个苹果。但是，你有一个思想，我有一个思想，交换之后，每人都有两个思想。”

正如笔者在绪论中所引述的灵巧领导理论，领导者必须具备硬权力和软权力。软权力的核心是话语权、沟通力和说服力。互联网的发展尤其是微博客的迅猛发展使得人人都有麦克风，网络空间中众声喧哗，网络意见领袖更是“一呼百万应”，形成了新的话语权。而且，精英和草根大众的网上议论和网下行动使得网络赋予网民的权利转化成为权力。从网络问政、网络舆论引导到网络危机应对，领导者需要放下身段，放软身段，学会网言网语，与网民互动交流，沟通融合，在分享话语权的

① 彭忠益、吴晓林：《共享领导力的现实效度与政治学动力分析》，《西南交通大学学报（社会科学版）》，2009年第1期。

② 伍开昌：《信息网络时代背景下的领导观》，《行政管理改革》，2011年第2期。

③ 朱海松：《网络的碎片化传播》，中国市场出版社2010年版，第9页。

过程中重塑话语权，进而增强影响力。

在一定程度上，领导者的硬权力也可以“与民共享”。网络问计，就是党政领导干部和网民共享决策权力的新模式。领导决策要打开空间，缩短时间，善于利用“网脑”，和网民共同决策，提升决策水平。2009年12月1日，时任深圳市代市长王荣和深圳政府工作报告起草小组向网友发出了邀请：“换个身份怎么样？别再在网上自说自话了，你来当市长”、“我们一起当市长”。这个邀请发出后，迅速成为深圳各大网络的热门话题。网友“烟斗阿兄”思前想后，权衡再三，最后还是决定参加。“哥一定要来过一过市长的瘾。”这个邀请拨动了这座城市的网络神经，上千个网上市长随着多篇跟帖浮出水面。

在“我们一起当市长”网帖发出的第二天，政府工作起草小组便邀请网友开了一场专题座谈会。这样的专题座谈会一共进行了5场，10个平时习惯了网上思考的市民，坐到了真实的议政桌前。

2010年1月4日，新年上班的第一天，王荣委托政府工作报告起草小组，把向网友和市民发出的感谢信挂到了网上，感谢大家热情参与。在深圳市委四届十三次全会上，“网上市长”们关心的城市安全、住房、交通等热门话题都成为政府工作报告的重点话题。

“我们一起当市长”意味着草根网民不再是自说自话，而是与官员进行“交融式”的沟通。这场以“政府报告”为主题的问政，最大的创新便在于借助网络这个自由伸展的平台，实现了官员和网友在网上的“角色置换”，“官员成为发帖看帖的网友，网友来做思考城市决策的官员。”①

通过网络问政，党政领导干部不断创造和网民分享硬权力的方式方法。2011年7月17日，河南省郑州市召开2011年第三季度市民座谈会。郑州市委书记连维良在会上提出，市直机关要用“网民留言≥领导批示”的态度看待网民留言，重视百姓诉求，解决群众问题，并充分发

① 王莹：《哥来过一过市长的瘾》，2010年1月13日，http://www.oeeee.com/a/20100113/832734.html.

挥市民、网民和媒体的力量，不断推动和改进工作。连维良认为："网上有一篇评论文章叫《等号的欢呼》，看到'网民留言=领导批示'的说法时，我觉得应该成为ZZIC（郑州市委、市政府媒体网络事项督办中心）的座右铭。而且，希望能扩大到市直机关及各相关部门，希望市直机关要像重视领导批示一样，重视网民留言，甚至用高于领导批示的态度来看待网民留言，解决网民诉求，真正做到执政为民。同时，要让市民参政议政，让网络、媒体助政的渠道更畅通，方式更便民，效果更务实。"

（三）共建愿景

正如在绪论中所强调的，愿景领导是领导者的核心任务。网络领导，首先是领导者和追随者通过网络平台共建愿景。领导者和追随者要通过互联网和移动互联网这些共有媒体，共建愿景，凝聚人心，激发力量，实现愿景，共享幸福。

1. 共有媒体

所谓共有媒体，是指以互联网和移动互联网技术为基础的公众共同拥有和使用的媒体。在Web 2.0时代，新媒体在形式上实现了传播形式多样化，主要有文字、文字音频、视频等多种形式，既是大众传播又是人际传播。胡泳认为，在传统工业社会，大众传播和人际传播是两种不同的传播方式。但是，互联网尤其是移动互联网把公共交流和私人交流统一起来，促进了公共空间和私人空间的融合。从前所说的"大众"传播正演变为个性化的多向交流，信息不再被"推给"（push）消费者，相反，人们将把所需要的信息"拽出来"（pull），并参与到创造信息的活动中。[①]

作为新媒体，互联网和移动互联网使得"人人都有麦克风"，"人人都有电视台"。胡泳指出，新媒体成为"人人"都有机会参与的"公众媒体"（public media），或者说成为真正"人民当家做主"的"共和媒

① 胡泳：《众声喧哗》，广西师范大学出版社2008年版，第81页。

体”（republic media）。共有媒体还有几个同义词，使用最频繁的就是“participatory media”（参与性媒体）、“social media”（社会媒体）、“citizen journalism”（公民新闻）、“collaborative media”（协同媒体），等等。[①] 共有媒体为多元主体提供了加强舆论监督、讨论公共话题、影响公共政策、建设共同愿景的公共空间。

2. 中国愿景

在研究领导理论的过程中，笔者发现柯林斯的卓越领导理论可以比较清晰地解读中国共产党领导实践。柯林斯强调，基业长青的企业的核心经营理念要100年不动摇，而企业的愿景一般需要10～30年才能实现。据此理论分析，中国共产党的卓越领导，既有“保存核心”的“核心经营理念”，即为人民服务和群众路线，也有“刺激进步”的“生动的未来前景”，即建党百年愿景和建国百年愿景。

早在1962年1月30日，毛泽东在中央工作扩大会议上就高瞻远瞩地指出：“从现在起，五十年内外到一百年内外，是世界上社会制度彻底变化的伟大时代，是一个翻天覆地的时代，是过去任何一个历史时代都不能比拟的。处在这样一个时代，我们必须准备进行同过去时代的斗争形式有着许多不同特点的伟大的斗争。”[②]

纵观党史，中国共产党领导人民群众完成了翻天覆地的三件大事。第一件大事就是建立新中国，使人民群众在中国历史上第一次成为国家的主人；第二件大事就是在1949—1978年间，初步建立了独立完整的工业体系和国民经济体系，为改革开放奠定了制度基础、人才基础与工业基础；第三件大事是在1979年之后，以经济建设为中心，以民生为主题，通过改革开放，生产力得到空前解放，人民生活水平迅速提高。

1982年，十二大正式形成了小康愿景，以及实现小康愿景的总路线和三步走的战略规划。经过十三大、十四大的不懈努力，十五大正式提出了“建党百年愿景”和“建国百年愿景”：21世纪第一个10年，实现

---

① 胡泳：《众声喧哗》，广西师范大学出版社2008年版，第88页。

② 《毛泽东文集》第八卷，人民出版社1999版，第302页。

国民生产总值比 2000 年翻一番，使人民的小康生活更加宽裕，形成比较完善的社会主义市场经济体制；到建党 100 年时，使国民经济更加发展，各项制度更加完善；到世纪中叶、建国 100 周年时，基本实现现代化，建成富强民主文明的社会主义国家。

2007 年 10 月，十七大进一步详细描绘了美好的小康愿景：

> 到 2020 年全面建设小康社会目标实现之时，我们这个历史悠久的文明古国和发展中社会主义大国，将成为工业化基本实现、综合国力显著增强、国内市场总体规模位居世界前列的国家，成为人民富裕程度普遍提高、生活质量明显改善、生态环境良好的国家，成为人民享有更加充分民主权利、具有更高文明素质和精神追求的国家，成为各方面制度更加完善、社会更加充满活力而又安定团结的国家，成为对外更加开放、更加具有亲和力、为人类文明做出更大贡献的国家。

柯林斯的卓越领导理论强调，企业要经历多代 CEO 或者多代产品而依然保持活力。而中国共产党之所以长期保持生命力，是因为她与时俱进，不断调整和丰富愿景。在第一个 30 年，中国共产党领导了伟大的中国革命，其愿景是建立新中国；在第二个 30 年，中国共产党领导了社会主义建设事业，其愿景是建设社会主义工业化国家；在第三个 30 年，中国共产党领导了社会主义改革事业，要建设现代化的社会主义国家。

在党的十八大会议上，党重申建党百年愿景和建国百年愿景，强调到建党百年之时，要全面建成小康社会，要建设民主中国、和谐中国、魅力中国，要建设文化强国，建设海洋强国，要进一步完善社会主义制度。

习近平总书记在十八届中央政治局第一次集体学习时强调："要深刻领会中国特色社会主义是由道路、理论体系和制度三位一体构成的。"[①] 中国特色社会主义道路是实现路径，中国特色社会主义理论体系

① 习近平：《紧紧围绕坚持和发展中国特色社会主义学习宣传贯彻党的十八大精神》，《十八大报告辅导读本》，人民出版社 2012 年版，第 3 页。

是行动指南，中国特色社会主义制度是根本保障。

习近平总书记强调："应该看到，中国特色社会主义制度是特色鲜明、富有效率的，但还不是尽善尽美、成熟定型的。中国特色社会主义事业不断发展，中国特色社会主义制度也需要不断完善。邓小平同志1992年在视察南方重要谈话中指出：'恐怕再有三十年的时间，我们才会在各方面形成一整套更加成熟、更加定型的制度。'党的十八大强调，要把制度建设摆在突出位置，充分发挥我国社会主义政治制度优越性。我们要坚持以实践基础上的理论创新推动制度创新，坚持和完善现有制度，从实际出发，及时制定一些新的制度，构建系统完备、科学规范、运行有效的制度体系，使各方面制度更加成熟更加定型，为夺取中国特色社会主义新胜利提供更加有效的制度保障。"①

3. 从幸福家园到幸福广东

今天，我们如何运用共有媒体建构共同愿景？如何进一步使建党百年愿景丰富化具体化？

2009年，国务院共批准了11个区域性战略规划。在每个区域性战略规划中，都描绘了美好愿景。在此前提下，各级党和政府要积极贯彻落实，形成更加具体更加美好的愿景。

2009年1月7日，国务院批准通过《珠江三角洲地区改革发展规划纲要》。在广东省省委书记汪洋、省长黄华华的邀请下，奥一网和南方都市报联合组织了11场"民间拍案"拍砖会，分别在广州、珠海、深圳和惠州等地举行，近百名来自珠三角及港澳地区的民间学者和网民参加，畅想广佛同城化、珠三角西岸、珠三角东岸、惠州发展以及广东各地区的科学发展。

作为改革开放的排头兵，深圳在30多年中"杀出一条血路来"，创造了世界城市发展历史上的奇迹！在新的起点上，党中央国务院赋予了深圳当好科学发展排头兵的重要使命，明确了深圳"一区四市"的新的

① 习近平：《紧紧围绕坚持和发展中国特色社会主义学习宣传贯彻党的十八大精神》，《十八大报告辅导读本》，人民出版社2012年版，第5页。

战略定位，再次给了深圳一个新的重大发展机遇。因此，汪洋书记三问王荣书记：深圳靠什么实现“三十而立”？今年能做什么？未来30年再干什么？

2010年4月，在王荣书记的指导下，深圳市规划和国土资源委员会开启了“深圳2040城市发展策略”项目活动，主办部门还搭建了一个最具开放、广阔、高效的公共参与平台——深圳2040网站（www.sz 2040.com），让各个年龄层、社会各阶层的公众直接参与到规划咨询中，共同描绘深圳未来30年的发展愿景。这次活动坚持“城市动员、全民参与、汇聚民智、共绘城市”原则，就是要在网民个人愿景的基础上形成共同愿景。网友叶青则提出了深圳以Girl（Green，绿色；intelligence，智慧的；reliable，和谐的；life-style，有生活的）为核心的“幸福家园”愿景，相信深圳在2040年将更富魅力。

值得庆贺的是，在2011年广东“两会”期间，汪洋书记提出“幸福广东”愿景。2011年1月22日，汪洋来到广州代表团参加小组讨论，在会上，汪洋向大家表达了自己对幸福的理解。他还创作了三副关于幸福的对联，三副对联分别是“加快转型升级政府是关键，建设幸福广东匹夫也有责”、“人人是创造幸福的主体，个个是享受幸福的对象”、“我为别人的幸福努力工作，别人为我的幸福创造条件”。最为特别的是，汪洋做的三副对联横批都是“共建共享”。

汪洋比喻说，幸福在老百姓的眼中像花儿一样，党委政府要创造花儿生长的环境和条件，提供阳光、空气、土壤，“土壤不能有重金属；日照要充足，不能一天到晚见不到太阳；空气要有纯净度，否则花儿就长不起来了。”汪洋强调，群众也不能闲着，“要除草、浇水和松土，还要打虫子”。“每个人都要为幸福广东尽职履责，幸福广东是共建共享的过程”。他认为，建设幸福广东是涉及千百万人的事业，只有千百万人的共同努力，幸福广东才能建设成功。①

---

① 徐静、王鹤等：《汪洋三副对联妙解幸福 横批均为“共建共享”》，《广州日报》，2011年1月23日，http://news.xinhuanet.com/local/2011-01/23/c_121012784.htm.

从国家批准的区域性战略规划，到网友叶青的幸福家园愿景，再到汪洋书记提出的幸福广东愿景，这就是共建愿景的过程。这种共建愿景的过程，既是自下而上的过程，又是自上而下的过程，是一种上下良性互动的过程。这种共建愿景的过程，强调在网络社会的整体中发挥个人的主体意识，强调全时全在、全心全意为人民服务，强调党政领导干部和网民的相互认同。

（四）共同治理

共同治理是多元领导追求公共利益、管理公共事务、分享公共权力的有效方式，是多元领导主体进行大规模协作的过程。在这个过程中，党和政府既要作为网络领导的主导力量，又要和企业、公益组织和微领袖协同共治。

1. “6+2 惠州共识”的启示

2012 年 9 月 23 日，在第三届中国网络问政研讨会上，先后获得网络问政类“中国新闻奖”的 6 家全国优秀网站——大河网、红网、人名网、胶东在线、奥一网、中国宁波网和网络问政工作表现突出的两个地市网站——今日惠州网、金山网，与来自全国各地的政界、学界、传媒界和网民会代表，总结过去六年网络问政的思路和经验，共同发布了“6+2 惠州共识”。

第一，我们共同致力于营造文明和谐的网络环境，确保信息自由流动、有序流动、安全流动，促进我国互联网健康发展。

第二，党委政府是网络问政的重要推动力。网络问政是新时期密切联系群众、了解民意、凝聚民智的创新手段，是具有国际视野和政治远见的中国官员，基于对转型期中国国情的深刻洞察，主动顺应时代的变革之举。

第三，人民群众的智慧是网络问政的源泉。智慧与真知蕴于民间，通过网络平台，原生态草根的舆论和智慧可以被聚集和传播。“围观改变中国”实质是网民渴望参与公共社会建设的强大意愿，是网络问政参政的群众基础。

第四，新技术是网络问政的根基。140字有大乾坤，微博异军突起，自媒体时代到来，网络问政进入了全新的阶段。基于互联网技术的网络问政，一定要站在技术的潮头，方能引领时代，“倒逼”制度改革。

第五，网络问政的孕育，离不开公共媒体的自觉、自律。互联网在中国，不应只有经济属性、娱乐属性，还要有公共价值、社会价值。

第六，网络问政塑造了新型健康的网络文化。构建充满活力、和谐有序、建设性的网络互动平台，也是弘扬社会主义核心价值观的重要体现。我们将加强交流合作，建立共享机制，推动网络问政在全国深入、有序发展。我们承诺，共同打造创新型、服务型、阳光型平台，践行社会责任，创造网上幸福家园。①

惠州共识，就是包括党委政府、新媒体、人民群众的多元领导主体，通过网络问政形式协同共治，建设新型健康的网络文化，推动中国网络社会的良性发展。在共同治理的模式中，党委政府是协同共治的领导力量，人民群众是协同共治的基础力量，新媒体是协同共治的服务平台。惠州共识的目的，或者说网络问政的目的，就是创造网上幸福家园，共享幸福生活。

2. 善治：网络领导的基本方式

在信息网络技术革命的推动下，领导理论和善治理论几乎是同步共振、迅速发展的。20世纪70年代末期，伴随着信息技术革命浪潮，全世界开始兴起并且持续至今的政府改革浪潮。政府改革的重点是重新界定政府和市场的关系，公共服务的民营化、市场化成为普遍做法。20世纪80年代，改革重点是政府内部的科层组织运行机制的有效性，提出了“重塑政府”、“再造政府”的口号，其本质是政府内部网络化。进入20世纪90年代后，伴随着互联网的全面普及，全世界开始以“治理理论”为基本理念，引领新公共服务改革和网络化治理，其本质是政府外部网络化。进入21世纪之后，伴随着政府内部网络化和外部网络化深入发展，各国政府重新探索国家和社会公共事务的管理模式，并打出了“善治”

① 周觅：《全国首个网络问政“6+2”惠州共识发布》，《惠州日报》，2012年9月4日。

旗帜，发挥网络领导作用，寻求公共事务的协同治理。

“善治（good governance）”，是指良好的治理，是网络领导者所追求的目标。“善治”理论强调政府、社会与市场三者之间的合作与互动，强调管理对象的全面参与及治理方法的全面创新。网络领导，需要党政领导干部更少地管控，更多地授权，更多地合作，更广泛地整合资源，推进社会全面进步。①

“善治”是多元领导主体共同合作使促共利益最大化的领导过程，是政治国家与市民社会的一种新型关系，是两者良性互动的最佳状态。1992年，联合国亚太经济与社会委员会总结“善治”的八点特征，即参与的治理（participation）、依法行政的治理（rule of law）、透明化的治理（transparency）、回应性的治理（responsiveness）、共识取向的治理（consensus）、公平与公开的治理（equity and inclusiveness）、效能与效率的治理（effectiveness and efficiency）和负责尽职的治理（accountability）（如图1-5所示）。

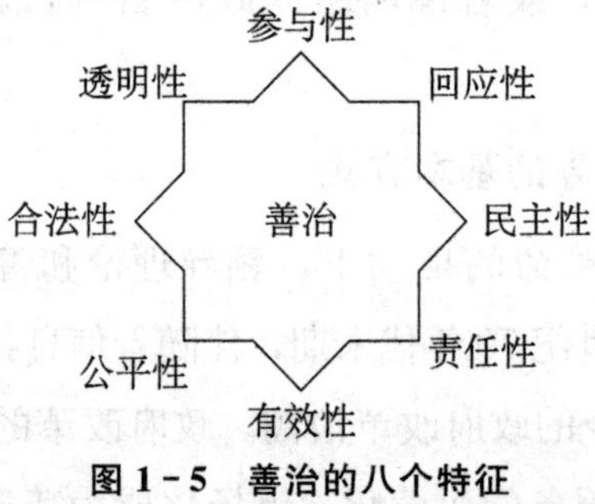

图1-5 善治的八个特征

图片来源：中国行政体制改革研究会研究部编：《行政体制改革新探索》，国家行政学院出版社2012年版，第5页。

善治是网络领导的基本方式，是人人参与社会事务治理，是多元领导主体基于网络平台的协同共治。对于党政领导干部来说，善治就是“为人人服务”；对于广大网民来说，善治就是“人民当家做主”。网络赋予每个人自由平等的网络权利，使得传统的“人民”逐渐转化成为

① 中国行政体制改革研究会研究部编：《行政体制改革新探索》，国家行政学院出版社2012年版，第4页。

“人人”，使得“人人”获得公平的就业和创业的机会，使得“人人”都能够参与政治领导、分享社会资源、获得社会保障的机会。

3. 媒治：充分发挥媒体的作用

2010年4月14日，白岩松在央视《新闻1+1》中评说：“现在是到了‘媒治’时代。……什么叫媒治呢？‘媒治’就是媒体治。因为媒体只要报道了，迅速地就能解决。”“媒治”凸显了媒体对公权力的监督功能和对公共事务的干预功能。毫无疑问，从“人治”到“媒治”是一种进步。但是，从“媒治”到“法治”，还有很长的路要走。

就白岩松所提出的“媒治”，社会各界看法不一，“仁者见仁，智者见智”。但是，如果我们把媒体人尤其是新媒体人作为多元领导主体之一，把网站作为多元领导主体共同领导的公共平台，作为网络问政平台，“媒治”的意义就彰显出来了。

“媒治”，简单地说，就是媒体人在公共治理中发挥作用。在全媒体格局下，新旧媒体虚实结合，相互借力，共同造势，发挥媒体的监督作用，与多元领导主体共同解决各种社会问题。“报纸记者、编辑和电视主持人习惯于到网上寻找新闻线索，网络意见领袖乐于为报刊撰写专栏，到电视台做嘉宾访谈。网上爆料，由传统媒体接手，深入采访和评论，变得更加深入细致，提升了可信度，增加了影响力，使得政府更加重视；而传统媒体对社会不良现象的批评报道，经网络媒体的放大，迅速凝聚民意，就能造成强大的舆论压力。”① 新老媒体相互借力，彼此合作，已经成为推动社会进步的有效方式。

例如，上海交通管理部门“钓鱼执法”问题的解决，就是互联网和传统媒体联手推进的结果。2009年9月8日，职业经理人张军开私家车搭载一个声称胃疼的路人而“被钓”。12日，他以“公子羿”为ID在天涯社区发帖控诉。“80后”作家韩寒在博客中转述和评论此事，引起了更大范围的关注。随后，传统媒体大举介入，深入挖掘上海其他“钓鱼”案例。在司机孙中界助人“被钓”后愤而断指自证清白的事件发生

① 杨天瑜：《突发公共事件网络舆情频发的背景探析》，《新闻爱好者》，2011年第7期。

后，传统媒体在第一时间追踪报道，迅速把舆论推向高潮。[①] 在上海"钓鱼执法"案中，央视《经济半小时》栏目曝光上海可能存在"职业拦车群体"，《新闻1+1》栏目制作专题调查，《人民日报》连续发表《人民时评》，与网民的愤怒和都市报的质疑相呼应，迫使上海浦东新区和闵行区政府及时采取正确处理措施。

在以新旧媒体为监督力量的媒治过程中，全媒体舆论机制基本遵循以下过程：传统媒体报道或网友爆料→网友讨论（新闻跟帖、论坛发帖等）→形成网络舆论压力（意见领袖发挥突出作用）→媒体跟进呼应网络议题，挖掘新的事实（新老媒体互动）→政府应对→再掀波澜（假设出现应对不当）→政府解决问题和官员问责→网友注意力转移→网络舆论消散。[②]

所谓"媒治"，从更加广阔的视角来看，是指媒体人尤其是新媒体工作者不仅直接参与公共事务的治理，而且为网民参与公共事务的治理提供网络平台，充分发挥网民作用。一般来说，媒体人起到议题设置、舆论引导和监督把关的作用。作为网民参与公共事务的网络平台，新媒体网站会发布新闻效应，提供网络论坛，开设博客和微博客，进行网络访谈和网络调查，培养意见领袖，逐步提升社会治理水平。从这个角度来说，"6+2 惠州共识"的8家新媒体网站都是媒治的典型代表。

2006年2月，奥一网（http：//t. oeeee. com）在广东成立。奥一网是融合了网络和传统媒体的中国第一个Web 2.0新闻互动社区网站，其核心理念是"看见了一切"。它包含多种诉求：①采集与传播速度快，新闻原生性、自然性强，能看到正在发生的一切；②不仅提供事实，还提供对事实的分析与解读，能看明白一切；③网络视觉合乎人性，追求愉悦舒适，能轻松地看到一切；④不仅可以了解事实，而且能够分享看到的一切。

作为媒治的代表之一，奥一网重要的贡献在于提出了网络问政的概

① 祝华新、单学刚、胡江春：《2009年中国互联网舆情分析报告》，http：//yuqing. people. com. cn/GB/209170/index. html.

② 周滨：《微博问政与舆情应对》，人民出版社2012年版，第118页。

念，提供了网络问政的平台，推动了网络问政的实践。2006 年 2 月至 3 月，在广东省、市及全国两会期间，以“有话问……”系列策划为雏形，奥一网推出“有话问总理”、“有话问市长”、“有话问区长”等栏目。2007 年，奥一网出版了《网络公民崛起》特刊，系统提出了“网络公民”概念。2008 年 2 月 29 日，南方都市报将网上的 10 篇精华帖子集结成篇，以《岭南十拍》为名出版专刊。

2009 年 7 月，奥一网“网络问政”平台升级改版，建成了第一个系统化的地方化的“网络问政平台”。通过这个平台，奥一网把网络公民聚集起来，积极参政议政。其中，“捎话汪书记”、“有话问黄省长”等常设板块吸引了大批网民留言。

2009 年 11 月 1 日，奥一网和南方日报、南方都市报联合组织第一届“潮涌珠江——广东网民论坛”，全国 53 家联盟网站均可推荐网友。在此之前的 9 月 30 日，广大网友可在网上报名，不收取任何费用，只要求提供一篇 200 字以上的建言广东科学发展的网文。

在 2010 年，奥一网多次举行《珠三角规划纲要》民间拍案论坛，并联合多位民间思想者发起并成立“南方民间智库”。在奥一网领导团队看来，民间蕴藏的智慧，需要通过网络技术平台把草根原生态的舆论和智慧聚集起来，传播开来，得到党和政府的认可，发挥重要作用。因为有了“南方民间智库”的智力支持，奥一网高屋建瓴，有的放矢，有效地发挥了新媒体的影响力，成为聚合网络问政智慧、促进政府网络施政的有力助手。

2011 年 11 月 19 日，奥一网进一步把网络问政平台升级为“民意畅通大平台”，再次升级改版的网络问政平台分为六个子栏目，即网络问政、微博问政、南方舆情、南方民间智库（官网）、网络问企、wen123（问政导航）。此处还开发出智能手机客户意端产品、网络向政移动版等，初步形成一个有云计算内涵，全媒体、全方位、多维度的网络问政集群。尤为重要的是，新版网络问政平台创新了全国问政导航，加强了党政机关的电子协同，推动了党政机关和网民的互动，进一步提升了网络问政在全国的影响。

4. 民治：网络公民的力量

对于广大网民来说，共同治理就是“人民当家做主”。基于网络社会的治理方法，其本质是网络民主。与传统的代议制民主相比，网络民主一般不需要中间环节，参与成本很低，参与效率很高。这种全新的民主形式激发了网民的政治热情，把网民变成治理公共事务的重要力量。

杨光斌认为，作为新兴的政治力量，网民具有丰富的多样性。有的网民更关注理想性议题，有的网民更关心利益性话题，有的网民更愿意通过网络发泄愤懑。根据公民参与所要实现的目的，杨光斌把网民参与的主体划分为“理想型网民”、“利益型网民”和“泄愤型网民。”①

杨光斌认为，理想型网民是因公共利益或公共话题而影响公共权力的网民。理想型政治参与，盛行于20世纪80年代，沉寂于20世纪90年代。在21世纪，信息网络技术为理想型政治参与提供了新的平台和契机。基于信息网络平台，理想型网民重新成为中国政治文明发展的重要力量。但是理想型网民参与大多着眼于具体的公共议题，而非20世纪80年代所追求的那种自由民主理想。

简而言之，理想型网民就是“网络公民”。这个概念产生于被称为“网络公共事件元年”的2007年。在厦门PX、华南虎、黑砖窑等重大网络事件中，网民经过教育和洗礼，转化成为网络公民。一般来说，网络公民参与的议题主要集中于公共政策、公民权利、民生问题、公共利益和社会公益事业等方面。

政府信息公开尤其是“三公”公开，是网络公民关注的重点领域之一，也是网民协同政府推进改革的重点领域之一。2006年，吴君亮从美国读书归国后，成为一家资产管理公司的CEO。在吴君亮看来，政治就是各种资源的分配，就是财政预算体现出的资源分配。因此，他选取了预算公开作为自己“问政”的切入点，并出资创办了公益性的“中国预算网”。

2008年5月1日，《政府信息公开条例》实施。吴君亮随即牵头成

① 杨光斌：《公民参与和当下中国的治道变革》，《社会科学研究》，2009年第1期。

立“公共预算观察志愿者”组织，向几十个部门发出预算公开的申请，但几乎全被拒绝，其中一半以上部门都是以“国家机密”为由。

但是，广州市财政局局长张杰明在全国范围内率先在网上公布了政府财政预算。这两个素不相识的人，共同完成了中国财政预算史上的“传奇”。他们合力将多年带着“国家机密”标签的政府财政预算“晒”到网上。

2009年12月，“公共预算观察志愿者”吴君亮团队成员登上《半月谈》，成为“2009中国十大公民社会新闻”的主角。尽管被外界称为预算公开的“凿冰人”，但吴君亮认为，自己只是走出了万里长征的第一步，因为更多的部门没有公开预算。

同时，张杰明以“透明之魅”当选《南方人物周刊》“2009十大魅力官员”。多数人将“网上晒账本”的行为与张杰明一贯开明的作风联系在一起。这个有着经济学博士头衔、自高校空降仕途的局座，“果敢、开明，有学者之风”。①

什么是网络公民？从以上事例可以看出，网络公民是依法通过互联网参与政治和社会管理的智慧、平静、理性、和谐的公民。中国第一个网络公民“厦门浪”认为：“网络公民与网民有着本质的不同。所有上网的人都可以叫做网民，但不一定是网络公民。网民是泥沙俱下、良莠不齐的；而网络公民具备着聪明、平静、理性、和谐的特征，他们有自己的思考，并期待这种有益思考得以传播。”②

从网络民主的角度来看，网络领导，就是领导干部和网络公民良性互动，共同合作，共同推动政府和社会进步。作为全国经济增长最强劲和社会开放度最高的地区，广东是“网络问政”做得最好的地区之一，初步形成了共同治理的良好局面。

一方面，党委政府积极与网民合作。比如，广东省委书记亲自给做批评报道的记者撑腰；广东警方开通微博，“阿Sir”上网与网民及时沟

① 秦鸿雁：《公民之手推动广州预算率先公开》，见《2008网络问政广东正经》，《南方都市报》专刊，2010年1月15日。

② 南都报系网络向政团队编著：《网络问政》，南方日报出版社2010版，第20页。

通。另一方面，网民理性参与，与政府良性互动。例如，番禺业主抵制垃圾焚烧发电厂的“集体散步”和缓收场，业主上了街但没有闹事，政府也没有抓人，宣布“暂缓”该项目后将与居民“共同寻找相对合适的垃圾处理方式”。

在政民互动过程中，政府学会了认真倾听，创造了自上而下的宽松氛围；网民学会了理性表达，创造了自下而上的平和氛围。正是由于协同共治，党政领导干部不仅提升了“网络政府”的执政能力，而且促进了“公民社会”的发育成长。①

2012年5月14日，中共中央政治局委员、中共广东省委书记汪洋带领新当选的十一届广东省委常委与广大网友在线交流。汪洋书记表示：“我希望，我们能够共同去创造幸福广东的新生活。”汪洋强调，建设幸福广东，党委政府责无旁贷。但是，幸福广东不仅需要党委政府的努力，而且需要所有的公民、所有的企业的“给力”。在自己的工作岗位上，在自己的业余生活中，每一位公民都可以坚守社会公德、加强职业道德，都可以传承广东精神、传承中华民族的美德，都可以为创造幸福广东和幸福生活贡献智慧和力量。

5. 互联网治理

为提高共同治理的效果，社会各界应该同心协力加强互联网的建设与治理。目前，互联网治理仍然是传统的权威控制模式，表现为政府自上而下的管理。马骏等人指出，这种治理模式的基本特点是：互联网相关活动和问题由政府分部门分工负责管理，如网络资源、网络新闻、网络文化活动、网络出版、网络支付、网络视频、网络地图、网络医疗、信息安全、产业促进等由国家不同部门管理，基本上遵循传统职能延伸到网络的原则；相关部门根据本部门的职责制定互联网管理政策，颁布各项管理规定，基本上延续传统业务的管理思路；相关部门的管理手段主要为事前审批和事后处罚两类；政府在制定和执行政策时，有时沟通

① 祝华新、单学刚、胡江春：《2010年中国互联网舆情分析报告》，http://yuqing.people.com.cn/GB/209170/index.htm.

交流不充分，较多考虑本部门目标，容易忽视其他部门目标和产业界利益。①

胡泳进一步指出，由于互联网的特殊性质，传统命令控制模式陷入困境，新的共同治理模式正在逐步形成。政府的困境则在于，想有效治理，但由于全能式的管控方式方法，结果却管出越来越多的网络“暴民”。互联网治理正出现“一放就乱，一乱就管，一管就死，一死就放”的不良循环。2010—2011 年，整治域名管理、整治视频网站、展开微博实名等，都显示了政府监管互联网时，忽视网络在实现民主政治、开展舆论监督、促进公民表达自由方面的基础作用。②

为了推动网络平台的进一步发展，党委政府必须从传统命令控制模式调整到共同治理模式。党和政府应该意识到，网民既是监管对象，又是服务对象，而且主要是服务对象。因此，必须调整以政府控制、以业务许可制为基础的自上而下的传统管理模式，采取多方参与、以事中和事后监管为重点的共同的治理模式（见表 1 - 2）。

表 1 - 2　权威管理与共同治理的比较

	权威管理	共同治理
目　标	规范为主	发展与规范并重
主　体	政府	所有参与者
手　段	法律法规	法律法规、协商共识、自律自治等
机　制	自上而下	自上而下、自下而上、横向协商等

资料来源：马骏等：《中国的互联网治理》，中国发展出版社 2011 年版，第 27 页。

作为分布式网络，互联网尤其是移动互联网，需要多元领导主体的协同共治，所有参与者共同制定和执行规则。一方面，多元主体共同参与制定的规则可以集思广益，可以兼顾各方利益，成为互联网“善治”的基础；另一方面，在多元主体达成“共识”的基础上，相关规则能够得到绝大多数人的拥护，绝大多数人会按照“共识”调整自身行为，极少数不遵守“共识”的人将被绝大多数人以各种方式进行纠正，包括劝诫、谴责、技术措施、处罚等。

① 马骏等：《中国的互联网治理》，中国发展出版社 2011 年版，第 19 页。

② 胡泳：《网民成长的十个面向》，http: //huyong. blog. sohu. com/200690463. html.

马骏等人指出，在共同治理中，多元领导主体形成互动合作关系。一方面，政府要积极动员社会力量参与互联网治理，对社会可以解决的问题逐步放手、放权，采取自下而上的治理；另一方面，政府对于社会解决不了的问题，必须配置充分资源予以解决，采取自上而下的治理。更多的时候，对于互联网治理的问题，政府、互联网服务商和广大网民需要横向协商合作。[①]

多元领导主体的共同治理，是建立和谐网络乃至和谐社会的核心。共同治理需要开放的参与路径，需要鼓励网络公民广泛参与制度创新，提升网络公民对规则的认同感和责任感，促进公民社会的形成。

（五）共享幸福

研究网络社会，现代学者越来越强调资源分配的公平正义。中国网络传播协会主席杜骏飞借用古希腊的一个神话故事，巧妙地说明了资源分配正义问题。

在众神居住的奥林匹斯山上，人类英雄帕琉斯和海洋女神忒提斯举行婚礼。但是，作为唯一未得到邀请的女神，“不和”女神厄里斯的到来，打破了宴会上欢乐的气氛。面对尴尬的众神，厄里斯强按心头的怒火，拿出了自己的礼物，“这个金苹果，是送给最美丽的女神的”。经过一番激烈的争论之后，众神没有达成一致意见，只是将金苹果的归属锁定在三位女神身上。她们分别是权力和正义之神赫拉、智慧女神雅典娜、美与爱之神阿芙洛狄忒。众神之王宙斯决定将此交由牧羊人帕里斯来裁决，因为他一向诚实公正。为了从帕里斯手中取得金苹果，三位女神都对他做出承诺。赫拉许之以世界上最大的权力，统治世界上最富有的国家；雅典娜保证可以使他成为人类最有智慧的人；阿佛洛狄忒则承诺要将世界上最美丽的女人送给他做新娘。最后，帕里斯将手中的金苹果交给了阿芙洛狄忒，并接受了她的祝福，但同时也受到了赫拉和雅典娜的诅咒。几年之后，帕里斯恢复了特洛伊王子的地位。帕里斯在阿芙

① 马骏等：《中国的互联网治理》，中国发展出版社 2011 年版，第 26 页。

罗狄忒的帮助下，拐走了斯巴达的王后——美女海伦，并把她偷偷地带回到特洛伊。最终，特洛伊战争爆发了。[①]

这个古老的神话故事，说明人类自脱离自然状态之始，就需要面对“金苹果应该给谁”的分配难题。它隐含着资源分配的正义性问题：谁应该持有或享用某种资源？

在今天的社会主义中国，最重要的问题不是“金苹果应该给谁”的问题，而是“如何分享金苹果”的问题。在1992年南方谈话中，邓小平同志对“如何分配金苹果”的问题给出了答案，对社会主义的本质进行了集中概括：“社会主义的本质，是解放生产力，发展生产力，消灭剥削，消除两极分化，最终达到共同富裕。”

胡鞍钢等人认为，“共同富裕”的核心是“共同”：十几亿人共同拥有发展的机会，共同提高发展的能力，共同提升发展的水平，共同分享发展的成果。只有具备这四个“共同”，才能有真正意义上的“共同富裕”。[②]

胡鞍钢等人认为，共同富裕并不是“平均富裕”，不是“均分金苹果”。现实社会不可能实现平均富裕，因为不同地区之间存在发展条件的差异，不同人群之间存在人力资本水平的差异。只要人们承认客观的社会差异，就不可能完全消除社会差异。只要社会存在，就会存在社会差异。准确地说，共同富裕是指社会差异相对较小，保持在合理范围之内。“共同富裕”的底线是防止出现贫富两极分化，消除各类绝对贫困人口，使收入较低的群众也能过上幸福生活。[③]

三、新领导使命

在新的领导生态环境之中，在新的领导模式之中，多元网络领导主

---

① 杜骏飞等：《政府网络危机》，中国发展出版社2011年版，第300页。

② 胡鞍钢、鄢一龙、魏星：《2030中国迈向共同富裕》，中国人民大学出版社2011年版，第3页。

③ 胡鞍钢、鄢一龙、魏星：《2030中国迈向共同富裕》，中国人民大学出版社2011年版，第3页。

体必须承担新的历史使命：坚持和发展中国特色社会主义初级阶段基本路线，兼顾公平和效率，使人民共享幸福；坚持和创新群众路线，网来网去，统筹网上网下两个世界，真正为网民服务；坚持和拓展网络统一战线，联系网络意见领袖，开展网络公共外交，传播中国国家形象。

（一）共同富裕：坚持和发展基本路线

1987年10月，十三大明确提出，党在社会主义初级阶段的基本路线是“领导和团结全国各族人民，以经济建设为中心，坚持四项基本原则，坚持改革开放，自力更生，艰苦创业，为把我国建设成为富强、民主、文明的社会主义现代化国家而奋斗。”1992年年初，邓小平在视察南方时强调：“基本路线，要管一百年，动摇不得。”1992年10月，十四大报告重申“坚持党的基本路线不动摇”。

经历了30多年的高速发展，我国现代化“三步走”战略已经成功地走过两步。而且，21世纪头20年全面建成小康社会已经“赛程过半”，社会主义现代化建设正处在关键时期。面对各种“两难”问题和深层次矛盾，中国既要坚持基本路线，又要发展基本路线。

为什么中国必须坚持基本路线？这是由中国的基本国情决定的。虽然已经取得举世瞩目的伟大成就，但中国仍处于并将长期处于社会主义初级阶段的基本国情没有变，人民日益增长的物质文化需要同落后的社会生产之间的矛盾这一社会主要矛盾没有变，中国仍然是世界上最大的发展中国家的国际地位没有变。坚持党的基本路线，推动科学发展是解决中国一切问题的“总钥匙”，必须坚持不懈地抓好发展，任何时候任何情况下都不能动摇。

为什么中国必须创新基本路线？这是中国愿景决定的。中国的改革开放事业已经进入攻坚期，旧的发展障碍尚未完全破除，新的发展模式还在孕育之中，不少薄弱的环节亟待加强，前进道路还有不少问题和困难。在经济体制深刻变革、社会结构深刻变动、利益格局深刻调整、思想观念深刻变化的大背景下，眼前与长远，局部与全局，效率与公平，诸多关系错综复杂、相互影响，考验着党和政府的领导智慧和执政能力。

如果不超越造成问题和矛盾的原来的思维模式，就无法解决原来的问题和矛盾；如果不超越造成问题和矛盾的原来的发展方式，就无法解决原来的问题和矛盾；如果不超越造成问题和矛盾的原来的领导模式，就无法解决原来的问题和矛盾。

领导者必须超越现代社会的思维模式，超越工业社会的发展模式，超越传统的领导模式，抓住从工业社会向信息社会跨越的历史机遇，抓住从物质经济向知识经济跨越的历史机遇，利用信息网络技术革命的巨大力量，聚集广大人民群众的巨大力量，积极主动地领导中国特色社会主义事业科学发展。

广东省社科院研究员丁力认为，作为中国网民第一大省，作为中国改革开放前沿阵地，广东正在探索社会主义 3.0 的新模式。丁力认为，毛泽东同志探索的是社会主义 1.0，追求公平，不惜牺牲效率。邓小平同志探索的是社会主义 2.0，发展是硬道理，效率优先，兼顾公平。幸福广东探索的是社会主义 3.0，既充分发挥市场作用，又坚持社会主义公有制，兼顾公平和效率，是公平与效率的统一。①

坚持和发展基本路线，就是要建设社会主义 3.0，就是要发挥信息网络技术的重要作用。经济建设方面，信息网络技术将成为推动产业升级，发展新的知识经济的重要力量；政治建设方面，信息网络技术将成为了解舆情、沟通民意、引导群众有序参与政治的重要工具；文化建设方面，信息网络技术将成为传播社会主义先进文化的前沿阵地，成为提供公共文化服务的有效工具；社会建设方面，信息网络技术将成为联系社会成员、社会组织的重要载体，成为党做好群众工作的重要抓手；生态建设方面，信息网络技术成为建成环境友好型社会、低灾害风险型社会的重要力量。

坚持和发展基本路线，建设社会主义 3.0，必须坚持“积极利用、

---

① 程敏：《2011 中国改革论坛会议综述》，胡耀邦史料信息网，http：//www. hybsl. cn/zt/jinian301/301/2012 - 01 - 05/28185. html.

科学发展、依法管理、确保安全”的互联网工作方针，保持互联网行业蓬勃生机，推动互联网行业又好又快发展。《互联网行业“十二五”发展规划》已经全面规划了未来中国的网络愿景：①到“十二五”末，我国网民数将超过8亿人，普及率超过57%，其中农村网民超过2亿人；②政府、企事业单位、学校、医疗卫生机构、社区全面接入互联网；③搜索、移动互联网、云计算、物联网等服务规模和国际影响力显著提升；④互联网在转变经济发展方式和促进结构调整中的作用更加突出，基于互联网的协同研发设计、定制生产营销策略等广泛应用，网络金融和电子商务普及深化，2015年电子商务交易额达到18万亿元；⑤互联网在社会发展和服务民生中的基础性作用凸显，2015年互联网企业直接吸纳就业超过230万人，并带动更大规模的就业增长，“十二五”期间，互联网服务业收入年均增长超过25%；⑥基于互联网的公共管理和社会服务能力显著提升。

为实现网络愿景，《互联网行业“十二五”发展规划》指出，中国要在九个方面加强建设：①创新应用体系，培育发展互联网新兴业态；②服务两化融合，全面支撑经济社会发展；③建设“宽带中国”，推进网络基础设施优化升级；④推进整体布局，向下一代互联网发展演进；⑤突破关键技术，夯实核心基础产业；⑥加强顶层设计，建立先进完备的互联网标准体系；⑦完善监管体系，打造诚信守则的互联网市场环境；⑧健全制度手段，强化互联网基础管理；⑨加强体系建设，提升网络与信息安全保障能力。

（二）来去自如：坚持和创新群众路线

1943年6月，毛泽东从认识论高度精辟地概括和阐述了中国共产党人的基本领导方法：“在我党的一切实际工作中，凡属正确的领导，必须是从群众中来，到群众中去。这就是说，将群众的意见（分散的无系统的意见）集中起来（经过研究，化为集中的系统的意见），又到群众中去作宣传解释，化为群众的意见，使群众坚持下去，见之于行动，并在群众行动中考验这些意见是否正确。然后再从群众中集中起来，再到群众中坚持下去。如此无限循环，一次比一次更正确、更生动、更丰富。”①

群众路线的本质是什么？群众路线就是“从群众中来，到群众中去”，把群众组织起来，把群众的智慧和力量集结起来。因为“群众是真正的英雄”，是力量源泉和胜利之本。中国共产党历来高度重视群众工作，把党与群众的关系比喻为鱼水关系，比喻为种子与土地的关系。中国共产党在革命、建设、改革各个历史时期的成就，都是通过团结带领人民群众共同奋斗取得的。

但是，一些领导干部感慨：“群众工作越来越难做了。”有些地方的干群关系已经从“鱼水关系”演化为“油水关系”甚至是“水火关系”。这是因为在长期执政条件下，党和群众都发生了很大变化。

一方面，群众发生了多方面变化。市场经济导致社会利益多元化、格局复杂化，群众分化为多个不同利益群体，诸如土地征收、房屋拆迁、环境污染问题等人民内部矛盾问题很容易激发对抗现象，在一定程度上削弱群众对党的感情认同。中国共产党在从过去的革命党转变为执政党的过程中，群众对党的认同从过去的感情认同转变为法理型认同和利益型认同。②

另一方面，党员队伍也发生了多方面变化。党员的社会身份越来越复杂，社会上有多少利益群体，党员的社会身份就来自多少利益群体。有些党员领导干部不相信群众，没有群众观念，不走群众路线，不是以理服人，而是以权力压人。有的党员干部甚至提出“新中国是强拆出来”的谬论，有的党员干部甚至说出“谁影响发展一阵子，我影响他一辈子”。③

面对这种困境，领导者如何坚持和创新群众路线？与传统的到农村和工厂开展群众工作的“地来地去”不同，做好网络社会的群众工作，需要“网来网去”。今天，党政领导干部联系群众，不仅需要迈开双腿

① 《毛泽东选集》第三卷，人民出版社 1991 年版，第 901 页。

② 高新民、张希贤：《群众工作如何直面新挑战》，2010 年 10 月 28 日，http：//theory. people. com. cn/GB/13066969. html.

③ 文海：《“正确处理人民内部矛盾”为何写入五中全会公报?》，2010 年 10 月 22 日，http：//opinion. people. com. cn/GB/13019983. html.

下基层，而且需要上网“微服私访”，把“群众路线”这个“传家宝”延伸到虚拟社会。阅读新闻跟帖、浏览微博和BBS，领导干部就可以发现最鲜活的、“水淋淋”的社情民意。创新网络社会群众路线，需要把网上考察和网下服务结合起来，因为大多数网民诉求都需要回到现实中解决。[①] 创新群众路线，就是要网来网去，不断地来去，多次地来去，来去自如。

例如，2008—2012年，汪洋书记连续5年给网民拜年。连续5年给网民拜年，就是礼遇网民，把网民当作朋友，当作可以依靠的基本力量。2008—2010年，汪洋书记分别主持三次网友见面会，与网民代表分别就“广东科学发展”、“贯彻《珠江三角洲地区改革发展规划纲要》”、“广东建设文化强省”三大话题进行交流和讨论。2011年7月4日，汪洋等广东省领导将以“共议社会建设助力幸福广东”为主题与网友在线交流。汪洋认为：“网络问政首先应该是平等地问、虚心地接受，不计态度，不问来历。”

今天，领导者要千方百计地创新群众路线，统筹“网上网下”两个世界，积极探索新的群众工作方式方法。领导干部必须善于运用网络，善于在众声喧哗中倾听民声、熟悉民情、引导民意、疏解民怨、赢得民心，不断增强工作的透明度和公信力。

伍皓就是在网络时代坚持和创新群众路线的网络领导者。例如，从“6·28”贵州瓮安事件到“7·19”云南孟连事件，相隔21天，两个相邻大省，发生了两起警民冲突。2008年7月19日，孟连事件发生后，省委书记白恩培亲自点名伍皓作为新华社记者进行报道。尽管当地党委政府把事件定性为“一小撮农村恶势力操纵的事件”，但伍皓反对给群众随意扣上刁民的帽子，进行了更加及时更加透明的新闻报道。云南省委非常低调，没有急于把事件定性，省委书记白恩培做出批示，要求“积极抢救伤者，安抚死者家属，做好善后工作；尽早平息事态，尽快

---

① 人民网舆情监测室：《网民、人民和公民》2011年7月15日，http://leaders.people.com.cn/GB/15167252.html.

查明事件原因，及时公布事实真相”。①

再如，2009年8月26日，云南省曲靖市陆良县发生一起煤矿与村民因施工纠纷引发的冲突，缘起当地村民和煤矿企业利益的纠纷，并发生了村民和企业的激烈冲突，导致警车被砸，近20个人受伤。伍皓紧急发出《云南禁止随意给民众贴“不明真相”等标签》的通知，要求新闻媒体在报道类似突发公共事件时，不得随意给群众乱扣“刁民”、“恶势力”等帽子，禁用、慎用“不明真相的群众”和“别有用心”、“一小撮”等形容词。在这一事件中，群众提出7个方面的诉求，有6个获得圆满解决，剩下1个因不够合理而被劝阻。②

今天，即使是网络商业领域，即使在网络技术领域，领导者也要坚持和创新群众路线。周鸿祎认为：谁是我们的用户，谁是我们的竞争对手，这个问题是互联网行业工作人员要面对和回答的首要问题。现在的互联网用户，跟早期的互联网用户不一样了。早期的互联网用户大多是学计算机出身的。今天，越来越多的青少年、中年人、老年人加入网民队伍，网民的学历越来越低，低收入的网民占很大比例。这些用户是沉默的大多数，不习惯在互联网上表达自己的网络服务的看法，也不愿意向厂商反映产品问题。这些用户对产品的使用需求和心理需求，互联网行业工作人员一定不能坐在房子里空想，应该像毛泽东写《湖南农民运动考察报告》那样，放下身段，放低姿态，主动地去调研。

周鸿祎发现，有些互联网行业工作人员有一种天生的优越感，自觉不自觉地居高临下地看待普通用户。周鸿祎认为，这种心态是绝对做不出好产品的。互联网行业工作人员必须要放下“自我”，真正融入用户中去，真正从用户角度去看产品，把一切花哨的玩意儿去掉，把复杂的技术做到后台，让用户看到的是简单、简洁的产品，让用户用到的是顺手、顺心的产品。只有这样的产品，才会受用户的欢迎，才会到用户中去，从而汇聚起大规模的用户基础。互联网产品就要“从用户中来，到

① 参见百度百科词条《孟连事件》。

② 祝华新、单学刚、胡江春：《2009年中国互联网舆情分析报告》，http：//yuqing.people.com.cn/GB/209170/index.html.

用户中去。”[①]

（三）共赢博弈：坚持和创新统一战线

统一战线，最早来自毛泽东《论反对日本帝国主义的策略》：“目前的时局，要求我们勇敢地抛弃关门主义，采取广泛的统一战线，防止冒险主义。”统一战线，就广义而言，是指不同的社会政治力量（包括阶级、阶层、政党、集团乃至民族、国家等）在一定的历史条件下，为了实现一定的共同目标，在某些共同利益的基础上组成的政治联盟。简要地说，统一战线就是要联合尽可能多的政治力量，赢得更多的领导权和主动权。

中国共产党领导的统一战线经历了新民主主义革命、社会主义革命和社会主义建设等不同的历史时期。党的十一届三中全会以后，中国进入了改革开放和社会主义现代化建设的历史新时期，爱国统一战线成为由各民主党派和各人民团体参加的，包括全体社会主义劳动者、社会主义事业的建设者、拥护社会主义的爱国者和拥护祖国统一的爱国者的最广泛的联盟。它的任务主要是团结一切可以团结的力量，调动一切积极因素，为建设中国特色的社会主义、统一祖国、振兴中华服务。统一战线，是凝聚各方面力量，促进政党关系、民族关系、导教关系、阶层关系、海外同胞关系的和谐。

在网络社会，领导者如何坚持和创新统一战线？人们在网络上的各种行为，从本质上说是一种博弈。这种博弈可能是零和博弈，也可能是非零和博弈。我们必须把网络博弈从零和博弈转化成正和博弈。因为在“效益递增”的网络平台上，领导者“链接”的社会各界的人员越多，其影响力就越大；同时，领导者“链接”的社会各界的人员越多，对其他社会各界的人员的吸引力就越大。正和博弈是个加法过程，是个生生不息的进化过程。凯文·凯利认为：“伟大博弈的目的不是获胜，而是

---

① 周鸿祎：《做产品要从用户中来 到用户中去》，http：//service.iresearch.cn/71/20111209/158684.shtml.

一直玩下去。一个以‘赢’为目的的系统是有限博弈，一个创造新系统的系统是无限博弈。”①

祝华新等人认为，互联网将是创新统一战线工作的有力工具。网络统一战线，就是要联系更多的意见领袖，加强与意见领袖的沟通。网络“意见领袖”和社会“自组织力量”在传统体制的缝隙中成长，越来越得到政府的重视和包容。虽然有些时候，他们的声音与政府不尽一致，但从总体上看，他们仍然是政府重要的合作伙伴。祝华新强调，有些网络意见领袖，拉一拉就是朋友，推一推就可能成为潜在的敌人。所以，即使有的“意见领袖”个性鲜明，甚至发生比较偏激的观点，领导者要有雅量，不必一听到反对的声音，就恼羞成怒，关闭沟通的管道，转而举起蛮横的权力武器，把“意见领袖”逼成“异见领袖”。无论是眼前的“网络社会维稳”，还是长远的“公民社会建设”，政府需要与他们联手，共同来解决中国复杂的社会问题。②

在国际网络平台上，中国政府更需要坚持和创新网络统一战线，开展公共外交，在对外传播与交往领域主动出击，在国际博弈中更多地把握话语权，更好地实现国家利益。

公共外交，是由政府主导、社会公众参与，以传播和交流为主要手段，以增强国家软实力、维护和促进国家利益为根本目标的新型外交形式。在世界越来越“平”、国家间相互依存日益密切的大背景下，相对于传统政府外交而言，公共外交已成为各国政府提升软实力、扩大影响力的“主战场”。

公共外交的关键是信息的交流，是感情的沟通，是友谊的建立，是心理的认同。中国政府要发挥网络平台的作用，积极发挥网民的作用，积极与世界各国网民交流，建立友好合作关系。《互联网行业“十二五”发展规划》已经明确将“互联网发展纳入对外交往工作大

---

① ［美］凯文·凯利著，张行舟、余倩等译：《技术元素》，电子工业出版社2012年版，第261页。

② 祝华新、单学刚、胡江春：《2011年中国互联网舆情分析报告》，http：//yuqing. people. com. cn/GB/209170/index. html.

局”，强调要“逐步建立社会各方力量广泛参与的机制”，引导社会各方力量积极参加联合国、区域和国际组织的活动，充分利用多边和双边机制开展多层次、多渠道的对话与交流。

总之，中国需要坚持和创新统一战线，进一步扩大国际话语权，更好地讲述中国的故事，更好地传播中国的信息，逐步深化世界人民对中国的理解与认同，努力使中国“在政治上更有影响力、经济上更有竞争力、形象上更有亲和力、道义上更有感召力”。

第二章

网络领导者

- ⊙ 把握网络特征
- ⊙ 树立网络精神
- ⊙ 锻炼网络思维
- ⊙ 提升网络素养

顺应网络社会的崛起之势，网络领导者准确把握网络特征，树立公共、公益和公平三大网络精神，锻炼Web 1.0，Web 2.0，Web 3.0网络思维，全面提升网络素养和网络智慧。提升网络领导能力，网络领导者需要把网络公共空间建设成为“网络公共领域”，解决公共问题，实现公共利益，共同建设和谐的网络社会。

一、把握网络特征

诸如互联网和人类大脑等复杂网络，是由众多互相联系、彼此影响的众多节点联系而成的具有生命力的系统。面对全球化、分权化的网络社会，网络领导者需要深谙互联网分布并行、开放兼容、效益递增和共同演进四大特征，遵循网络社会的基本规律，积极和网民互动，吸引和包容更多的网民，互相影响，共同进步，不断提升网络社会领导力。

（一）复杂网络

什么是网络（Network)？今天，人们谈论网络时一般是指互联网（或者称为因特网）。随着三网融合、新三网融合等日益普及，人们谈论网络时是指互联网、电信网、广电网、物联网和移动互联网等。从信息网络技术角度出发，卡斯特认为：“网络由一组相互连接的节点构成。”

什么是节点？节点的概念是比较抽象的，它依赖于具体的网络系统。具体来说，既可以是人，也可以是计算机，还可以是其他事物。如果节点是人，网络就是人联网；具体到每个人，人联网就是我们常说的人际关系网络（简称“关系网”）；如果节点是计算机，网络就是互联网；如果节点是具体事物，网络就是物联网。

从信息网络技术角度来看，互联网是单机、局域网、广域网按照一定的通信协议组成的计算机网络。计算机网络，按照其范围和属性可以分为企业内部网（Intranet）、社会网（企业外部网，Extranet）、全球互联网（Internet，也译成因特网）。计算机网络由一组相互连接的节点（单机、局域网）构成，是一个可以无限扩展的系统。在全球互联网中，所有的节点，只要它们有共同的信息编码，就能实现连通。从技术角度来看，“互联网不是一个实体而是一个实体集合，是相对去中心化的网络之网络。”①

由于信息网络技术迅猛发展，尤其是微博客迅速普及之后，节点具有了更加丰富的含义。首先，节点是通过数字互动媒介接收和发送信息的媒介用户，既是信息的传播者，也是信息的接收者和再次传播者。其次，节点是参与信息互动的用户和其呈现给其他用户的相关信息的结合体。“节点”既用来指参与信息互动的人，也用来指人所使用的职能终端，还用来指人所发布的信息，是人—终端—信息的综合体。②

网络（Network），就其本质来说，希望不断地扩张，寻求更多的节点，拓展更大的空间。经过充分的发展，小网络将发展成大网络，局域网将发展成广域网，简单网络将发展成复杂网络。凯文·凯利认为，互联网和星系、恒星、行星、生命、白蚁穴土丘、热带雨林，都是复杂网络系统。在凯文·凯利看来，宇宙中最有趣的最神秘的事物大多是复杂网络系统。例如，人的眼、耳、鼻、舌、皮肤是信息采集器官，嘴、手、脚等是信息输出器官，大脑是信息处理器和存储器，这些器官通过遍布全身的神经网络互联连接起来，形成巨型复杂网络系统。③

从更加普遍的意义上来说，本书所说的复杂网络是网中有网，网外有网，网网相连，是彼此互通的开放系统。

---

① ［英］安德鲁·查德威克著，任孟山译：《互联网政治学：国家、公民与新传播技术》，华夏出版社 2010 年版，第 4 页。

② 喻国明、欧亚、张佰明：《微博：一种新传播形态的考察——影响力模型和社会性应用》，人民日报出版社 2011 年版，第 3 页。

③ ［美］凯文·凯利著，东西文库译：《失控》，新星出版社 2012 年版，第 34 页。

一般来说，复杂网络系统具有以下特征：①由大量的节点组成；②系统开放并受环境影响，远离平衡状态；③节点之间通过非线性的反馈进行物质、能量、信息的相互作用；④系统能通过自组织、自加强、自协调等活动不断地进行量的积累，最终导致质变（称为涌现或突现）；⑤系统的历史决定现在，系统的现在决定未来，初始条件的微小差异，可导致天壤之别的结局；⑥任何节点只能对与自身有关的信息做出反应，并无法预知自己的行为对整体产生的影响，系统的复杂性是各个节点相互作用的结果。

在现代复杂性理论中，“涌现”是十分重要的概念。一般来说，“涌现”是指系统的节点整合起来产生原来没有的新特质新功能的过程。涌现是一种从低层次到高层次的过渡，是在微观主体进化的基础上的突变，是宏观系统在性能和结构上的突变。涌现是跃进，是由小到大、由简入繁，是关键的转折点，是事件发展过程中的质变，是复杂网络系统的非常普遍的非常神奇的现象。

凯文·凯利认为，人类正在向大自然学习，从生物学中把握自然的逻辑并用以制造出“复杂网络系统”。那些原属于生命体但却成功被移植到机械系统中的特质主要包括自治、自组织、自我维持、自我完善、自我复制、自我管理自我修复。[①] 从复杂网络角度看，从优秀到卓越的组织，是自我完善的“逐渐演进的物种。”

客观地说，网络恐怖组织，是一种非常灵活的人工复杂网络组织。网络恐怖是非政府组织或个人有预谋地利用网络并以网络为攻击目标，以破坏目标国家的政治稳定、经济安全，扰乱社会秩序，制造轰动效应为目的的恐怖活动，是恐怖主义向信息技术领域扩张的产物。随着全球信息网络化的发展，破坏力惊人的网络恐怖主义正在成为世界的新威胁。借助网络，恐怖分子不仅将信息技术用做武器来进行扰乱或破坏，而且还利用信息技术在网上招兵买马，并且通过网络来实现管理、指挥和联络。与传统的恐怖手段相比，实施网络恐怖的费用更低，所需要的

① ［美］凯文·凯利著，东西文库等译：《失控》，新星出版社 2010 年版，第 4 页。

只是一台个人电脑和一个简单的电话连接。网络恐怖主义活动更加隐蔽，可以远程实施攻击，让人防不胜防。网络恐怖主义可以袭击的目标种类和数目是巨大的，可以直接和间接地影响很多人，造成更大的恐怖。

美军网络系统是世界上最庞大、最复杂的人工复杂网络系统之一。美国“智库”兰德公司断言，工业时代的战略战是核战争，信息时代的战略战是网络战。2001 年 7 月，美国国防部提出了“网络中心战”的概念，引导和促进了作为网络中心战基础设施的信息栅网、战场感知网和交战网建设。在 2003 年伊拉克战争中，美军运用以共享“通用相关作战图”为基础的“网络中心战”作战方式，使指挥控制、侦察监视、综合通信、火力协调、防空指挥、电子对抗、后勤支援等分系统构成一个完整的体系，确保通信装备、导航定位设备及战位信息综合处理系统的相辅相成，连成一体，从而取得更好的军事效果。

把网络电磁空间战略作为国策，美国奥巴马政府率先在全世界打出了一套“组合拳”。2010 年 5 月，美国宣布成立网络司令部。2011 年 2 月 15 日，美军网络司令部出台第一份总纲式文件——《国防网络安全战略》，明确将网络空间与陆、海、空、太空定义为同等重要的、需要美国维持决定性优势的第 5 空间，确立核、太空、“赛博空间”三位一体的国家安全战略。

为了提高网络战能力，美军分别于 2006 年、2008 年和 2010 年举行了三次“网络风暴”系列演习，参演的数千名网络安全专家，来自美国的 11 个州、60 家私营企业，涉及金融、化学、通信、水利、防务、信息技术、核能、交通和水资源行业。

未来的战争，网络战场全球化，网络攻防常态化，战争与和平不再泾渭分明，前方与后方也没有楚河汉界。因此，世界各国无不推进新军事变革，制定以网络为中心的新战略，夺取“寂静战场”的主动与优势。网络中心战是一种崭新的作战模式，通过信息网络把战争各个要素联系起来的新军事模式，从作战观念、作战力量、作战信息、作战秩序、作战效果等方面对军队战斗力要素进行系统整合。

（二）分布并行

互联网等复杂网络最显著的特征就是分布并行。分布，是指网络各个自治的节点互相联系，但没有控制中心；并行，是指各个互相联系的节点同时运行，就像并联电路一样。在美苏“冷战”期间，美国国防部认为，如果只有一个集中的信息中心，万一这个中心被前苏联的核武器摧毁，全国军事指挥将处于瘫痪状态，后果将不堪设想。因此，信息指挥系统必须是分布的，由分散的指挥节点组成。这样，当部分节点被摧毁后，其他节点仍能正常工作。当然，这些分散的节点必须通过多种形式的通信网保持联系。

与中央控制式网络不同，分布式网络没有中心，任何一个节点都至少跟其他两个节点直接相连，因而具有更高的可靠性和稳定性，不像集中式网络因为中心遭到破坏而造成整体的崩溃。

凯文·凯利认为，复杂网络系统都有以下四个特征。第一，没有强制性的控制中心。每个分布式系统在组织上都汇集了许多（数以千计的）自治成员。第二，次级单位具有自治的特质。“自治”意味着每个成员根据内部规则，以及其所处的局部环境状况而各自做出反应。这与服从来自中心的命令，或根据外部环境做出步调一致的反应截然不同。第三，次级单位之间彼此高度连接。这些自治成员之间彼此高度连接，但并非连到一个中央枢纽上。第四，节点对节点间的影响通过网络形成了非线性因果关系。由于没有控制中心，人们就说这类系统的管理分布在系统中的，与蜂巢的管理形式相同。①

例如，世界天气监视网（The World Weather Watch）没有中央集权的控制中心，是典型的分布式授权组织。它与气象站、人造卫星、通信设备及电子计算机连接在一起，构成一个覆盖全球的、复杂无比的巨大网络，从而使电视台、电台和报社在既合作又竞争的状况下，向公众提供比以往更为准确可靠的天气报告与预测。借助一系列的设计，世界天

① ［美］凯文·凯利著，东西文库译：《失控》，新星出版社2010年版，第34页。

气观察网的会员们相互协调，制定了一套标准，以便测量方法与技术、远程通信的惯用程序、观测数据的表达及信息的处理合乎规范，以便在不考虑语言因素的情况下，使所有人都能够理解。它所提供的信息对于航空交通管制系统、海运航线和政府的防灾计划都同样有着无法估量的价值。此外，它的任何一部分都不知道整体，整体也并不知道每一部分，而且也没有任何必要知道。[①]

与分布式特征相联系的，是网络的分权特征或者说"去中心化"特征。尼葛洛庞帝认为，"数字化生存"的四大特征是分散权力、全球化、追求和谐与赋予权力。分权意味着个体更广泛、更深层次地参与社会生活，意味着传统的权力格局受到一定的冲击。"传统的中央集权的生活观念将成为明日黄花"。[②]

在安德鲁·查德威克看来，互联网政治学讨论的首要问题就是"去中心化"。"在线政治共同体的联合将会逐渐削弱传统的政治中介，如政党、利益集团、立法机关和行政当局。"有的人认为，"互联网技术将会成为积极的网络公民社会的联系纽带，并取代此前被精英政治的把关人控制的政策过程的正式程序"。[③]

在实践中，随着万维网（按照超文本传输协议—HTTP—传递信息）的出现，互联网"去中心化"的特点有所变化。1999年，美国巴拉巴西和艾尔伯特发表了《随机网络中标度的涌现》论文，提出了一个无标度网络模型。他们发现了复杂网络的节点的度分布具有幂指数函数的规律。所谓"节点的度"，是指与该节点连接的边数。"度"在不同的网络中所代表的含义不尽相同。例如，在城市航空交通网中，度分布表示城市之间的航线的多少和重要程度，度越大的城市，其重要性就越大；在社会网络中，度分布可表示个人的影响力程度，度越大的人，在社会中

---

① ［美］迪伊·霍克著，张珍、张建丰等译：《隐形VISA：面向未来的混序组织》，上海远东出版社2011年版，第280页。

② ［美］尼古拉斯·尼葛洛庞帝著，胡泳等译：《数字化生存》，海南出版社1996年版，第270页。

③ ［英］安德鲁·查德威克著，任孟山译：《互联网政治学：国家、公民与新传播技术》，华夏出版社2010年版，第28页。

的影响就越大。幂指数函数规律反映网络中度分布的不均匀性，只有很少数的节点与其他节点有很多的连接，成为“重要节点”，而大多数节点的度很小。这个无标度特性是一把“双刃剑”，一方面，可使网络对意外故障具有惊人的抗攻击能力；另一方面，应对协同式攻击时则很脆弱，一旦击中少数“重要节点”，就会导致整个网络崩溃。因此，人们为了避免网络因遭受攻击或意外事故导致的崩溃，最有效的办法就是保护好网络中节点度最大和次大的少数“重要节点”。

不过，万维网不等于互联网（按照TCP/IP协议传递信息），它只是互联网上的一个重要应用。对等互联网络技术（Peer-to-Peer，又译为“点对点”，缩写为P2P）从一定意义上促使互联网向去中心化的回归。简单地说，P2P直接将人们联系起来，让人们直接互动。P2P使得网络上的沟通变得容易，真正地消除了中介。在P2P技术结构中，中心的意义大大弱化甚至完全消解，把权力交还给每个用户。在人们使用QQ尽情聊天之时，实际上就享受着P2P技术带来的方便、直接、自由和兴奋。此外，RSS技术、博客技术、维客技术等，也都具有一种赋予个体权力的能力。与这些信息网络技术相比，微博客赋予网络用户更多的自由表达和直接联系的机会。

与分布式网络的概念紧密联系的是分布式领导的概念。几十年以来，汤姆·彼得斯、亨利·明茨伯格等人一直在呼吁揭开领导力的神秘面纱，在组织中实行分布式领导（ distributed leadership）。2006年，管理大师亨利·明茨伯格在英国《金融时报》上撰文指出，组织应该将以个人为中心的集权式领导转变为分布式领导，而所谓的分布式领导就是组织的不同成员根据自己的能力和环境条件的变化动态地分享领导角色。①

今天，越来越多的网络领导者深谙互联网络“分布并行”的特征，正在探索和创新分布式领导方式。从2007年到2010年，重庆大渡口区

① ［美］查伦·李著，李金樯、忻路译：《开放：社会化媒体如何影响领导方式》，机械工业出版社2011年版。

党委按照配套改革、集成创新的思路，从最初的“九个全覆盖”到“党员开放式管理”，再到“党员分布式管理”，逐步深化，不断提高，基层党建水平。“九个全覆盖”主要包括组织设置、阵地建设、电子党务、党建考核、党内关怀、党员培训、党员义工、党员精确管理、公推直选九个方面，有效解决了从单点创新到多点创新的问题。“党员开放式管理”主要包括开放统一的党建信息平台、开放便利的党员服务中心、开放灵活的党员义工团队、开放有效的党员教育培训方式、开放透明的党员发展机制六个方面，主要实现了基层党建工作由封闭到开放的转变。

“党员分布式管理”从理念、体制、机制、方法、手段等方面都有比较大的突破，实现了从分散到集成、从分隔到协同的转变。党员分布式管理，就是建设“铁打的营盘”，服务“流水的兵”。①

所谓“流水的兵”，就是呈现“分布式状态”存在的党员队伍中的两个特殊的群体。一是文化较低、收入较低的“两低”流动党员；二是年纪不大、学历不高、收入不丰的“三不”网民党员。这两大群体在流动中往往找不到家，进不了门，归属感弱，认同感弱。

所谓用“铁打的营盘”，就是为“流水的兵”提供服务的平台。通过“网络大本营”、“组织大本营”和“区域大本营”改变党组织和活动阵地不开放、党建资源分散、没有形成合力的局面。“网络大本营”就是“网上党组织”，即12371党建信息平台。12371党建信息平台是一个党建网站，确保做到五个方面：一个支部有一个网上阵地，一名党员有一个电子档案、一个义工组织有一个网络平台、一个区域有一个信息管理中心、一级组织有一个动员体系。在功能上，主要体现在四个方面：精确管理、快速管理、按需服务、党务公开。

在党员分布式管理中，“组织大本营”起着基础性的作用。“组织大本营”就是基层党组织“开门”搞党建，通过党组织和党员积分量化的考核机制，着力建设“活力党组织”。建设“活力党组织”的主要措施

① 《实录：重庆大渡口区组织部长张国忠谈“党员分布式管理”》，2010年12月13日，http://cpc.people.com.cn/GB/66888/66889/13468410.html.

包括四个方面。一是鼓励自我发展。提倡党组织通过建立义工队，吸收流动党员、吸引其他党组织党员参加活动，以扩大自身影响，提高活力指数。二是支持横向联合。允许党组织之间、义工组织之间整合组织资源，联合开展活动，为党员在组织间自由流动创造条件。三是提倡有效竞争。动员不同党组织围绕党建活动开展竞标，围绕共同目标开展竞争，增强党员在组织间流动的活力。四是打造责任支部。引入效益理念，主张把支部当企业来管，重视党务工作成本，提高党建工作政治、社会、经济效益。

"区域大本营"就是党员服务中心。当大量党员由"单位人"转变为"社会人"以后，必须创新依靠综合手段来服务党员的区域化管理模式。党员服务中心就近联系党员，开展活动，不分党员的单位，不分党员的级别，不分党员的身份。党员服务中心的目的，就是要建设成为党员的集散地和避风港。[①]

（三）开放兼容

开放兼容，来自信息技术革命史上具有里程碑意义的技术发明，来自信息包交换和信息传输协议（TCP/IP)。在TCP/IP中，"网络"是一个高度抽象的概念，任何一个能传输数据分组的通信系统都可以称为网络。只要采用包交换技术，任何类型的数据传输网络都可相互对接。正是这种兼容性，使得国际互联网顺利发展。

美国国家信息基础结构（NII）建立在开放的网络之上。所谓"开放的网络"，是指各种类型的信息提供者，通过各种类型的网络工具，为各种类型的用户提供各种类型的信息。在网络之上，兼容各种格式的信息，没有对不同身份的人的歧视，没有对网络工具的选择，信息的发送、传播和接受是自由的、没有障碍的。一般来说，开放的网络具有四大特征。第一，对所有用户开放。所有人都可以登录互联网，自由收集

① 《实录：重庆大渡口区组织部长张国忠谈"党员分布式管理"》，2010年12月13日，http：//cpc.people.com.cn/GB/66888/66889/13468410.html.

信息，联系网友。第二，对提供信息者开放。人们可以为商业的或学术的或政治的需要发布信息。第三，对提供网络者开放。作为一个开放的系统，每个单独的网络都可以独立自主地设计，有自己的技术标准，有自己的用户规制，只要在接入互联网这点上遵循 TCP/IP 协议即可。第四，对未来的改进开放。人们不是局限在当前的业务，而是不断增加新的业务。[①]

网络领导者要具备“开放兼容”的能力，不断拓展社会网络，不断提升社会资本。胡泳认为，中国发展不仅需要金融和人力资本，而且需要丰裕的社会资本。社会学家通常将社会资本分为团结型资本（bonding capital）和桥接型资本（bridging capital）两种。团结型资本可以促进相对同质的群体内部联系与信任的加深；桥接型资本可以促进相对异质的群体之间联系的增多。

胡泳认为，2004 年美国总统竞选民主党候选人霍华德·迪安之所以失败，是因为他的桥接型资本不够强大。2003 年年底，迪安所获资助最多，受到公众关注也最多。人们普遍认为他处于领先地位，以致到处都在谈论他竞选成功的必然性。然而迪安的竞选却失败了。他做到了许多成功的竞选都应成就的事情——得到媒体报道，成功募款，激发了民众。这些成就甚至让有些选民向竞选工作者和民意调查人确认，时间一到，选民就会为迪安投票。然而选举的时间到了，很多选民没有这样做。

为什么？迪安向他的支持者，尤其是年轻人，出色地传递了一个信息，那就是他们的活力与热情能够改变世界。这使迪安最热忱的支持者之间产生了团结型资本，他们从参与竞选中感受到价值，到最后参与变得比目标更为重要。这也就是说，迪安的竞选活动意外地发起一场关于有激情的少数人的运动，而不是致力于获取选票的行动。

胡泳认为，2008 年美国总统竞选民主党候选人奥巴马之所以成功，是因为他的桥接型资本足够强大。2012 年奥巴马的连任，再次证明了

① 郭玉锦、王欢：《网络社会学》，中国人民大学出版社 2010 年版，第 17 页。

他拥有足够的桥接型资本。团结型资本通常具有较强的排他性，而桥接型资本则包容性较好。前者通常发生在小群体内部，而后者发生在小群体之间。迪安在团结型资本方面做得非常之好——聚集起热忱的支持者，并募集了数百万美元的资金——然而让人们为候选人投票却需要桥接型资本，即试图与富有魔力的小圈子之外的那些人交流。①

笔者认为，增加团结资本，就要坚持和创新群众路线；增加桥接资本，需要坚持和创新网络统一战线。2011 年，汪洋书记和其他广东省领导以“共议社会建设，助力幸福广东”为主题与网友在线交流，汲取网民的智慧。在交流期间，他关注到网上有骂他的网友，也有挺他的网友。他说：“网络问政首先应该是平等地问，虚心地接受，不计态度，不问来历。为什么领导可以发脾气，群众不能发脾气呢？为什么领导可以骂娘，群众不能骂娘？”

就在同一天，人民网报道说，河南南阳一位市民在“书记市长网上留言板”上抱怨该市的“交通整治行动”变质成“罚钱”行动。当地公安局回复称：“你的想法也好，呼吁也好，完全是逆潮流而动，是螳臂当车。公安机关将密切关注你的煽动性言论是否造成不良社会影响，再视情处置。”这样的回复，充满威胁的意味，想起现实中的那些因言获罪和跨省追捕，让人不寒而栗。②

网络领导者应该开放包容，包容各种类型的网民。把网友的“刁钻”看成智慧，这是广东省河源市委书记陈建华的理念。他知道，网络能传递真实的声音和画面，使自己耳聪目明。从“华哥信箱”到“公仆信箱”，陈建华把领导示范效应转化为河源党政部门的制度规范，姿态更谦卑，办事更高效。同样，温州市网宣办对“703”采取了“包容、宽容、引导、管理”的原则。历届温州市政府对民间新生事物保持了以观望代替否定、以包容代替排挤的态度。

“海纳百川，有容乃大”！

① 胡泳：《从宜黄官员来信看两种社会资本》，《南方都市报》，2010 年 10 月 24 日。

② 新京报社论：《“老百姓骂娘”不是洪水猛兽》，2011 年 7 月 5 日。

（四）效益递增

与传统工业社会物质生产的规律完全不同，网络社会信息生产遵循效益递增的规律。

对效益递增规律深刻体悟的凯文·凯利，十分欣赏伊克巴尔·卡迪尔的领导行为。伊克巴尔·卡迪尔是移民美国的孟加拉国人，曾任投资银行家，后自行创建了格莱珉电话公司。在此之前，穆罕默德·尤努斯曾经创立格莱珉银行，给穷人贷款，帮助穷人脱贫致富。伊克巴尔借鉴他的成功经验，并希望通过"连接的技术"让人们脱贫致富。首先，格莱珉银行给穷人提供微型贷款。然后，他们从格莱珉电话公司购买一部手机，向村里其他人出售或出租。有魄力的电话经营者会获利，更重要的是，整个村庄将从这种新的通信技术中受益。

在1993年刚起步时，伊克巴尔只有5个手机信号塔，最后建立了5 000个信号塔。当初，孟加拉国是世界上电话使用率最低的国家之一，每500人才有一部电话。格莱珉电信项目增加了2 500万部的装机量。如今孟加拉国的电话数量已经是当初的100倍，即每5人一部电话。

正如伊克巴尔所预见的，这种分布式的连接技术提高了生产力。在没有连接时，人们把大量时间浪费在跑腿上。有了手机的连接，农民通过获得远方市场的实时价格使自己的利润实现最大化；牧羊人能够给兽医打电话，或者订购药品。一部电话的总成本（包括手机信号塔和交换设备）大约是2 000美元，但每部手机提高的生产力价值5万美元。

令人惊讶的是，该项目开始起步的国家越穷，其从网络的连接中获得的财富增长就越大。

今天，伊克巴尔积极寻找新的分布式的连接技术，希望进一步推动社会进步。他正在研究分布式能源，希望能够废除现有的极端集中的生产模式。如果奏效的话，分布式能源也可能在富裕国家推广应用，从而在全世界促进财富的增加和民主程度的提升。伊克巴尔一再重申："欲增加生产力（和财富），先增加连接。就这么简单。"①

① ［美］凯文·凯利著，张行舟、余倩等译：《技术元素》，电子工业出版社2012年版，第76页。

互联网的这种效应递增特征，可以用梅特卡夫定律说明。梅特卡夫定律指出了网络具有极强的外部性和正反馈性：联网的用户越多，网络的价值越大，联网的需求也就越大。梅特卡夫定律指出了消费方面存在的效用递增，即需求创造了新的需求，其核心思想可以说是“物以多为贵”。例如，就电信系统而言，当人们都不使用电话时，安装电话是没有价值的，而电话越普及，安装电话的价值就越高。电话是一个人打给另外一个人，信息是从一个端口到另一个端口，得到的效益是1；一个电视节目N个人同时收看，信息是从一个端口到N个端口，得到的效益是N；而通过互联网，每一个人都能够连接到N个人，N个人能看到N个人的信息，所以信息的传送效益是$N^{(N-1)}$。上网的人数越多，产生的效益越多。

数字化、信息化和智慧化是网络社会的重要特征。与工业社会的物质生产不同，知识经济主要靠人的智慧，它的产品可以分享。信息产品在分享过程中不仅不会减值，反而会增值，分享的人越多，价值就越大，财富就越多。

彼此“连接”，共同致富！

（五）共同进化

一般来说，共同进化是生物体不断适应环境以满足自身的需求。在生物学领域，共同进化是互相影响的物种之间交互的进化演变。例如，为了防止蝴蝶幼虫完全吞噬自己的茎叶，马利筋步步设防，黑脉金斑蝶想法子绕过植物的防线。马利筋如此投入地进行自我保护，以抗拒黑脉金斑蝶的侵袭，结果反而变得与黑脉金斑蝶难舍难分。黑脉金斑蝶的幼虫专吃马利筋，而马利筋似乎也只欢迎黑脉金斑蝶前来就餐。从长期角度来看，马利筋与黑脉金斑蝶结成了一个单系统，互相影响，共同进化。在共同进化的道路上，每一步都使这两个对手缠绕得更加密不可分，直到一方完全依赖于另一方的对抗，最终合二为一。

自然界充满着共同进化。每个有植物的角落都有寄生生物、共生生物在活动，时刻上演着难解难分的双人舞。在凯文·凯利看来，“共同进化更像一曲探戈”。[①]

① ［美］凯文·凯利著，东西文库译：《失控》，新星出版社2010年版，第109页。

生物学研究发现，生物不同物种之间，或同一物种不同个体、不同群体之间的竞争，并非总是弱肉强食、你死我活，在许多情况下是和平共处的。一般来说，相互合作是更为稳定、适宜的生存策略。对自然之生物规律的认识有助于认识人类自己，启发人类形成合理的伦理观念。在凯文·凯利看来，演化论为人类提供了一种全新的世界观。

在人类社会，共同进化之“共同”是指向未来的目标。尽管有人抱怨人情冷暖、世态炎凉，但现代人生活中互相依赖的程度却日益增长。当前，所有政治都意指全球政治，而全球政治则意味着“共同”政治；在通信网络基础上建立起的网络社会则是“共同”世界。人们正在共同编织的是一个熙熙攘攘的全球化蜂群，一个最具社会性的共同世界。在越来越激烈的竞争中，各种组织竞相结盟，在信息和网络产业当中尤其如此。与其吃掉对手或与之竞争，不如结成同盟——共生共栖。①

共同进化是双方或者多方相互传教的网络。共同进化的过程，是双方或者多方信息交流的过程。信息交流把双方或者多方“链接”成一个总体的系统。与此同时，信息交流都为合作、自组织及双赢结局的破土发芽开辟了园地。在人类刚刚迈入的网络时代中，频繁的信息交流正在创造日益成熟的人工世界，不断促进共同进化、自发的自组织及双赢合作的涌现。

二、树立网络精神

在网络社会发展过程中，多元领导主体逐渐树立了公共精神、公益精神和公平精神。多元领导主体积极合作，把网络话语空间建设成为越来越成熟的网络公共领域；通过创新公益模式，把网络建设成为公益事业发展的平台；通过发展互联网事业，确保“人人”的网络权利。

（一）公共精神：建设网络公共领域

“公共领域”，最早源于古代希腊雅典时代的城邦。当时，公民每日可以在集市上自由地发表言论并参与公共事务的讨论。1962 年，哈贝马斯重提“公共领域”（public sphere），把公共领域定义为社会生活中的

① ［美］凯文·凯利著，东西文库译：《失控》，新星出版社 2010 年版，第 109 页。

一个领域。在这个领域中，私人聚集起来，通过理性辩论就公共利益问题达成共识，从而对国家活动、公共权力进行民主控制。

就社会结构而言，公共领域是介于国家与社会之间并对二者进行调停的领域；就目的而言，人们通过公共领域的理性辩论形成公共舆论，进而影响国家，从观念上将政治权威转变为理性权威。

具体来说，公共领域应该符合三个标准。第一，公共领域的首要任务是系统地、理性地和批判性地检验政府的公共政策和管理行为；第二，公共领域要向所有人开放，每个人都可以自由地发表对公共问题的意见和观点；第三，在公共领域中，各种论点和意见通过理性辩论展开交锋，各种解决问题的方案都需要得到尊重和讨论，最终由公民做出选择，达成共识（如图 2－1 所示）。

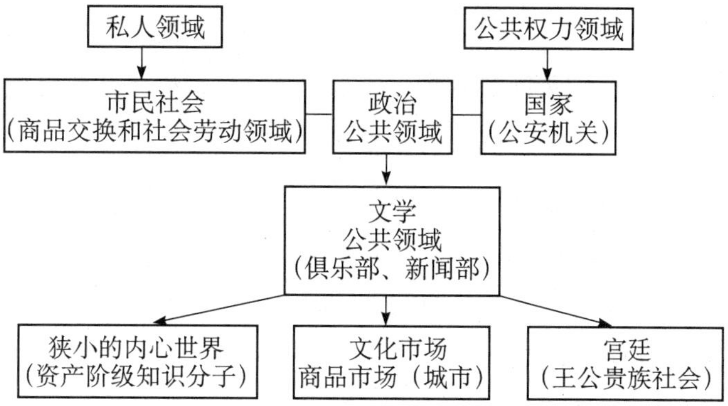

图 2－1　公共领域基本轮廓的社会结构网

图片来源：[德] 哈贝马斯著，曹卫东等译：《公共领域的结构转型》，学林出版社 1999 年版，第 35 页。

按照以上三个标准，依据哈贝马斯的考察，近代以来自由社会的公共领域，最早源自启蒙时期“布尔乔亚”式公共领域（bourgeois public sphere）。18 世纪资产阶级公共领域是独立于公共权力和市场力量之外的“单纯作为人”的自由的平等的公共领域。[①] 但是，19 世纪中后期以来，大众传媒取代了咖啡店里的面对面的交流，它们往往不惜以牺牲政治与公共事务内容为代价来迎合教育水平较低的消费集体的娱乐和消闲

① [德] 哈贝马斯著，曹卫东等译：《公共领域的结构转型》，学林出版社 1999 年版，第 41 页。

需要。“娱乐至死”的公众，不再是“文化批判”的公众，而是“文化消费”的公众。这样，文学公共领域消失了，取而代之的是文化消费的伪公共领域。哈贝马斯认为，由于政治力量的干预，商业因素的控制，大众传媒不再是民意的自由表达的公共领域。

从理论上来说，作为既是个人媒体又是公共媒体的新媒体，网络媒体很有可能超越现代大众媒体，成为哈贝马斯所期望的公共领域。香港中文大学新闻与传播学系教授苏钥机等人对比了哈贝马斯的布尔乔亚公共空间、大众传媒与网络空间在作为公共领域方面的异同，详细说明了网络作为公共领域的优越性（如表2－1所示）。

第一，从公民参与角度来看，网络公共领域具有开放优势。网民能够在网络上就公共问题自由地表达自己的意见。网民的观点及达成的共识能够通过网络在全球范围内传播。网民既可以通过网络表达，即可以通过网络联系在网下进行面对面地交流。非网民也可以通过网民的帮助表达自己的观点，也受到网民的直接或者间接的影响。

第二，从传播角度来看，网络公共领域具备信息优势。网上信息总量大，更新快，多元观点可以并存。尤其重要的是，参与者可以自主收集、加工和发布信息。通过信息自由地有序地流动，网络公共领域有助于克服信息不对称的现象。

第三，从意见交流角度来看，网络公共领域具有自组织优势。在网络论坛上，网民既可以匿名，也可以实名，网民可以设置议程，主动参与讨论。在长期互动的基础上，网民逐渐形成一定的社群意识，自我组织，自我领导，成为一种虚拟的舆论力量。

按照哈贝马斯公共领域三个标准分析，笔者认为当下中国网络媒体已经具备了初步的公共性。具体而言，中国网络公共领域具有三大特征。第一，越来越多的网民积极参与，共同建设网络公共领域。伴随着信息网络技术的不断升级换代，越来越多的人加入到网民中来，通过论坛、电子公告板、博客，尤其是微博客发布信息，畅所欲言，自由而深入地沟通交流；数以百万计的网民使用微博客、QQ发布和交流大量信息，不仅更加容易接近真相，而且比较容易超越各种力量的操控。网络信息的即时传播、全时播报和长期保存都使得各种信息得到较好的传播，发挥较好的作用。

表 2-1　公共空间的结构性转型

	布尔乔亚公共空间	大众传媒公共空间	网络公共空间
参与性			
1. 参与人物	接受良好教育的小资产阶级	意见领袖	具备计算机知识及设备的环球网民
2. 公开性	普通	低	高
3. 参与形式	无媒体中介，面对面个人接触	大众传媒中介，缺乏个人接触	网络中介，允许个人接触
4. 参与渠道及范围	咖啡店（范围小）	各式大众传媒（范围大）	互联网（范围极大）
5. 参与机会	小资产阶级自由参与	参与受政治、经济及社会身份限制	网民自由参与（但仍受计算机科技限制）
资讯的收集和传播			
1. 资讯数量及种类	少	多（受篇幅限制）	大量（不受篇幅限制）
2. 意见的性质	多元化	单一化	多元化（多角度分析）
3. 内容	自发性的意见	受过滤或操控的观点	自发性的意见及受过滤操控的观点兼备
4. 资讯储存性	无储存	有记录、无储存	长时间储存
5. 互动性	互动讨论	无互动性	具互动功能
6. 联结性	无	无	有（多角度全面了解一个问题）
7. 参与者资讯选择权	被动	被动	主动（并可剪裁资讯）
8. 地域限制	限制大	限制大	不受限制
9. 时间性	实时	延迟	实时
10. 多媒体运用	无	无	有
讨论及意见交流			
1. 互动论坛	面对面辩论	无互动论坛	网上互动论坛
2. 身份表露	非匿名	非匿名	可匿名
3. 社群意识	高	低	中等
4. 参与讨论的自发性	主动（自发性高）	被动（自发性低）	主动（自发性高）

资料来源：彭兰：《网络传播学》，中国人民大学出版社 2009 年版，第 41 页。

第二，网民积极通过网络公共领域对政府工作和官员进行监督和问责，参与政府制定和调整政策的过程。中国社科院《中国新媒体发展报告(2011)》指出，据对中国210起重大舆论事件的研究，网络舆论在近七成(67%)的事件中起到了推动政府解决问题的正面积极作用，比如，2011年以来有关个税修改的讨论。而且，网民积极通过网络对造成负面影响的社会公共事件进行问责。网民群体积极围观人为事故、公共安全、生化危机等突发事件，造成舆论压力，迫使相关事件负责人担负法律和道义责任。

第三，网民积极通过网络公共领域维护自己的正当权益。由于历史的或者体制或机制等多种因素的影响，包括复转军人、代课教师、失地农民、下岗工人、出租车司机等社会特定群体的利益遭受损失。这些群体越来越优先选择网络平台，聚集网络公共领域的力量来维护权益。①

但是由于“公共领域”的特定含义，有的学者认为中国网络媒体只是一种“公共话语空间”。所谓“公共话语空间”，意味着网络平台是一个允许网民“公开喊话”的公开场所。网民在公共话语空间的喊话，有可能被他人听到，也有可能被他人忽略。这样的空间赋予个人更多的是说话的“权利”而不是“权力”。一个人的喊话能否被人听到，能被多少人听到，取决于他喊话的方式能否为人接受，他的话题是否为众人关注，他的内容能否引起共鸣或争鸣。②

如何把“网络公共话语空间”转化成为“网络公共领域”？按照哈贝马斯关于公共领域的观点，多元领导主体都要付出努力，做出贡献。

首先，政府注意倾听网民在网络话语空间的声音。在理想的民主国家，政府要尊重公民意志，以公民的意志为政府意志。政府只是承担公共领域的担保人角色，以确保个人和团体的自由而不是插手干预。其次，企业和公益组织积极倾听网民声音。作为服务者，企业和非政府组织既要为网民提供服务，又要作为平等主体参与网络公共话语空间的讨论，保持讨论的公共理性、批判性和建设性。再次，网民要自我教育、自我训练、自我约束，自觉抵制谣言，学会理性地喊话，善于运用“麦

① 周滨：《微博问政与舆情应对》，人民出版社2012年版，第116页。
② 彭兰：《网络传播学》，中国人民大学出版社2009年版，第43页。

克风”放大自己的声音，主动维护网络公共空间的“和谐的氛围”。

杜骏飞以“2003年《深圳，你被谁抛弃》网文事件”为例，分析了中国网络公共空间转化为网络公共领域的条件和路径。在这个案例中，不仅事件的直接利益相关者——网文作者“我为伊狂”具有一定的公民意识，事件的间接利益相关者——大量网民也表现出了自觉性和自主性。在长达两个多月时间里，这篇网文高居各网站点击量排行榜的前列，参与网民达数百万之众，讨论主题深入到自身权利、民主政治等层面。在此意义上，网络才真正具有“公共领域”的特征。此外，这一事件的公共性实践意义更重要之处在于由网络所构建出来的公民与国家意志对话的互动平台，以及双方在这一过程中体现出来的宽容态度。事件最终的圆满解决，深圳的有序发展，都表明了网络对于公共性的发展是大有可为的。①

2010年年初，《南方周末》评《关注就是力量，围观改变中国》堪称中国网络公共领域宣言。

> 一个公共舆论场早已经在中国着陆，汇聚着巨量的民间意见，整合着巨量的民间智力资源，实际上是一个可以让亿万人同时围观，让亿万人同时参与，让亿万人默默做出判断和选择的空间，即一个可以让良知默默地、和平地、渐进地起作用的空间。每次鼠标点击都是一个响亮的鼓点，这鼓点正从四面八方传来，汇成我们时代最雄壮的交响曲。
>
> 中国太大，中国太复杂，无论是历史问题的累积，还是现实政治幅员的广阔及政治变数的无穷组合与升级，都是举世无双。这样大而复杂的实体，在今天已经没有任何单一的力量能够一下改变。
>
> 但各种力量形成合力，例如，亿万人的围观，亿万人的目光聚焦，就能聚成世界上最大规模的探照灯，就能一点点穿透特殊利益的高墙，一点点照亮我们的现实，一点点照出我们的未来。②

---

① 杜骏飞等：《政府网络危机》，中国发展出版社2011年版，第318页。

② 笑蜀：《关注就是力量，围观改变中国》，《南方周末》，2010年1月14日。

从2003年到2011年，中国网络公共领域越来越成熟，成为中国国家和社会进步的重要标志之一。北京大学公民社会研究中心评出的2011年公民社会十大事件，包括公益慈善、公共事件（公共灾难）、公民事件（公民灾难）和公共政策四大类，进一步证明中国网络公共领域日益成熟。其中，公益慈善、公共事件和公共政策各占30%，公民事件占10%。2011年的十大公民社会事件反映出公民开始多途径、全方位地参与社会建设。公民以个人的身份参与公共事务，说明了公民权利意识和责任意识的觉醒。政府面对频发的公共事件，积极应对正在成为常态，逐渐加大了公共政策出台的强度和速度。

中国网络公共领域的日益成熟，是因为政府积极拓展"网络公共领域"。通过"网上议事厅"、"建言献策"、"网络问计"等形式，领导者通过网络打开空间"选"主意，邀请网友拍砖、灌水、抢沙发、盖高楼、织"围脖"，汇集网友智慧，形成新共识、新愿景和新战略。利用"网上听证"、"网上调查"，决定公交线路、经济适用房分配等公共事务，在事前、事中和事后全程信息公开。这既满足了网民参与公共事务的愿望，又充分凝聚了网民推动科学决策的力量。

中国网络公共领域的日益成熟，是因为网民经历多次网络事件的教育与训练之后更加理性、负责和给力。最为给力的是微博客，是来自亿万微博客的微动力。2009年以来，微博客在推进网络公共领域成熟的过程中发挥重要作用。

胡泳认为，"微博是第一个跨越阶层和地域的公共领域"。尽管在《众声喧哗》中，胡泳对以互联网为基本平台的中国网络公共领域能否形成表示谨慎乐观，但他对以移动互联网为基本平台的中国网络公共领域的形成表示乐观态度。

武汉大学信息管理学院和计算机学院沈阳教授认为，微博在"7·23"甬温线特别重大铁路交通事故中是民众最直接最快速的信息来源，微博在整个事件中进行了全方位的直播。微博已成为新闻媒体的基础性平台，其历史意义堪比报纸和电视，微博是网络的"人民大会堂"，人人皆可参与，人人皆是代表。①

《三联生活周刊》主编朱伟认为："微博推动了信息公开、透明，使藏污纳垢处都射进了新鲜的阳光。微博启蒙了每一个个体意识，也启蒙了他们的公共意识，由此使觉醒的个体都竭诚来维护公共利益。越来越多的人在这里完成了公民的洗礼，完成了在彼此关怀、辩证基础上的信息公平与信息彼此公正。这般透明、广泛的公共监督，才是社会进步的标志。"②

中国网络公共领域不仅越来越成熟，而且越来越和现实公共领域融合起来，成为多元领导主体共享领导的公共平台。如图 2-2 所示，左边和中间的虚线矩形图框内是整个公共领域的部分，它包含了左边网络公共领域和中间的现实公共领域。右边虚线矩形图框内是政府决策部分，主要是决策过程的五个步骤。

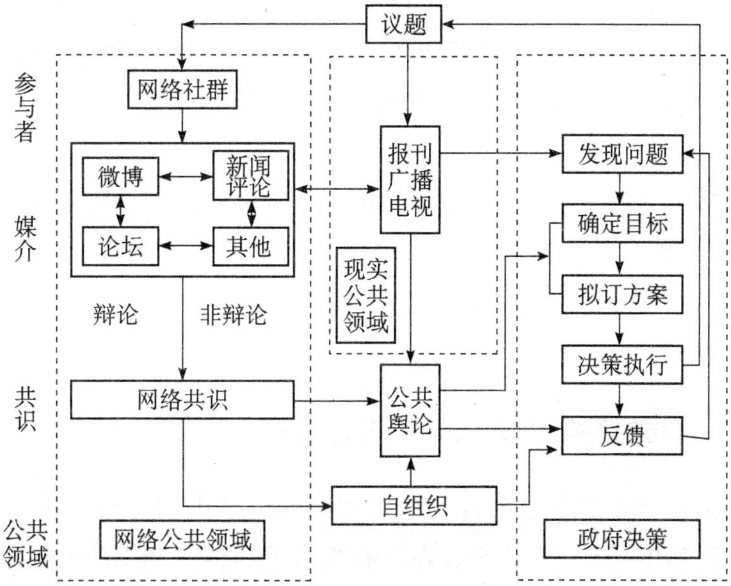

图 2-2　公共领域与多元领导主体共同决策与执行模型

资料来源：郭玉锦、王欢：《网络社会学》，中国人民大学出版社 2010 年版，第 261 页。

① 沈阳：《温州动车追尾舆情解读：微博成网络"人民大会堂"》，2011 年 7 月 25 日，http://society.people.com.cn/GB/223265/15241365.html.

② 胡毅鹏：《社会化媒体的"蝴蝶效应"》，雷锋网专稿，http://www.leiphone.com/social-media-butterfly-effects.html.

在公共领域与多元领导主体共同决策与执行模型中，公共议题往往在微博客、博客、论坛、新闻、评论等形式的网络平台发起和传播，在经过辩论的与非辩论的过程后达成网络共识，并促成自发或自觉的集体行动。而且，网络共识还可能在得到传统媒体的强化之后转化成为政策建议，进入决策过程，影响目标的确定和方案的拟订，进而转化成政府决策及执行。

如图2-2所示，政府决策的执行既是一个议题的终止，也是下一个议题的开始。决策的方案和执行的效果又成为一个新的议题，进入网络公共领域和现实公共领域，通过新一轮的辩论与非辩论达成共识，促成行动，政府以此为反馈对决策做出评估与重新调整，从而进入新一轮的决策过程。[①]

在公共领域与多元领导主体共同决策与执行模型中，从议题进入公共领域到政府决策的执行并非一次性的过程，而是不断创新不断升级的多次性循环过程。网络公共领域就在这种循环创新过程中建立和完善起来。

总之，在多元领导主体共同努力下，网络媒体在扶弱助贫、民主选举、灾难救助、疫情警报、舆论监督、慈善事业、澄清谣言、揭穿黑幕、伸张正义、守望相助等多方面发挥着越来越重要的作用，成为越来越成熟的公共领域。

（二）公益精神："人人"都来做公益

《中国社会舆情年度报告（2012）》显示，"中国社会暖度指数"在2012年呈上升趋势。公益事业在原有政府主导模式和NGO模式的基础上又形成公益企业和微公益模式。许多公益事业工作者明显地感觉到，近年来在互联网上为公益事业贡献心力的网民在年龄层次、教育背景上日趋多样化，总体数量呈现井喷式增长。

---

① 郭玉锦、王欢：《网络社会学》，中国人民大学出版社2010年版，第260页。

1. **政府主导模式**

从社会公益事业发展历程来看，我国公益事业主要由政府主持进行。现在，越来越多的事业单位和网友参与到公益事业之中。

例如，为着力解决农村中小学生字典短缺问题，为多做顺民意、解民忧、惠民生工作，新闻出版总署 2011 年 1 月 30 日针对部分贫困地区中小学《新华字典》缺口情况进行部署，并倡议全国新闻出版企业开展《新华字典》捐赠活动，为中西部贫困地区农村中小学生送温暖、献爱心。从 2010 年 12 月到 2012 年 8 月，商务印书馆服务基础教育推出“送字典下乡”，已向广西、河南、陕西、四川、吉林等地捐赠总价数十万元的《新华字典》等辞书。除重庆的爱心网友外，还有来自成都、山西、内蒙古等地区的网友通过各种方式参与“爱心字典”捐赠活动，征集近 5 万本正版字典，分送到重庆黔江、彭水、武隆、巫山、巫溪、石柱等边远贫困区县。这近 50 000 本字典将点亮 50 000 名农村孩子的“求学心”。①

随着公益组织的日益发展，这些组织在政府指导下开展社会公益活动，成为推动公益事业发展的主要力量。例如，中国互联网协会授予中国建设银行、北京奇虎科技有限公司等组织“2010—2011 年度中国互联网公益奖”。中国互联网协会希望获奖单位继续积极参加中国互联网协会组织的公益活动，在建设“人人受益”的信息社会中发挥带头作用。中国互联网协会希望更多互联网企业和相关单位以他们为榜样，积极投身公益事业，主动承担社会责任，在自身发展的同时不忘回馈社会，以实际行动为推动我国互联网和谐发展做出应有的贡献。

2. **社会企业模式**

20 世纪 80 年代，社会第三部门借鉴商业机构的运行方式，以创新思维和方法，改善诸如环保、医疗、教育、就业、社区发展等社会发展问题。社会企业既不是通常意义上的企业，也不是一般的非政府组织，

① 朱薇、张琴：《网民捐助“爱心字典”照亮农村娃求学“希望之路”》，2011 年 4 月 19 日，http://news.xinhuanet.com/politics/2011-04/19/c_121321578.htm.

而是一种通过商业运作赚取利润来服务社会的企业模式。例如，阿拉善生态协会就是一些企业家组成的社会企业。它们主要依靠服务营收而非单纯依赖社会捐赠和政府补贴来解决社会问题。①

社会企业与传统NGO（非政府组织）的最大区别就在于，后者仰赖于政府、基金会及大众筹款作为资金支持，而社会企业却是“商业＋公益”模式，不受限于第三方所给予的资金，“自己动手，丰衣足食”。它与传统商业最大的区别就在于，传统商业追求利益最大化，而社会企业尽管也追求赢利，但并不以此为目的，只是借助商业企业运营的方法和工具，去帮助弱势群体，解决社会问题。按经济价值与社会价值标准分析，社会企业具有下列特征：

① 运用商业工具和方法实现社会目标；

② 社会资本与商业资本相混合，社会方法与商业方法相混合；

③ 创造社会和经济价值；

④ 通过商业活动创收所得为社会项目提供资金；

⑤ 市场驱动和使命导向；

⑥ 令人满意的财务表现和社会影响；

⑦ 以有利于公共利益的方式实现财务目标；

⑧ 通过无限制地获取收入实现财务自由；

⑨ 为完成使命而有策略地组建企业。②

在全世界范围内，穆罕默德·尤努斯已经成为一位非常著名的社会企业家。1974年，他在孟加拉进行乡村调查时，把27美元借给了42位贫困的村民，以支付制作竹凳的微薄成本。他发现，虽然只需要很少的贷款就可使村民的生活改变，但是穷人在银行根本贷不到款。因此，尤努斯创立了一家为穷人服务的银行——格莱珉银行，即孟加拉语“乡村银行”，采用发放“微贷款”的方式来帮助贫困的人，特别向贫困妇女发放小额贷款，帮助她们发展生产，改善生活境遇。这项事业的成效远

① 范林林：《社会企业：以追求社会价值为目标》，《学习时报》，2012年6月18日。

② 参见百度百科《社会企业》。

远超过了尤努斯本人的估计，大约有800万人获益，其中97%的受益者是农村妇女。目前，格莱珉银行已成为一个为孟加拉穷人提供服务的全国性银行。

尤努斯和格莱珉银行减少贫困的成功经验和模式已经在全世界几十个国家得到推广，甚至包括美国这样的发达国家也开始采用“微贷款”来帮助穷人脱贫。2006年，尤努斯因此获得诺贝尔和平奖。[①]

3. 微公益模式

2011年是“中国微公益元年”。中国网民创新了以“免费午餐”等民间公益项目为代表的微公益模式。《中国慈善发展报告（2012）》指出，2011年慈善公益界的重要社会创新，是微博演进为全民媒体，进而创造出微公益这种全民公益的新形态。报告指出，从“微博打拐”到“大爱清尘”，从“爱心衣橱”到“免费午餐”，微博平台迅速聚集了公民的慈善公益意愿和慈善捐赠，同时让全民公益的理念和文化得到了迄今为止史上最广泛的自动传播。

越来越多的微博名人把粉丝组织起来共同做慈善，成为“慈善微领袖”。例如，2011年3月25日，郭明义开通微博，目的很明确——拓宽自己做好事的平台。他说：“我想借助这个更广阔的平台，帮助更多有困难的人，带动更多愿意帮助别人的人，同时把自己的快乐和幸福传递给更多的人。”郭明义用网络放大了他的爱心，和粉丝组建了爱心团队，帮助了更多的人。他曾发动爱心团队6 000多名志愿者，募集40多万元，使白血病患儿小严涵造血干细胞移植手术成功进行。[②]

最能体现微公益精神的是网民在温州动车追尾事故之后的表现。2011年7月23日晚，在温州动车事故中，动车司机潘一恒在最后关头紧急制动，胸口被闸把穿透。事故之后，温州市民为伤员踊跃献血，一改温州“炒房团”给人们留下的负面印象。网友“我是李鸿文”写道，在这排成长龙的献血队伍中，有些人正为求学、工作而焦虑，有些人对

① 范林林：《社会企业：以追求社会价值为目标》，《学习时报》，2012年6月18日。

② 郑少忠、任胜利：《“当代雷锋”——鞍钢矿山工人郭明义微博粉丝过百万》，2011年6月13日，http://media.people.com.cn/GB/14879661.html.

畸高的房价不满，可当另一些人需要帮助时，他们义无反顾地伸出了援手。①

事故发生大约21小时后，现场救援人员在损毁的D3115次列车车厢里发现了小伊伊。事故发生3天后，珠海政协委员陈利浩在自己的新浪微博客上发布微博承诺，只要自己的这条微博被转发一次，就捐献一元给小伊伊。这条微博最终被转发了930 720次，成为2011年转发次数最多的一条微博。按照网友的建议，陈利浩决定捐款1 072 417.20元，以对应小伊伊的获救时间——7月24日17：20。

作为中国网络文化启蒙者之一，中国社会科学院信息化研究中心秘书长、《互联网周刊》主编姜奇平指出，信息化的本质，恰恰在于消除信息不对称、利益不对称，使人们向善良的本性复归。② 温州动车事故说明，微博不仅促进了信息的共享，也激活了人们的爱心。在社会这趟"和谐号"动车上，人人都是"乘客"不是"看客"，都是建设和谐社会的微动力。

总之，公益实践与微博结盟，这在中国历史上和世界历史上都是伟大的创举。微公益模式使公益突破了地区、行业、身份等方面的种种"间断"，吸引、鼓励全民参与，实现了公益事业的平民化、透明化与常态化。微公益模式拓展了公益事业的网络公共空间，使公民对于社会事情的参与度和关注度空前提高，成为中国公民社会成长的重要助推器。③

（三）公平精神："人人"享有网络权利

1. 网络权利

公民的网络权利是互联网时代自然而然形成的新的权利。网络权利已经成为既能影响人们的基本生活，又能影响国家政治活动的重要公民

---

① 祝华新：《到了用网络倒逼改革的时候了》，《中国青年报》，2011年7月25日。

② 姜奇平：《从信息文明视角解读国际金融危机》，2009年4月7日，http：//www.enet.com.cn/article/2009/0407/A20090407456186.shtml.

③ 罗争光、周蕊：《2011年微博发展扫描：晒出百态，推动社会前行》，《中国青年报》，2011年12月25日。

权利。保证公民的上网权不受侵犯，已成为国际社会的主流，已成为各国政府积极推动的政策选择。

近年来，越来越多的国家专门立法明确上网权。如法国最高法院在2009年6月裁定，上网权是基本人权。只有520万人口的芬兰，成了世界上第一个将宽带上网列为公民基本权利的国家。芬兰公民自2010年7月1日起，将享有不低于1Mbps的宽带上网速度。2010年，在英国广播公司进行的一项针对26个国家的2.7万名成年人的调查中，80%的受访者表示，自由使用互联网是一项基本权利。①

2010年《中国互联网状况》白皮书强调："中国政府鼓励和支持发展网络新闻传播事业，为人们提供丰富的新闻信息，同时依法保障公民在互联网上的言论自由，保障公众的知情权、参与权、表达权和监督权。"

我国《宪法》第三十三条第三款规定，国家尊重和保障人权。学者认为，这不仅总括性地体现了人权保障的原则，也留下了极大的想象和解释空间。这一开放性的条款，将成为网络权利的宪法依据之一。所以，就宪法保障而言，应该把网络权利作为独立的基本权利条款，纳入公民的基本权利体系。②

当前，中国政府大力倡导和积极推动互联网的发展和广泛应用。中国政府始终坚持依法管理互联网，致力于营造健康和谐的互联网环境，构建更加可信、更加安全、更加有益于经济社会发展的互联网。

2. 抓两头，带中间

利用丰富的信息和知识资源促进个人的发展，推动社会的发展，是国家和政府的重要使命。政府需要保证信息网络技术革命的成果惠及每一个公民，保证每一个公民都能够掌握"利用信息和知识"的技能。

作为世界上最大的发展中国家，中国区域发展极不平衡，网络普及呈现出"东部快、西部慢，城市快、农村慢"态势。由于年龄、性别、

① 蔡文之：《网络传播革命：权利与规制》，上海人民出版社2011年版，第5页。
② 李少文、秦前红：《论微博问政的规范化》，《河南社会科学》，2011年第7期。

收入、学历、阶层和居住的地理区域及个人兴趣习惯的差异，人们利用网络获取和利用信息的能力是不平等的，导致信息富有者和信息贫乏者的社会分化。网络普及率，城乡大不同。城镇物质文化生活的精彩，以及“蜗居”、农民工、城管、“拼爹”等城市特有社会问题，在网上得到充分展示，而坚守与苦涩的农村“386199部队”（留守妇女、儿童、老人），却成为被互联网遗忘的群体。①

所谓“信息鸿沟”，是指掌握信息网络技术能够有效收集、整理和运用信息的人与缺乏信息网络技术工具和能力的人之间存在的巨大的信息差距。“信息富人”通过掌握和运用的大量信息，可以充分行使民主权利，积极地参与政治并影响政治的发展方向。由于没有机会获得有效信息，“信息穷人”往往失去相应的行使民主权利的机会，往往被排斥在主流社会之外，无法实现自身的政治和经济利益。但是，“信息穷人”往往是最需要获得信息、最需要参与政治的群体。②

“信息鸿沟”现象及其弊端已经引起了党政领导干部的关注。广东省省委书记汪洋2011年年初表示，政府有必要着力推动网络信息公平，为低收入民众创造上网条件，避免弱势群体因不上网而“失声”，甚至“被代表”。

但是，有些欠发达地区的领导干部仍然习惯性地认为信息化是发达地区的事情，本地区的信息化仍然是“明日之事”。实际上，这些领导干部没有认识到信息网络技术革命消除了信息获取和利用的时空间隔，给欠发达地区提供了前所未有的发展机遇。

如何迅速推动中国互联网的发展进而保障公民的网络权利？

国家信息化专家咨询委员会常务副主任周宏仁认为，我国信息网络化工作需要采取“抓两头，带中间”的战略。一头是经济发达地区，要充分利用各种有利条件，在大力推进信息化普及应用的同时，努力向信

---

① 人民网舆情监测室：《网民、人民和公民》2011年7月15日，http：//leaders. people. com. cn/GB/15167252. html.

② 人民网舆情监测室：《网民、人民和公民》2011年7月15日，http：//leaders. people. com. cn/GB/15167252. html.

息化的高端应用发展，向信息化的核心技术和核心产业进军；另一头是欠发达地区，要努力找到一条利用信息化发展生产，促进流通，增加地方财政和老百姓收入，发展新兴产业，转变发展方式的路子，逐步缩小与发达地区的差距，实现经济与社会的跨越式发展。①

抓好两头，就可以带动中间。经济发达地区的成功经验可以迅速地向西部扩散，所形成的产业优势可以带动和支援西部的新兴产业的发展；欠发达地区的信息化水平提高了，缩小了信息鸿沟，就可以形成与经济社会发展良性互动的局面。至于中间地区，则可以借鉴发达地区的经验，加快信息化和经济社会的发展。这样，国家信息化就可以呈现全面、协调、迅速发展的局面。

当前，我国已进入破除城乡二元结构、形成城乡经济社会发展一体化新格局的重要时期。“十二五”期间，通信业要提高社会公益机构的网络覆盖水平，要加快改善农村地区的通信服务能力和水平，重点完善农村地区的信息基础设施覆盖及信息化应用的推广工作，深度开发和应用各类涉农信息资源，不断提升农村信息化水平。

中国互联网络信息中心（CNNIC）第30次调查报告发现，当前网民增长进入了一个相对平稳的阶段，互联网在易转化人群和发达地区居民中的普及率已经达到较高水平。在未来一个时期，中国需要将互联网的普及转向受教育程度较低的人群，以及发展相对落后地区的居民。2012年6月，54.8%的非网民不上网是因为“不懂电脑和网络”，相比2010年6月，比例上升近10个百分点，IT技能的缺失依然是阻碍互联网深入普及的最大障碍；另一个因素则是自认为年龄太大或者太小而不使用互联网。相比之下，因为个人使用互联网意识不强（“不感兴趣”/“不需要”），或者没有上网设备而不上网的非网民比重在下降。由此可见，加大互联网基本技能的教育是未来一段时间的工作重点（如图2-3所示）。

CNNIC第30次调查报告发现，移动互联网和手机终端的发展对中

① 周宏仁：《中国国家信息化的优先领域和推进策略》，《中国信息界》，2009年第1期。

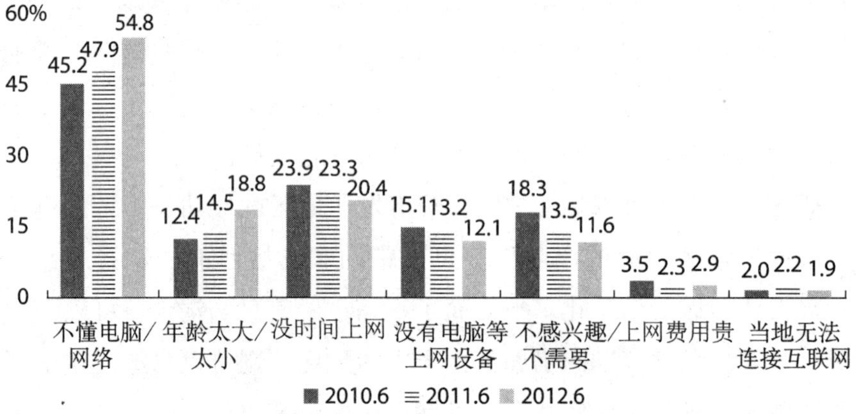

图 2-3 2010.6—2012.6 非网民不使用互联网的原因

资料来源：中国互联网络信息中心（CNNIC）：第 30 次中国互联网络发展状况调查报告，http：//blog.163.com/jiangqiping_vip/blog/static/7837946520084454311695/

国互联网的普及具有重要的意义。对于中国广阔的农村地区，以及庞大的流动人口来说，使用手机接入互联网是更为廉价和简便的方式。在 2012 年刚开始上网的新网民中，农村网民比例达到 51.8%，这一群体中使用手机上网的比例高达 60.4%，使用台式电脑和笔记本电脑的比例只有 45.7%和 8.7%，而新网民中城镇人口使用手机上网的比例只有 47.2%。这一结果显示出，相比于电脑，手机对农村网民的增长发挥了更加重要的作用。虽然中国农村地区的信息化基础设施建设、电子设备的普及已经有了长足的发展，但是通过电脑使用固网的成本依然较高，在这样的限制下，通过手机终端接入移动互联网是在农村地区普及互联网更加现实的方式（如图 2-4 所示）。

3. 巴南"党建红云"的启示

2012 年 1 月 4 日，重庆巴南开通"党建红云"。[①] 这是一个基于云计算的中国共产党基层党建网络平台，是新时期落实党中央推进党的基层组织信息化建设的有益探索。这个平台集合了电子党务、党建快递、三

① 本案例根据《全国首个基于云计算基层党建网络启动》（雍黎：《重庆晨报》，2012 年 01 月 5 日）、《巴南全国率先建立"云"上党组织》（《田荣盛、钟金利：《巴南日报》，2012 年 1 月 8 日）、《重庆巴南区：创建"党建红云"网络平台 提高基层党建科学化水平 》（杨钟馗，人民民网第二届全国基层党建创新典型案例，2012 年 2 月 24 日，http：//roll.sohu.com/20120224/n335808038.shtml ）等文章撰写。

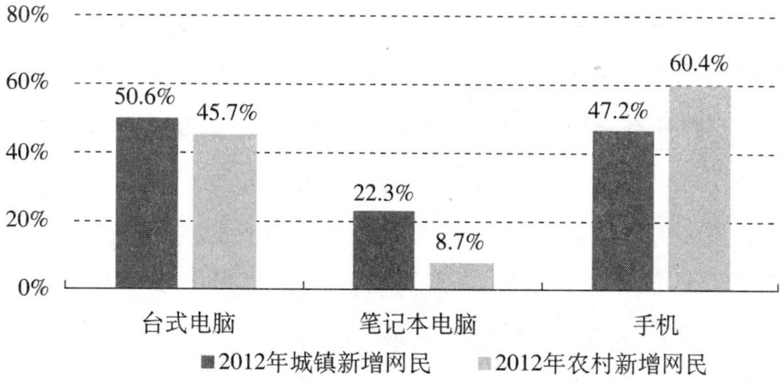

图 2-4　2012 年城镇和农村网民上网设备比较

资料来源：中国互联网络信息中心（CNNIC）：第 30 次中国互联网络发展状况调查报告，http：//blog. 163. com/jiangqiping _ vip/blog/static/7837946520084454311695/

项制度、民间调查、举报监督、党代表、党课、视频学习、会务中心、支部生活十大板块，通过信息发布、信息收集、常务管理、学习培训、社会动员、网络调查、数据对接和后台管理八大功能，改变了以往党建网络“管理平台”的单一功能设计，有效成为多功能综合“应用平台”。

巴南区“党建红云”平台整合党建网络，包括现有的“12371”平台、“三项制度”平台、远程教育平台，使党员应用资源和交互信息同时呈现在计算机、手机、电视及下一代虚拟屏幕等多种终端上，让党员随时随地接收和上传信息，改变以往党建网络只能通过计算机应用的局限，让党员使用起来更加便捷、高效、快速。

目前，巴南区已经在花溪街道建新村、鱼洞街道化龙桥社区、接龙镇荷花村等 7 个行政村和社区开展基层党建网络建设。只要党员进入这一平台，登录自己的账号，就可以享受全国的党建资源，哪怕出差在外，同样可以通过手上的终端譬如平板计算机、手机等参加组织生活。

其中，接龙镇荷花村位于巴南区东南部，海拔 800 米，采用传统的有线网络上网非常困难，因此他们通过卫星上网，将互联网信号覆盖到村入户。以前党员想要上网非常困难，但随着党建红云计划整个基础平台的铺开，该村成为了首批可以免费无线上网的地区。

巴南区计划 2012 年在巴南边远山村建立 50 个卫星小站，让边远山村的党员通过网络不仅享受到党建的信息，还能享受到重庆甚至全国其他地方的先进教育资源，迅速提高党性修养和信息素养。

从此，即便在遥远的国外或在偏僻的农村，只要有网络信号，巴南区的党员们就可以参与组织生活。随着“党建红云计划”整个基础平台的铺开，边远山区信息基础设施建设实现互联网信号到村入户，无缝覆盖，有效解决了城乡党建网络不均衡问题，实现了党组织资源城乡共享，基层组织城乡共建，组织生活城乡互动，成为全球首个优质资源共享的组织。

作为一种全新集成创新技术，巴南区“党建红云”还结合“三缘党支部”、“区域化大党建”等党建特色，开展网上红色旅游、网上组织生活、网络社区、网络支部和远程党费支付，改变以往党建网络应用的单边方式，强化互动交流，增强了党员运用的积极性。

“党建红云”在服务功能上，由“均等化服务”向“个性化服务”转变，有效提升了党组织服务的针对性。这个平台还将远程医疗、劳务资讯、生活指南、实用技术、网上办公、网上交易、创业论坛等功能作为服务项目。党员足不出户，只需要按动手机，即可实现看病问诊、在家办公、学习技能、进行交易。

总的来说，党建红云平台有效提高了党员使用的方便性，有效增强了党员运用的积极性，有效增强了党组织的凝聚力，有效提升了党组织的服务力，有效提升了优势资源的共享性。

巴南区党建红云的案例充分说明，在推动中国信息化和网络化过程中，优先解决革命老区、少数民族自治地区、边区和欠发达地区等特殊区域及学校、医院等公益机构的宽带网络覆盖问题，并不是不可能的。因此，党委政府要积极建设农村地区宽带网络和云平台，加快光纤接入和宽带无线建设进程，完善配套设施，实现光纤到乡镇，宽带基本覆盖行政村；全面开展“信息下乡”活动，基本建成“一乡一站、一村一点，一乡一库、一村一品”的“四个一”信息服务体系；结合“家电下乡”、“电脑下乡”，促进信息终端进村入户，尽快实现“人人”上网的机会平等。

三、锻炼网络思维

媒介即信息！互联网正在重塑人类生活环境，也正在重塑人类的思维模式。随着信息网络技术的升级，人类的思维模式也不断升级。人们在使用互联网的过程中，逐渐形成了 Web 1.0、Web 2.0 和 Web 3.0 思维。因此，领导者需要在使用网络的过程中，锻炼网络思维，提升信息素养，提升互动能力，逐步进入网络领导 3.0 的境界。

（一）理解 Web 1.0 思维

万维网（World Wide Web）技术是信息网络技术革命史上具有里程碑意义的技术发明。1990 年，瑞士高能物理研究实验室（CERN）的伯纳斯·李（Tim Berners-Lee）最先开发了互联网页技术，利用超文本标识语言（Hypertext）发展了一种对数据进行编码的标准系统，使人们只要“点击”就可以编辑超文本文档。这种方法使“上网”不再只局限于高级技术研究人员，普通人员也可以很方便地在大量排列无序的文件中选择自己所需的文件。

本来可以成为亿万富豪的伯纳斯·李，慷慨公布了包括通用文件辨识（UDI）、超文本标识语言和超文本传输协议（HTTP，HyperText Transfer Protocol）在内的全部万维网技术细节。这种免费行为极大地促进了万维网技术在全世界的迅速普及。

1993 年，美国伊利诺伊大学国家超级应用软件研究中心（NCSA）的安德逊设计了一个采用 WWW 技术的应用软件马赛克（Mosaic），成为国际互联网史上第一个网页浏览器软件。该软件不仅支持文字阅读，而且支持呈现图像，使得网页变得更直观、更生动、更易于访问。“从 20 世纪 90 年代互联网向公众开放的那一刻起，信息垄断和信息特权注定被打破。”①

万维网之所以迅速流行，是因为它有助于提升信息收集的速度。它

① 贺昊勋、周昶帆：《信息的重生》，《环球企业家》，2011 年 3 月 15 日，http：//www.sina.com.cn?.

把全世界的、不同机器上的、不同数据库中的信息“链接”起来，不仅增加了人们的信息量，而且显示了信息之间的联系。在图书馆里，尽管信息要么是按出现的先后顺序编排的，要么是按字母顺序编排的，但是这样的顺序无法反映信息之间的内在联系。但是，在万维网的超文本世界里，信息是根据相互间的内在联系来组织的。从知识经济角度看，不同信息间的相互关系比信息本身更有价值。

万维网之所以迅速普及，是因为它有助于加快知识创新。超文本制造出不同文本间的联系，有助于人们打破线性阅读习惯，提升人们加工信息的速度和质量，提升人们知识创新的速度和质量。人们在阅读书籍、报纸、杂志等不同文本时，大脑在进行着超越这些文本形式限制的信息收集、处理和创新过程。①

Web 1.0 思维的核心是“超链接”和“免费”。领导者要善于超越不同文本，把数据信息组合起来。而且，领导者还要善于超越不同组织，把人力资源组合起来。领导者要善于提供免费服务，扩大影响力，提升领导力。

（二）树立 Web 2.0 思维

在新世纪初，从第一代互联网到第二代互联网技术的飞跃是信息网络技术革命史上具有里程碑意义的技术发明。第二代互联网技术主要包括博客（BLOG）、Wiki 百科全书、社交网络（SNS）、即时信息（IM）等技术。

如果说 Web 1.0 是以信息为核心的网，Web 2.0 是以人为出发点的互联网。与 Web 1.0 网站单项信息发布的模式不同，Web 2.0 网站的内容通常是用户发布的，使得用户既是网站内容的浏览者也是网站内容的制造者，这也就意味着 Web 2.0 网站为用户提供了更多参与的机会。“博客、照片、视频等 Web 2.0 产品将制造而不仅是接受信息的权力赋予互联网用户。庞大的信息暗流被引上地面，自媒体、去中心化、用户

---

① 胡泳：《众声喧哗》，广西师范大学出版社 2008 年版，第 81 页。

生成内容（UGC）等概念风靡一时。”①

Web 2.0 技术具有六个鲜明的特点。第一，网民可以无处不在地上传和下载文字、照片和音像视频资料，发表意见和建议，使得社会变得公开透明；第二，对网民乃至所有人的服务不仅无处不在，而且不断改善；第三，充分重视网民参与、分享与整合集体力量和智慧；第四，把相同特质的人“链接”起来，把不同特质的人“超链接”起来，进一步融合，形成新的社区、组织和共同体；第五，互联网是参与和分享的工具，不是控制和统治的工具；第六，通过聚集分散的、独立的个人，把各种力量网聚起来，推动更大的变革。不难发现，网络是开放的，不断“连接”和聚集的。总之，Web 2.0 以人为核心，重新塑造社会关系。

网民以博客、播客、拍客、晒客、掘客等多种身份出现，直接面对全世界发布消息，影响公众，组成“新意见群体”。他们相信“转发就是援手，围观改变社会”。面对贫富冲突、劳资矛盾、城市拆迁、农村土地流转、环境污染、医疗教育、道德缺失等问题，特别是官员腐败和司法不公，“新意见群体”挖掘信息，分析事理，激浊扬清，成为推动社会进步的重要力量。

Web 2.0 最大作用是使互联网由单一浏览平台转为开放共享平台。这种变革，使得原来自上而下的由少数资源控制者主导的互联网转变为自下而上的由广大用户集体智慧和力量主导的互联网。Web 2.0 技术将互联网的主导权交还给广大用户，从而激励广大用户参与到协同治理体系中来。Web 2.0 思维就是强调用户的作用，让广大用户从被动参与到主动参与，成为共享领导者。

Web2.0 技术塑造了领导 2.0 思维。因为互联网赋予了传统意义上的“被领导者”以“上传”和“下载”的机会。传统意义上的“被领导者”不再只是“被”领导的人，而是积极的追随者，通过网络与领导者连接，互相影响，互相促动。领导者和追随者的互动才是领导 2.0 思维的精髓。

① 贺昊勋、周昶帆：《信息的重生》，《环球企业家》，2011 年 3 月 15 日，http：//www.sina.com.cn.

（三）培养 Web 3.0 思维

第三代互联网是人的网络化和网络的人性化，其核心特征是人机合一，人网合一，其哲学意义是“心物相连”，是“心物一元”。

2006 年，《时代》杂志的年度封面人物是著名的“你”。同年，Twitter 横空出世，通过移动互联网和各种移动终端，有效促进了信息传播与交流的便捷性，进一步突显了每个人在互联网上的独特角色和地位。由于移动终端与人们如此紧密地联系在一起，以致人们认为“Twitter 是带有体温的媒体!”“现在互联网上的地图都以‘我’为中心，而不在乎实际地理位置坐标。信息也一样，史上第一次围绕‘我’运转，为‘我’量身打造。”①

当然，关于 Web 3.0 的概念还在发展和讨论之中。在维基百科上，Web 3.0 包含多层含义，包括将互联网本身转化为一个泛型数据库，跨浏览器、超浏览器的内容投递和请求机制，人工智能技术的运用，语义网，地理映射网，运用 3D 技术搭建的网站甚至虚拟世界或网络公国等。

凯文·凯利认为，目前互联网有两种形式的连接主义：一种大连接主义是社交媒体，即 Web 2.0 的概念，另一种大连接主义是物联网（如图 2－5 所示）。随着机器连接和人类连接能力的不断增强，在人类连接和机器连接这两个部分之间，逐渐交叠起来。这两个区域将在中间箭头那块相遇。这块重叠交叉的区域将会被新兴的全球超有机体所占据。这块区域所代表的实体不单是由所有其他机器连接起来而形成的统一体机器，也不完全是由所有人类智能连接成的超智能的智域（noosphere）。它是由所有人类智能及所有人工智能连接在一起所形成的活跃的杂合体。在这片结合区域内，所有产生信号的物体都是节点——不管是人类还是机器。同理，人们可以很容易想象得到，整个星球上的科技、人类活动及人类思想的连接程度将会越来越高。

在凯文·凯利看来，这块人机结合的白色区域同样是大部分语义网

① 贺昊勋、周昶帆：《信息的重生》，《环球企业家》，2011 年 3 月 15 日，http：//www.sina.com.cn.

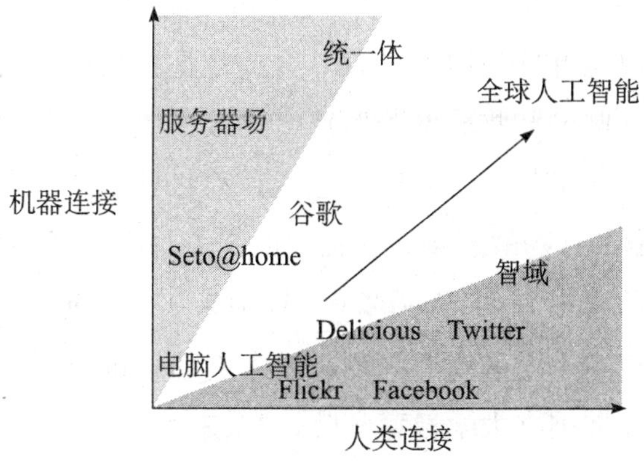

图 2-5 Web 3.0：人与物的连接

图片来源：［美］凯文·凯利著，张行舟、余倩等译：《技术元素》，电子工业出版社 2012 年版，第 200 页。

站试图进入的领域。语义互联网想使人类的连接活动能被机器识别，促进两个网络之间相互协作。语义网站就是这两种连接活动之间的桥梁或者说是转换通道。所有人类的思想、动作和记忆都能机器解码并重新组织；而机器的连接行为也被人类所理解。①

Web 3.0 正是要打通人与机器的“间断”。“‘物物相连’、‘人物相连’从某种意义上说都体现了刚萌芽的 Web 3.0 的本质特征，即人机智能的融合和以人为本理念的实现。”②

需要强调的是，移动互联网技术是信息网络技术革命史上具有里程碑意义的发明之一。移动互联网采用先进移动信息技术，整合了互联网与移动通信技术，将大量信息引入移动互联网之中，为全社会各行各业搭建了一个移动信息化应用平台。诸如短信、铃声下载、移动音乐、手机游戏、视频应用、手机支付、位置服务等丰富多彩的移动互联网业务迅猛发展，业务范围涵盖信息、娱乐、旅游和个人信息管理等领域。

笔者认为，第三代互联网首先是基于移动互联网的“个性化互联网”，通过新三网融合帮助每个人拥有“任何时间、任何地点、任何设

① ［美］凯文．凯利著，张行舟、余倩等译：《技术元素》，电子工业出版社 2012 年第 1 版，第 201 页。

② 蔡文之：《网络传播革命：权利与规制》，上海人民出版社 2011 年版，第 184 页。

备、个性化内容”的体验。其次，与之相伴随的是云计算和开放技术。各大网站和政府将开放API和协议，开放数据格式以便创作共享。通过互联网、移动互联网和物联网等新技术连接而成的万网之网，更多的人成为网民，无论是工作、学习还是生活，都将处于“连线”状态。所谓Web 3.0，就是人与物的连接，是独立的个人与万物的连接。

笔者认为，Web 1.0、Web 2.0、Web 3.0是一种简明的表达方式，强调信息网络技术不断升级并深刻影响人们的思维方式、工作方式和生活方式。在新加坡国立大学教育学院，“未来教室3.0”的项目旨在以将教室空间打造为一个融合动力学、4D沉浸技术、语义搜索及学习分析等20多种新技术的智能互动空间，促进ICT在教育领域的创新应用。

Web 3.0思维，强调每个人独立地连接和影响全球化的网络化的人类社会，强调每个人、每个组织、每个国家作为一个独立自主的主体越来越平等地成为全球化网络化社会中的“节点”。Web 3.0使每个人真正成为网络社会的独立节点，实现了个人的世界化和世界的个人化。

早在2002年，《圣何塞水星报》专栏作家丹·吉尔默（Dan Gillmor）就强调，博客是“3.0阶段新闻媒体”。1.0是指传统媒体，2.0就是人们通常所说的新媒体（new media），而3.0就是以博客为趋势的“个人媒体”。

丹·吉尔默认为，新闻媒体3.0意味着个人在第一时间对全球的广播。例如，1998年，原始的个人博客网站“德拉吉报道”（Drudgereport）率先捅出克林顿和莱温斯基绯闻案，第一次向世界展示了博客的力量。2001年，“9·11”事件使博客第一次成为真正意义上的新闻发源地。当时，几乎所有的主流网站都因访问量过大而近乎瘫痪，而全球最大博客服务网站blogger.com上出现了上百个报道“9·11”的个人博客站点，发布了无数照片、录像和现场录音，既有目击者的亲笔描述，也有急迫希望得到亲友消息的恳求，其数量远远超过了专业记者的贡献。2003年，巴格达博客Salam Pax在炮火中不间断地讲述着自家窗外看到的巴格达实况，其个人网站高居战争报道网站的十大链接之首。[1]

从技术发展历程来看，丹·吉尔默的划分并非十分科学的。但他所强调的个人在第一时间独立报道的新闻媒体3.0的概念是正确的。

新闻媒体3.0，本质是自媒体，是以互联网尤其是移动互联网为平台的个性化媒体。自媒体的个性化传播调动了民众参与公共事务的积极性。如前所述，在所谓网络公共领域之中，个人通过网络上的自由表达与沟通，在理性辩论的基础上对公共权力领域及其政策进行批判、达成共识，最终达到监督国家权力和影响国家公共政策的目的。这些参与自媒体传播的网民逐渐形成了新的网络公民记者。

在Web 3.0时代，笔者认为，领导3.0时代已经开始了。在领导3.0时代，每个人都能成为自我领导者，都能够影响网络社会，都能够追寻生命的意义。网络平台将使得我们能够“格物、致知、诚心、正意、修身、治家、齐国、平天下”。所谓“平”，首先，是平等，是每个人、每个组织、每个国家之间的平等；其次，是和平，每个人、每个组织、每个国家彼此理解，彼此尊重，彼此宽容，友好相处；再次，是太平，是每个人、每个组织、每个国家之间的共赢博弈，分享繁荣。

从这种意义上来说，中国传统文化的天人合一、民胞物与的核心概念将在Web 3.0时代重新焕发生机和活力。

四、提升网络素养

网络素养是指领导者正确认识网络、看待网络和运用网络的能力。提升网络素养，就是要调整思维模式，保持积极心态，掌握基本技能，提升网络智慧。在新的网络社会环境下，领导者要以良好的网络素养、饱满的精神状态和较强的工作能力不断适应网上群众工作的新要求。

（一）调整思维模式

“网上被骂，网下被压”。近年来，许多领导者承受来自虚拟世界的

① 宋双峰：《什么是“博客”？新闻媒体3.0版本》，http：//www.bianji.com/blog.

舆论压力与现实社会的发展压力双重考验，出现执政能力的“短板”现象。

一般来说，在遇到自己的思维模式与外部环境发生冲突时，领导者基本上有三种回应方式。

第一种，坚持旧的思维模式。这种领导者对于社会环境的改变是不知不觉的，按照传统思维习惯进行思考，徒劳地把原来的思维模式强加到外部环境上。他们不了解网络，仍然以传统的方法，以权压网、堵网、封网，结果适得其反。

第二种，消极调整思维模式。在面对日益复杂多变的世界时，这些领导者轻易地把不愉快的、破坏性的事情归咎于他人，很容易放弃目标，就像鸵鸟遇到危险时把头埋在沙堆里一样。对于这些领导者来说，网络“麻木症”与“恐惧症”并存。他们难以接受新的外部现实，难以适应外部环境的深刻变化。他们对网络舆情反应迟钝，贻误舆论引导和处置的良机，导致“小事情”演化为“大事件”。他们在传统“舆论温室”中成长，在全新“舆论风暴”中失败。

第三种，积极更新思维模式。即使改变思维模式是痛苦而且艰难的，越来越多领导者保持积极心态，改变原有思维模式，建立新的网络思维模式。

（二）保持积极心态

2008 年 4 月 17 日，广东省委书记汪洋和 26 名网友座谈。汪洋认为，与任何事物一样，网络也具有两面性，要兴利除弊，充分发挥好网络的积极作用。各级党委政府一定要顺应网络社会发展的特点和规律，以开放的视野、平等的心态、法治的理念对待和推进网络社会建设，构建充满活力、和谐有序、富有建设性的网络民主平台。

领导者与被领导者的区别，在于领导者更加积极主动而不是消极被动。虚拟社会和现实社会深度融合，使得领导者不能再“躲猫猫”，而是要“到中流击水”，到网上冲浪，成为时代大潮的弄潮儿。

第一，领导者既要平民化，又要精英化。在网络平台上，领导者首先要放低姿态，亲近网民，尊重网民，平等地与网民交往。领导者要不断强化民主、平等、开放理念，摆正与人民群众和媒体的关系。在网络环境下，领导者要让权力在阳光下运行，让作风在阳光下呈现。面对舆论监督，领导者不是把媒体当敌人，而是把媒体当朋友，学会善待、善管、善用媒体，在良性互动中共同发展。①

正如帕瑞克、布兰克所强调的，网络领导者应该比普通网民具有更高的信息素养，必须具备较高的“意识”，善于通过信息加工创造“意义”。领导者不能将自己等同于普通网民，需要不断提高信息处理能力，要以网络民意作为政府工作的导航。领导者需要培养一种综合的能力，把碎片化信息转化成为系统的信息，进而提出问题、分析问题、解决问题。领导者必须善于收集、整理、加工信息，做出决策，描绘愿景，传播愿景。

第二，领导者既要网上调研，又要网下调研。网络能传达民意，但还不是全部民意。在网上经常发声的网民只有10%左右，他们构成“网络舆情”的民意基础。在他们之外，还存在高达九成的网上“无声”的中国人。② 所以，领导者要注意打捞“沉默的民意”，要更加关注那些不会上网、没有条件上网的人群的利益诉求。领导者要坚持网下调研，继续保持深入基层、贴近群众的优良作风，通畅那些传统的民意反映与表达渠道。

第三，领导者既要充分发挥网络积极作用，又要有效限制网络消极作用。领导者必须清醒意识到网络是把“双刃剑”，网民既有合理维权参政行为，也有极端泄愤行为；网上既有真相，也有谣言；网上既有公益行动，也有犯罪行为；网上既有网民的爱国行为，也有敌对势力的渗透举动。领导者必须高度重视网上斗争问题，不断提高政治鉴别力和政治敏感性，提高对网络信息和思想的判断力和鉴别力，维护网络秩序和

① 王中桥：《提高领导干部网络执政和舆论引导能力》，《长江日报》，2012年5月19日。

② 人民网舆情监测室：《网民、人民和公民》，2011年7月15日，http://leaders.people.com.cn/GB/15167252.html.

国家安全。

（三）掌握基本技能

2011年6月21日，江苏省常州溧阳卫生局局长谢志强在发微博约美女开房的过程中，遭众网民默默地“围观”。在这场微博“偷情直播”中，不仅有打情骂俏、对白赤裸约开房，而且有更多涉及官员腐败的线索。在网络舆论的压力下，该名局长主动向当地纪检部门“自首”。令人惊奇的是，该局长此番曝光，是因为不懂微博与QQ聊天的区别。他在接受采访时，不仅爽快承认这一“网事”中的男主角就是自己，而且还颇感意外地对记者说：“我们两个发微博，你都能看得到啊？不可能吧？”显然，该局长才学会玩微博，以为微博是很私密的网上聊天工具。他和情人在“互动”时根本没有想到，自己身处透明的“玻璃房子”里，周围聚集了很多默默围观的人。

微博开房这个具有戏剧性的事件说明，当前有些官员网络素养无法适应时代发展的需要。早在2008年，青海省委书记强卫就在全省宣传思想工作会议上说过，互联网是各种社会思潮、各种利益诉求的集散地和意识形态较量的战场。不上网、不重视网络建设、不会利用网络的领导者，不能算是一个现代化的领导者。领导者除了读书、看报、听广播、看电视外，还要养成上网的习惯，即“第五习惯”。①

领导者要通过多种途径，不断学习有关网络知识，掌握运用信息网络技术的基本技巧，克服网络麻痹症，克服网络恐惧症，提高网络领导力。网络领导者需要在互联网上到网民中去“接地气”，了解网民的话题，理解网民的需求，把网民的需求作为决策依据。领导者要经常浏览新闻网页，关注网络论坛、新闻评论、博客言论，及时掌握和引导网络舆论动向。领导者要学会在“潜水”、“冒泡”中与网民“键对键”，要善于使用微博，积极与网民互动，沟通感情，化解危机，提升政府透明

---

① 沈茂昀：《领导干部要有网络素养》，2008年3月4日，人民网强国博客，http://leaders.people.com.cn/GB/6954168.html.

度，增强政府公信力。

（四）熟悉网言网语

祝华新等人指出，从足“囚”协会到“厕攻防战”，几乎每一个热词背后都有一段鲜活的故事，都包含着网民的喜怒哀乐。一些招惹民怨的突发事件虽然遭遇到压制，但网民通过创造“俯卧撑”、“躲猫猫”、“欺实马”、“我爸是李刚”等调侃八卦的新词，进行辛辣的嘲讽。每一热词背后，都记录了一次追寻真相的不懈努力，见证了社会良知的健康力量。①

最为典型的是，2011年7月24日晚，温州动车追尾事故发生后，在新闻发布会上新闻发言人被问到“为何救援宣告结束后仍发现一名生还儿童”时，称“这只能说是生命的奇迹”，被问到为何要掩埋车头时，称“至于你信不信，我反正信了”。祝华新等人认为，这些发言引起了网民对铁道部动车事故善后处置的质疑和愤怒，网友借“高铁体”广泛造句，表达对突发事件信息不公开的批判，特别是对政府公信力的质疑。②

令狐补充鲜明地指出，信息网络技术革命，在为网民提供自由言论空间的同时，也引发了语言变迁和话语革命。政治及社会禁忌、网络管理、内容审查，与自由表达的冲动交互作用，造就了全新的语言修辞和话语模式。广为流传的“网言网语”，是对传统话语权的解构和新语话权的重构。谐音、变形、隐喻、借代、模拟、通假、省略、会意、拆解、重组等均是新词新字“涌现”常见的手法……极大地丰富了祖国语言宝库。③

领导者必须适应网络，转换观念，学会“网言网语”。胡泳提出了

---

① 祝华新、单学刚、胡江春：《2010年中国互联网舆情分析报告》，http：//yuqing.people.com.cn/GB/209170/index.html.

② 祝华新、单学刚、胡江春：《2011年中国互联网舆情分析报告》，http：//yuqing.people.com.cn/GB/209170/index.html.

③ 令狐补充：《从“大院”到微博：中国话语变迁60年》，2010年4月11日，http：//buchong-boke.blog.163.com/blog/static/5385166120103110402756 7.

“政府微博三原则”：“直面评论”，“请讲人话”，“结果为上”。[①]“直面评论”就是官员强调要直面问题而不是回避问题；“请讲人话”就是强调官员从心态到语态都要有个革命性的变化，少说官话、大话、套话和假话；“结果为上”就是强调网络舆论的应对和引导是第二位的，解决民众的实际利益诉求是第一位的。

学会网言网语，就是加强与网民的沟通交流，学会与网民共享话语权。广东省公安厅及21个地级市公安局全部在新浪网注册开通了公安微博并上线开展工作，集体“织围脖”引来众多粉丝追捧。时任省公安厅宣传处处长邓建伟认为：“公安机关要放‘软’身段，用润物细无声的方法和群众交流，用老百姓的语言去和老百姓沟通，这是我们选择微博、网站来和公众沟通的原因，希望能够得到公众的支持，最大限度得到公众的理解。”[②]

说好网言网语，关键在于调整好心态。越来越多的领导者逐渐学会以平等的开放的心态对待网民群体。2011年，在全国“两会”期间，两会代表通过幽默轻松的交流，鲜活的网络语言，积极和网民沟通，征求民意，和网民共同议政，强化民主氛围。无论是征求民意，还是答疑解惑，无论是写博客，还是发微博，都可以拉近领导者和网民之间的心理距离，都可以提高沟通效果。“神马都是浮云、科学发展才是真经”、“手握鼠标，胸怀天下”。

（五）善于网络学习

2010年2月3日，四川日报转载四川省委书记刘奇葆的文章——《领导干部要时刻感到“知识恐慌”》。刘奇葆指出：“当前，我们正处在大发展、大调整、大变革的时代，新科学、新知识、新观念层出不穷，我们不懂、不熟的东西很多，即使过去懂的知识也在不断更新。领导干部要时刻感到“知识恐慌”，对不断涌现的新兴知识、前沿理念要及时

---

① 胡泳：《政府微博三原则》，《南方都市报》，2010年5月29日。
② 洪奕宜、粤公宣：《微博世界里来了阿sir》，《南方日报》，2010年5月28日。

跟踪，深入了解，避免在工作上出错误，发展上走弯路。特别要看到，网络已渗透到社会生活的各个领域，已成为获取信息和学习知识最现代化的手段，几乎是‘一网网尽全世界’。领导干部必须掌握网络这种学习手段，努力使自己成为使用网络的内行。①”

一般来说，网络学习包括四个主要环节。一是信息共享。围绕着需要解决的问题，领导者和网络群体收集大量信息资料，并把有价值的信息资源发布到网络平台上。二是共同探讨。通过网络平台，领导者和网络群体进行头脑风暴，既可以不受时空的约束，激发大脑活力，又可以保持冷静的思考。针对具体问题，群体成员反复讨论，不断完善解决方案。三是寻求意义。领导者应该在网络群体交流中思考群体使命，寻求和创造群体存在的“意义”。四是达成共识。领导者和群体成员互相交流学习成果，反复讨论，最终形成共识。

网络学习，就是收集、整合和加工数据、信息和知识的过程。一般来说，数据、信息、知识和智慧是人类认识客观事物过程中不同阶段的产物。从数据到信息到知识再到智慧，是一个从低级到高级的认识过程。在数据、信息、知识和智慧的体系中，低层次是高层次的基础和前提，没有低层次就不可能有高层次。数据是信息的源泉，信息是知识的“子集或基石”，知识是智慧的基础和条件。信息是数据与知识的桥梁，知识反映了信息的本质，智慧是知识的应用和生产性使用。②

网络学习，其本质是数据和信息处理能力，其目的是提升网络领导智慧。如果数据聚集为连贯的整体，具有一定的含义，那么，它就成了信息；如果信息聚集成为连贯的整体，能够促进决策和执行，那么，它就变成了知识；如果知识与其他知识结合，有助于预测、解释或判断，那么，它就变成了理论；如果理论能够在实践中反复检验，

① 刘奇葆：《领导干部要时刻感到“知识恐慌”》，《四川日报》，2010年2月3日。
② 荆宁宁、程俊瑜：《数据、信息、知识与智慧》，《情报科学》，2005年12期。

多次得到升华，那么，它就成为了智慧。[①] 领导者必须善于收集数据，挖掘信息，增长知识，提升智慧，最终提升网络素养，提升网络领导能力。

未来的竞争，是以“大数据”为基础的竞争。正如《大数据》作者徐子沛所强调的“得数据者得天下”。[②]

① ［美］迪伊·霍克著，张珍、张建丰等译：《隐形 VISA：面向未来的混序组织》，上海远东出版社 2011 年版，第 180 页。

② 徐子沛：《大数据》，广西师范大学出版社 2012 年版，第 294 页。

第三章

媒介领导力

⊙传播革命与媒体博弈

⊙网络话语权和舆论引导

⊙领导网络形象与网络魅力

互联网和移动互联网的迅猛发展，引发了意义深远的传播革命。新媒体与传统媒体交互融合，国际媒体与国内媒体互相博弈，共同构成了各种错综复杂的全媒体格局。媒介领导，就是党和政府以及企业等领导主体，在全媒体格局中引导舆论，提升话语权，树立领导形象，提升领导魅力。媒介领导力，就是多元领导主体基于媒介形成的合作博弈关系。

一、传播革命与媒体博弈

一般来说，以纸为媒介的报纸、以电波为媒介的广播和以图像为媒介的电视，被称为第一媒体、第二媒体和第三媒体。如果把互联网称为第四媒体，那么，移动互联网则是第五媒体。相对报纸、广播和电视三大传统大众媒体，互联网和移动互联网统称新媒体。传统媒体和新媒体交互融合，推动了传播革命，促进了国际互动，形成了全媒体格局。在全媒体格局中，人人都有麦克风，"人人都是记者"，"人人都是电视台"，加剧了各种力量博弈的复杂性。

（一）第五媒体

以手机为代表的移动互联网，使凡是有人的地方都融入媒介空间，构成了泛在的信息传播生态系统。人与手机合一，人与网络合一，"人人"随时随地获取和发布信息。正是因为移动互联网，正是因为微博，人们成为充满个性的、充满活动的、具有广泛影响力的人！

1. 宜黄事件的启示

2010年9月，"宜黄事件"糅合了强拆、自焚、暴力等各种因素，经由微博迅速传播，引发了舆论风暴。①

此前的2007年，宜黄县委县政府决定兴建河东新区客运站，由宜黄县投资发展有限公司负责拆迁工作。到2009年8月底，除钟家三层楼房外，该项目拆迁范围内的居民住宅全部完成拆迁工作。

据官方通报，2010年9月10日上午，宜黄县城建部门工作人员到钟家"协调拆迁"，并开展"政策法规解释和劝导"工作。不幸的是，双方发生争执和冲突，钟家以浇灌汽油等极端方式"对工作人员进行威吓"，却"不慎误烧伤自家3人"。

但钟如九强调，"当时家中楼下来了大批人，有40多人，试图强行破门而入。""当时她被摁在地上，也不知道火是怎么着的。就看到钟如琴像个火球一样从楼上跳了下来。"我当时吓傻了，要大家赶紧救人。但他们都看着。"当天网上广泛流传一张名为"钟如琴像个火球从楼上跳下来"的图片。

9月16日，钟如九姐妹赴北京求助媒体时，在南昌机场被县委书记带队围堵，被迫躲入机场女厕内。无奈之中，钟如九拨通一位记者的电话求救。30分钟后，这位记者发出了第一条有关"宜黄事件"的微博，呼吁网民的帮助。又20分钟后，网络意见领袖慕容雪村转发了这条微博。再50分钟后，8点57分，凤凰周刊记者部主任邓飞开始了微博直播"南昌北机场女厕攻防战"。

到当天上午，这条微博已被转发2700多次，超过1000条评论。随着众多微博网民的关注，当日下午，钟家姐妹虽未能赴京，但重获人身自由，并就拆迁事宜与政府重新商谈。

由于微博直播，宜黄强拆自焚事件发展成为万众瞩目的公共事件。9月17日晚，抚州市委紧急处理拆迁自焚事件的8名责任人，负有重要领导责任的宜黄县委书记、县长被立案调查，后来两人均被免职。

有学者认为，"宜黄事件"第一次显示了微博的巨大力量。骇人听

---

① 本案例根据百度百科《9·10江西宜黄拆迁自焚事件》、《江苏省宜黄县拆迁自焚事件》（凤凰网，http：//news.ifeng.com/society/special/yihuangzifen/）《微博问政的规范化保护需求——基于社会管理体制创新的视角》（秦前红、李少文：《东方法学》，2011年第4期）等材料撰写而成。

闻的事件过程，对当事人的极大同情，让大批民众通过网络进行声援，批判矛头直指地方政府，最终影响了事件的解决。更为重要的是，网民把注意力转移到强拆制度，推动了国家对拆迁立法和拆迁手段的重新关注，最终促成了新拆迁条例的出台。

微博究竟改变了什么？《阳光赐予微博力量》一文指出，微博引起了三个方面的改变。

第一，改变了话语权结构。与传统机制赋予的话语权——高高在上或被少数精英群体所掌握——不同，微博使得话语权“飞入寻常百姓家”。有了微博，网民等同于拥有了一个“自媒体”，内容自制，传播自发；有了微博，网民相当于随身带了一个“微麦”，话语音量随时可以放大。

第二，改变了传媒生态和传播方式。微博不但正在成为重要的新闻源头，而且以传统媒体不能比拟的裂变速度，传播着各种各样的信息观点。

第三，改变了社会交往结构。实名认证的设计，使微博摆脱了网络的虚拟化特质，实现了与现实社会交往圈的重叠，成为拓展现实交往的重要工具。有了现实交往的基础，微博越来越一种重要的社会动员工具，发挥着越来越重要的社会动员作用。

2. 微博五大功能

如何理解微博？更具体一些，微博有哪些功能和特征？企业对微博的商业定位和宣传，简明扼要而且生动地说明了微博的功能与特征。

> 新浪微博是“随时随地分享身边的新鲜事儿”，记录精彩，记录生活；腾讯微博则很亲民，“你的心声，世界的回声”；网易微博专注个性化，要做“有态度的微博”，让每个人都成为中心、做中国脉搏；拥有国际化视野的凤凰微博期望“点滴生活，精彩世界”；搜狐微博继续发展名人战略，张朝阳亲自上阵，并且邀请赵本山、李连杰等好友加入①，把“来搜狐微博看我”的大广告印上了北京、上海等都市公共汽车……

① 陈敏：《微博改变中国》，《中国青年杂志》，2011 年第 16 期。

新浪微博定位于分享，突出微博的泛在性；腾讯微博定位于亲民，突出个人与世界的关系；网易微博定位于“态度”，突出每个人的作用；搜狐微博定位与社交，突出人际关系。

中国互联网数据中心（DCCI）总经理胡延平认为：“微博处于移动互联网和计算机互联网的最佳的结合处，是移动互联网最广阔的一个应用”，“每一个网民都可以随时随地参与进来，手机与微博的结合带来了强大的生命力，使微博的用户规模和用户活跃度大幅度提高。”

微博是一种社会网络服务，它使用户能够发送和接收简短的基于文本的、微型发布的即时消息。笔者认为，微博有五个基本的功能。

第一功能：微发布，即短、平、快的信息发布。作为 140 字以内的短消息，微博是一种非常适合后现代社会的短、平、快的快餐文化。

微博之“短”让更多忙碌的人更容易发布微博，更容易评论和回复微博。利用碎片化的时间，人们可以碎片化地发布更多微博，也可以评论和转发更多微博。

微博之“平”，是指微博的相对平等的交流。微博用户的背景各不相同，但在微博平台上大家都是相对平等的。人们不仅可以关注自己的偶像并看到他们的帖子，还能与他们进行相对平等的交流与讨论。

微博之“快”，是指微博的几何数量级的裂变式传播。微友发布的帖子，不仅粉丝可以看到，而且所有人都可以看到。如果粉丝或者粉丝的粉丝对该微博帖子感兴趣，就会很快地转发；同样，粉丝的粉丝会继续转发。

微博不“微”，首先是因为信息网络技术的聚合作用。微博的发布形式最为多样化，诸如手机短信、彩信、IM（如 QQ、MSN、Gtalk 等）、电子邮件、网页、WAP 等统统可以发布。这是以前的任何传播形式都不可比拟的。微博已经超越了 140 个字的局限，形成了形式多样的大信息量的发布方式。具体来说，包括如下 5 个方面。

①超链接。在微博帖子里增加超链接的功能，可以方便地跳转到其他页面。

②图片。在微博上可以插入图片，打破了只有文字的局限。图片使得微博帖子更直观，更引人关注，更有说服力。

③视频。在微博上插入视频，进一步增强表现力。

④音频。在微博上插入音频，甚至可以提供语音服务。

⑤表情图标。在微博上使用表情图标，进一步个性化，增强吸引力。

由于无时不在、无处不在的微发布，微博成为中国舆论格局变化的重要推动力量之一。新浪 CEO 兼总裁曹国伟认为，微博的媒体属性在相当长的时间内都会非常强。中国人民大学舆论研究所所长喻国明认为，微博是对传统媒体功能不足的超越，具有巨大的媒体功能，是真正意义上的个人媒体。

微博不“微”，是因为微博可以轻松地实现信息的传递和舆论的聚集。通过选择自己的关注对象，每个人都可以在第一时间收集到更多的信息。关注的对象选择得越合理，聚集的信息质量越全面。通过动态收集信息，每个人就可以感知环境，判断形势，作出决策。当然，微博也可以用来娱乐。

第二功能：微社交，即开放灵活的网络社交。如果人们想在自己的首页上看到某人发布的微博帖子，人们可以直接关注他（或她）。如果人们关注了他，那么就成了他的粉丝。人们在首页上，可以看到自己关注者发布的帖子。由于多数微博平台都提供认证功能，人们可以从微博平台上能更容易找到经过认证的、信息可靠的人或企业。微博的实名认证，为网络社交铺平了道路。

虽然微博是碎片化信息，但是由于可以专门关注的博友页面，由于可以详细查看博友所有信息，博友碎片化信息就会整体化起来，就会“涌现”总体性信息。人们可以根据总体性信息了解博友，熟悉博友，甚至可以与博友交往。

通过微博私信，博友可以进行私下交流与互动。人们可以请求博友关注，认识博友的博友，扩大朋友圈子。因此，微博也是一种“社交工具”。北京大学新闻与传播学院副教授胡泳指出，微博本质上仍然是一种社交工具，尽管它的媒体功能被放大了。

第三功能：微论坛，即追求正义的公共领域。微博具有关注、转发、评论与回复功能，很容易成为公共论坛。微博中的讨论是开放式的群聊，博友可以自由选择进入。这就意味着，微博让“每个人质问每个人”。而且，微博可以超越任何专业区隔，让各行各业拥有各种资源的人讨论共同关注的问题。在打通了专业“间断”之后，博友的社会参与意识极其高涨，更加愿意彰显和分享自己的知识和智慧。一旦出现共同关注的问题，博友就会通过微博讨论，就会“涌现”出“公共领域”。微博之“博”，就是指微博能够成为“公共领域”。

第四功能：微搜索，即当下信息的鲜活呈现。通常，微博平台都有搜索功能。它既可以搜索包含关键字的帖子，也可以搜索包含关键字的微博用户。微博的搜索是即时性的，有别于传统的搜索引擎。后者的搜索内容通常要在发布一段时间之后才能被搜索到。通过即时搜索，人们迅速把握当前发生的热点问题，关注和感受当下的世界。

利用即时搜索，可以很容易地搜索两类信息。一类是用户，找到那些名字或简介中含有特殊关键词的用户，然后查看或关注他们；另一类则是微博帖子，找到那些包含了关键词的微博帖子，然后查看、转发或评论。

第五功能：微活动，即形式多样的互动交流。更多的微博平台还会提供更加丰富多样的微应用，如微投票、微话题、微群、微直播、微访谈及活动屏幕墙等。

总之，微博是一个集有线网络、无线网络、即时通信于一体的交流平台，它最大的特点就是集成化和开放化。随着智能手机的普及和移动互联网的迅速普及，微博打通了传统互联网与移动通信网的限制，实现了移动终端和社会网络的完美结合。

3. 杀手级应用

毫无疑问，微博是互联网和移动互联网融合之后产生的杀手级应用工具。美国学者唐斯提出的扰乱定律（law of disruption）说明，科技的发展是呈指数式的，具有突破性、跳跃性，但是商业结构和社会体制及政治制度的演化却是渐进的。政治、社会和商业变化的速度远远落后于科技的变化速度。因此，在此期间就会产生一种鸿沟（如图3-1所示）。当这种鸿沟大到一定程度时，便会出现一些杀手级的、突破性的科技应用。这种科技应用会对商业机构、社会结构和政治机构产生重大影响。①

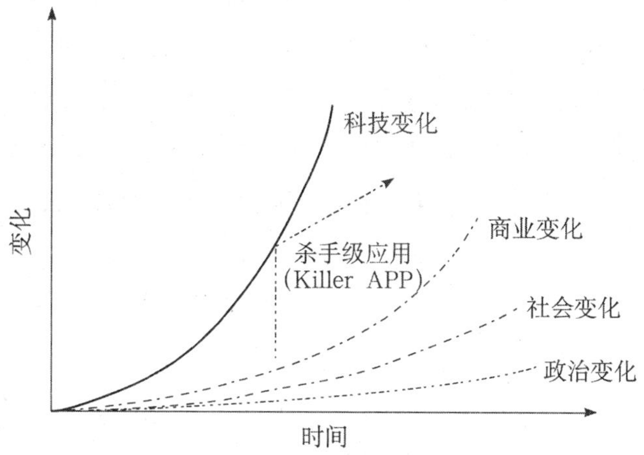

图3-1 扰乱定律

图片来源：沈健：《浪潮求生》，机械工业出版社2012年版，第19页。

一种杀手级的传播媒体普及到5 000万人，电视机用了13年，互联网用了4年，微博只用了14个月。CNNIC统计数据表明，微博已经成为中国社交网络的首选。中国微博用户在2011年经历了爆发式增长，一举取代电视、广播、报纸及门户网站，成为消息最及时、传播速度最快、影响力最广泛、最受人们青睐的新兴媒体。

2011年7月27日上午，女星姚晨（微博）在开通新浪微博23个月后，成为新浪微博首位关注人数突破1 000万大关的微博用户。此时，她的微博粉丝总数已超越美国总统奥巴马和美国歌星布兰妮。这也标志着新浪微博已成为互联网史上发展最快速、最具影响力的社交媒体之一。

2011年12月，中国青年报社会调查中心通过民意中国网和搜狐新闻中心，对2606人进行了一项名为“微博改变了谁的生活”的在线调查。结果显示，75.3%的受访者开通了自己的微博。在不同年龄段的受

① 沈健等：《浪潮求生》，机械工业出版社2012年版，第19页。

访者中，“80 后”和“90 后”开通微博的比例最高，达到 84.7%；其次为“70 后”，达到 72.4%。在已开通微博的受访者中，49.3%的人每天都上微博，20.3%的人 3 天左右上 1 次，9.6%的人大概 1 周上 1 次，16.4%的人虽然开通了微博，但几乎不上。

受访者上微博的主要动机，排名前三的分别是：“发表意见和感受”（51.7%）、“快速、全面地了解新闻”（43.4%）和“围观公共事件”（39.6%）。其他还有“与亲戚、朋友联系”（21.4%）、“关注偶像、明星”（19.6%）等。对于受访者在微博上关注对象的类型，调查中，“亲戚朋友”（35.1%）、“意见领袖”（34.9%）和“同事”（31.1%）排在前三位。①

2011 年，微博成为最引人注目的自媒体，成为最引人入胜的社交工具。2011 年初的“随手拍照解救乞讨儿童”活动，解救了不少走失儿童。因为在微博中曝光的社会丑闻，多名地方领导干部接受处分、调任、停职甚至下台。人们运用微博，重新构造了人与人之间的关系网络、社会价值、营销路径、组织框架。

中国《新周刊》2010 年第 2 期，把这种由微博等社交媒体产生的“微动力”称为“微革命”，认为这是“人类的大势所趋”。

（二）新媒体的主要特征

1. “零门槛”：人人都是传播者

与传统媒体相比，新媒体赋予网民越来越多的自由的信息发布权。在任何一种制度下，大众传播都要受到各个方面的干预。大众传播的信息在传播过程中通常要经过来自传播机构内部和外部的各种权力的“干预”、“控制”和“过滤”。作为传统媒体，报纸、广播和电视一般由政府或者传媒企业集团控制，管理者担任把关人角色，保证媒体的舆论方向。但是，在新媒体上，信息发布门槛低，进入网络公共空间所需的花费是极其低廉的。所以，网民如果想发表言论，只需付很少的上网费，

① 向楠：《84.7%的 80 后 90 后受访网友开通了微博》，《中国青年报》，2011 年 12 月 15 日。

便可在任何一家网站开设的论坛或聊天室里畅所欲言。

因为进入的“零门槛”，人人可以自由地使用新媒体，自由地收集自己需要的信息，自由地发布自己认可的信息和观点。信息不再被“推给”消费者；相反，人们把所需要的信息“拉出来”，并参与到创造信息的过程中。每个人都有可能从信息的消费者转化为信息的生产者，在传统媒体上也经常出现“据网友爆料”、“有网友告知”等字眼。网民即使要获取新闻，往往也是主动选择自己喜欢的信息源，有选择地获取信息。用美国学者尼葛洛庞帝的话说：“在网络上，每个人都可以是一个没有执照的电视台。”

因为进入的“零门槛”，新闻传播不只是专业媒体公司和职业记者自上而下的“广播”过程，而是成为网民、版主和记者互动共享的自下而上的“网播”过程。值得重视的是，自媒体的运作方式是“发布，然后过滤”，而传统媒体则是“过滤，然后发布”。①

因为进入的“零门槛”，新媒体突破了传播中心与边缘的身份限制。传统媒体的信息传播模式，从本质上讲都是一对多、点对面的传播，“是一种播放型传播，是一种树立中心意识的传播”。但是这种“中心—边缘”的传播结构模式在网络社会难以为继。在网络热点事件中，网民对于现有权威、现有结论都可能持怀疑态度。例如，“躲猫猫事件”中对网民调查团结论的质疑，“杭州飙车案”中对司法鉴定组得出结论的调侃等。这些网络热点事件体现了传播的去中心化与去权威化特征。

2. “话语权”：微众也可设置议程

2009年年底，广州番禺居民反对建立垃圾焚烧发电厂。这种反对意见开始并未引起有关政府部门的重视。随后，当地居民通过微博客表达自己的意见和正当诉求，广泛传递信息。随后，番禺事件很快成为网络上的热门话题，引起传统媒体的关注，中央电视台、新华社、凤凰卫视及广州本地媒体等都给予了正面的报道，最终促使事情得到解决。②

① 马骏等：《中国的互联网治理》，中国发展出版社2011年版，第111页。
② 马骏等：《中国的互联网治理》，中国发展出版社2011年版，第112页。

在传统媒体上，大众传播虽然不能决定人们对某一事件或意见的具体看法，但可以通过提供信息和安排相关的议题来有效地左右人们关注哪些事实和意见，以及人们谈论的先后顺序。大众传播虽然无法影响人们怎么想，但可以影响人们去想什么。

但是，新媒体的双向和多维传播颠覆了传统传播理论的“子弹论”和“靶子论”，突破了“议程设置”理论。信息不是子弹，受众不是标靶。网络传播实现了传播者和接收者之间的双向互动传播，网民能够直接参与新闻的报道，能够发表意见和评论。[①] 具备了发布与传播信息能力和条件的网民，也能够借助微博设置议题，进而为传统媒体传媒设置议程。这也就是说，网络传播带来传播权利的普及，传统的议程设置权力逐渐转移到社会公众之手。

3.“自由市场”：传播内容的价值多元化

传统媒体是新闻传播和舆论引导的重要阵地，是党和政府的喉舌，肩负着重大社会责任。因此，在弘扬主旋律、宣传优秀的精神文明成果、披露社会假、恶、丑现象等方面发挥重要作用。相应地，党和政府有关部门对传统媒体的监管非常严格，从事传媒的专业人士也具有较好的职业操守和较高的社会地位，有力地保证传媒报道的客观性、公正性和先进性。

但是，由于人人都是传播者，人人可以设置议程，新媒体在一定程度上成为各种思想传播的自由市场。2008 年 6 月 20 日，胡锦涛总书记在人民日报社考察工作时的讲话中指出，互联网已成为思想文化信息的集散地和社会舆论的放大器。从更宏观的角度看，互联网将全人类连接起来，将不同价值观的人群连接起来。人们都积极主动通过新媒体传播自己的思想，影响他人，争取朋友。人类存在的多元价值观是客观现实，必须学会求同存异，和平共处，互相包容，互相借鉴，和谐发展。[②]

4. 蝴蝶效应：信息传播的几何式裂变

2009 年 6 月 26 日晚，几名新疆籍员工对一名在同厂实习的技校女

---

① 王蕾：《信息的“消费者”到“生产者”》，《贵阳学院学报（社会科学版）》2009 年第 2 期。

② 马骏等：《中国的互联网治理》，中国发展出版社 2011 年版，第 113 页。

生起哄，引起部分员工不满，引发新疆籍员工和其他员工争执，最后引爆了群体斗殴事件。热比娅立即指示追随者要重视这次事件，充分利用这次机会。6月30日，“世维会”发布了在世界范围内举行抗议活动的号召书。7月1日，专门召开紧急电话会议，炮制通过互联网、手机等多种形式动员维吾尔族群众的计划。经过“世维会”的网络煽动、串联、指挥，“6·26”事件被借题发挥，最终酿成了震惊中外的“7·5”暴力恐怖事件。

所谓“蝴蝶效应”，是20世纪60年代初美国气象学家洛伦茨的科学发现。洛伦茨发现，一只南美洲亚马逊河流域热带雨林中的蝴蝶，偶尔扇动几下翅膀，可能于两周后在美国得克萨斯引起一场龙卷风。因为蝴蝶翅膀的运动，引起微弱气流的产生，而微弱气流的产生又会引起四周空气及其他系统产生相应的变化，由此引起非线性反应，最终导致其他系统的极大变化。“蝴蝶效应”说明，在复杂系统中，初始条件的微小变动将导致最终结果的巨大差异。

今天，网络舆论呈现“蝴蝶效应”：一个本身并不大的事件，在各种网络因素，尤其是人们的群体心理的影响与推动下，矛盾不断升级，事态爆炸性扩大，不断转变事件发展的方向，扩大为具有广泛影响的社会舆论事件，甚至网络群体性事件。

（三）在全媒体格局中的博弈

1. 温州动车追尾事件的启示

2011年7月23日20时，在浙江温州境内，D301次列车与同向行驶的D3115次列车发生追尾事故，火车车厢从高架桥上直插地面，造成人员惨重伤亡。

在这次重大事故中，微博成为信息源头。20时27分，当地居民网友“Smm_苗”发出第一条现场微博：“狂风暴雨后的动车这是怎么了？爬得比蜗牛还慢……可别出啥事儿啊。”此条微博转发2.4万次，评论7 600多条。[①]

① 霍仟、来扬：《动车追尾事件的微博版本》，《中国青年报》，2011年7月25日。

微博听众443万人的浙江省委常委、组织部部长蔡奇，到当天深夜2时18分，连发36条微博，报告浙江省组织救援的情况，赞扬温州“的哥的姐”免费送客人到医院献血。同时，浙江省副省长郑继伟、省卫生厅也用微博通报医疗救援工作的进展。

新疆维吾尔自治区党委宣传部常务副部长吕焕斌在微博中指出，仅以此事件最初的6小时观察，对比微博这种新媒体来看，电视彻底失去影响力。无论是时效、更新速度、社会动员还是各种功能，新媒体打败了传统媒体，自媒体打败了大众媒体。①

综合分析了“7·23”甬温动车事故的整个处理过程，沈健认为，相关部门依旧沿袭了国内在面对重大灾难事件时的“传统式”处理原则。在传统的事故报道中，媒体一般会从以下角度报道：

第一，强调领导重视，领导在事故发生后第一时间赶到现场进行救援工作的指挥；

第二，强调事故发生后立即处理相关责任人；

第三，强调尽可能减少经济损失，迅速恢复生产；

第四，强调迅速安抚家属情绪，通过与遇难者家属达成赔偿协议，试图避免负面舆论的产生；

第五，宣传上多报道救灾的感人事迹，避免报道血腥敏感的信息。

2008年胶济铁路“4·28”重大事故，运用“传统式”处理方法进行救援与善后工作后，事故的舆情很快得到了控制。

沈健发现，同样运用“传统式”处理方法，甚至同样在事故发生后迅速将事故列车进行车身破拆、掩埋的“7·23”甬温动车事故处理者却没有那么“幸运”。从事故发生的第二天起，有关部门便面临着空前的公众质疑与谴责，以及来自国内外各媒体的大量负面报道。

在短短的一周时间内，新浪微博和腾讯微博对于此事的相关讨论竟各自达到了3亿多条，共计近7亿条信息，聚合了无法抗拒的舆论压力和不可抗拒的舆论势能。公众对有关部门救援工作的强烈不满甚至使政

---

① 祝华新：《到了用网络倒逼改革的时候了》，《中国青年报》，2011年7月25日。

府形象受到负面的影响。关于“7·23”甬温动车事故，国外媒体更是进行了大量负面的报道，不仅影响了中国高铁的形象，而且也影响了中国技术创新的形象。

如果说宜黄事件使中国社会体会到微博的“杀手级扰乱作用”，那么，温州动车事故让中国政府体会到微博的“杀手级扰乱作用”。

2. 微博成为第一大信息源

综观北京大学公民社会研究中心2011年度中国公民社会十大事件、《财经文摘》与共识网、财识网共同进行的“2011年微博十大事件评选”活动中选择的50件大事，可以发现微博时代新闻传播规律：首先是微博爆料，其次是意见领袖们跟上表态讨论，再次是群众围观讨论，最终影响解决问题、制定公共政策和完善机制体制。微博早就超越了传播手段或中性工具的范畴，已经带有社会阶层的属性，甚至政治势力的属性。

“若想知道中国正在发生什么，请上微博。”这并不只是新浪、搜狐、腾讯等互联网公司在微博战场上厮杀的宣传口号，而恰好描述了一种现象：越来越多的人不愿通过新闻网站看新闻，而愿通过微博看新闻。[①]

《中国社会舆情年度报告（2012）》指出，微博是2011年舆情事件的第一大信息源，占比达20%以上，成为第一大舆论场。报告认为，“在可预见的将来，微博或将直接改变中国社会生态和政治语境，让强势一方做事时不得不考虑民众的反应，微博所推动的是整个社会的政治生态平衡。”

以“7·23”甬温动车事故为标志，微博构成了一种无所不能的强大监督力量。更重要的是，互联网和移动互联网使得任何地方的任何人都可以在自己的日常生活中，用自己的眼睛观察周围的社会环境，在任何事件现场发出第一条微博，引爆舆论风暴乃至激发群体性事件。

3. 全媒体格局

2012年4月26日，人民网官方微博的一条博文引出数千次转发：

---

① 胡泳：《网民成长的十个面向》，2012年1月4日，http://huyong.blog.sohu.com/200690463.html.

"微博女王"姚晨让人民日报人有了强烈的"危机感"。一位年轻编辑在社内培训时举出姚晨粉丝 1 955 万人的事例。这意味着她每一次发言的受众，比《人民日报》发行量多出近 7 倍。社交媒体的传播方式和影响力，给传统媒体造成冲击。对此，《人民日报》社长张研农当天在复旦大学说，在互联网时代，主流媒体若想位居主流，就得做互联网纷乱信息的过滤器，做网络偏激情绪的缓释剂，做国民心态的压舱石。这是主流媒体应尽的责任、应有的气度。[①]

通过"7·23"甬温动车事故、乌坎危机、茉莉花革命、占领华尔街运动，笔者感受到悄然形成的新的全媒体格局：不仅包括国内传统三大媒体，而且包括第四媒体和第五媒体，还包括国际传统媒体和新媒体的影响和力量。信息在更加复杂的网络系统中自由流动，更多节点频繁互动，生成意见流，信息流与意见流汇聚，在各个网络平台上循环传播，最终形成强大的舆论力量。

学者童兵指出，随着网络成为公众发声的最大传播平台，社会舆论正在形成多层次的格局，其主要动因在于经济结构调整、执政方式改变、民主权利扩大、全球信息流动和信息技术进步。传统媒体舆论场和草根舆论场、互联网舆论场、手机舆论场、境外舆论场五个舆论场相互叠加、渗透，对人们的社会认知产生影响。这一舆论新格局的特点十分鲜明，表现在民间舆论的网络化生存、传统媒体舆论多元并生、网络舆论的"倒逼"、手机舆论的失控、内外舆论互动和舆论事件频发等方面。[②]

在全媒体格局中，首先是微博与博客的"连接"。祝华新等人指出：2011 年，博客与微博逐渐打通。各大微博站点都与自己旗下的博客打通，用户在博客发表博文，就会简洁地显示到微博平台之上。由于微博限定在 140 字以内，在一些问题上很难用如此短的文字分析情况、总结观点，因而聪明的网民在微博简明扼要地亮明观点，然后在博客进行详

① 祝华新：《姚晨让人民日报有了危机感》，《中国青年报》，2012 年 4 月 28 日。
② 曹劲松：《政府网络发言·序》，江苏人民出版社 2012 年版，第 2 页。

细阐释。微博成了博客的招牌，而博客和文字图片工具成了微博详细展示内容的重要手段。[①]

全媒体格局中，传统媒体和新媒体互相支持。一方面，新媒体与传统媒体的结合，增加可信度与影响力。2011 年 4 月起，《人民日报》每周二推出“网连中国”栏目，每期从“地方领导留言板”摘编一条网友留言和领导回复。栏目每期内容都受到了各地党政机关的重视，每条网友留言均获得各地“一把手”的专门批示，每期网友所提出的问题基本上都得到了很好的解决或者答复，并获得当事网友的充分肯定。“网连中国”栏目的推出，是人民网与人民日报网融合的一项最新实践，引起各地各级党政领导对人民网上网民留言的进一步重视，从而推动各地留言办理工作的开展。

另一方面，传统媒体网络化，不断拓展传播路径。作为国家战略，三网融合是指电信网、广播电视网、互联网在向宽带通信网、数字电视网、下一代互联网演进过程中，通过技术改造，使广播和电视等传统媒体日益网络化，功能趋于一致，业务范围趋于相同，互联互通、资源共享，为用户提供语音、数据和广播电视等多种服务。三网融合应用广泛，遍及政府工作、智能交通、环境保护、公共安全、平安家居等多个领域。人们使用手机就可以看电视、上网，使用电视就可以打电话、上网，使用计算机也可以打电话、看电视，三者之间相互融合，形成你中有我、我中有你的新格局。[②]

在全媒体格局中，一条微博帖子首先经过微博群中转发，尤其是当信息“毒性”很强、很具传播性时，它迅速超越微博平台，进入 BBS、QQ 群、人人网，经过几何式裂变，引发区域性舆论风暴。一旦区域性舆论风暴形成之后，即可迅速引爆全国舆论，把地区性、局部性和带有某种偶然性的问题，变成全民“围观”的公共话题，甚至变成需要中央政府出手干预的公共事件。这也就是说，在全媒体格局中，任何一场

① 祝华新、单学刚、胡江春：《2011 年中国互联网舆情分析报告》，http：//yuqing. people. com. cn/GB/209170/index. html.

② 参见周滨：《微博问政与舆情应对》，人民出版社 2012 年版，第 146 页。

“地方性”的突发事件都有可能借助于网络媒体的力量而演变为“全国性”乃至于“全球性”的危机。

二、网络话语权和舆论引导

话语权，其本质是“谁能够说，谁说了算，谁说了有人信”的问题。新媒体实现了网民话语权利和话语权力的直接转换。从个人的角度来看，它属于表达权的一部分，是公民对公共事务发表意见的不可剥夺的民主权利。从群体的角度来看，话语权意味着群体传播信息、树立形象、确立地位、影响社会的宣传、沟通和说服的能力。从国家的角度看，话语权是国家软实力的重要组成部分。因此，网络领导者必须关注网络话语权，进入网络话语权的博弈空间。

（一）网络舆论力量

1999 年 5 月 8 日，中国驻南斯拉夫使馆被袭，人民网开设了专题论坛，随后转为强国论坛。2002 年，中国博客元年，进入自媒体时代；2003 年，孙志刚事件，中国网民学会使用网络维护自己的权益，这一年成为新民权运动年；2007 年，网络公民社会崛起。从这一年起，人民网舆情监测室连续关注、分析和引导中国网络舆情的发展，不断努力建构“网络公共领域”。

统观 2007—2011 年度 20 件网络热点事件舆情，可以发现既关注天下大事，又关心生活琐事；既关注正面事件，积聚正能量，又关注负而事件，批判恶势力（见表 3 - 1）。网络舆论成为社会舆论中最敏锐的部分，成为推动国家和社会发展的基本动力之一。

笔者发现，五年来，网民关心的重要事件，涉及民生、民权、民主等关系网民利益的问题，涉及嫦娥一号奔月工程、奥运会、汶川地震、世博会、神舟八号等国家重大事件，涉及食品卫生、生产安全、慈善公益等问题，涉及房地产、股市、汽油价格等问题，全面真实反映了社会发展过程中的种种问题。

表3-1　2007—2011年度20件网络热点事件舆情统计

	2007年	2008年	2009年	2010年	2011年
	事件/话题	事件/话题	事件/话题	事件/话题	事件/话题
1	华南虎事件	房地产市场降温	湖北东县邓玉娇案	腾讯与360相互攻击	“7·23”动车追尾
2	“5·30”股灾	中国股市持续低迷	重庆打黑风暴	上海世博会	佛山小悦悦事件
3	山西黑砖窑	拉萨骚乱中的媒体	云南晋宁县躲猫猫事件	网络红人凤姐	日本9.0级地震
4	重庆钉子户	三鹿奶粉事件	上海交通管理部门“钓鱼”执法	李刚之子校园撞人致死	郭美美事件
5	超女唐笑怒踢武警战士	范跑跑事件	网瘾标准与治疗	富士康员工跳楼	深圳大运会
6	南京彭宇案	北京奥运会开幕	强制安装绿坝软件起争议	袁腾飞言论惹风波	利比亚政局
7	猪肉涨价	华南虎伪照被揭穿	杭州市飙车案	北京查封“天上人间”	药家鑫案
8	国家药监局局长郑莜庚案	王石捐款言论风波	吉林通铁钢暴力事件	郭德刚弟子打记者事件	乔布斯去世
9	汽油价格上涨	杨佳袭警	长江大学三学生舍身救人	唐骏学历门	上海地铁追尾
10	嫦娥一号奔月工程	刘翔退赛	央视曝光谷歌涉黄	宜黄强拆自焚事件	各地房产限购
11	人民币升值	雪灾中的春运	河南农民工开胸验肺	方舟子遇袭	抢盐风波
12	五一长假取消利弊之争	香港艳照门事件	贾君鹏红遍网络	张悟本涉嫌虚假宣传	免费午餐
13	太湖蓝藻	圣火受阻与抵制家乐福	郑州市副局长“替谁说话”	各地校园袭童案	李娜法网夺冠
14	中国选秀末年	哈尔滨六警察打死人	昆明“小学生卖淫案”	安阳曹操墓真伪之辨	神州舟八号升空发射

续表

	2007 年	2008 年	2009 年	2010 年	2011 年
15	北京纸包子事件	许霆 ATM 款案	成都“6·5”公交车燃烧事件	山西问题疫苗	钱云会案
16	广州警察开枪打死副教授	瓮安事件	河南灵宝市跨省抓捕王帅案	商丘赵作海冤案	故宫失窃系列事件
17	手机单向收费	红十字会善款使用问题	99%访民“精神病说”	王家岭矿难救援	上海染色馒头事件
18	新世界七大奇迹	温总理在汶川地震中	罗彩霞冒名顶替上大学	谷歌退出中国	刘志军贪腐案
19	牙防组	国家哀悼日	贵州习水县嫖宿幼女案	唐家珍自焚	双汇瘦肉精事件
20	晒工资风行网络	地震中校舍倒塌	湖北石首市骚乱	部分地区罢工	微博打拐

资料来源：本表根据人民网舆情监测室祝华新等人发布的 2007—2011 年《中国网络舆情分析报告》汇编。

(二) 打通两个舆论场

1. “塔西佗陷阱”

新华社前总编辑南振中很早就注意到，当下中国客观存在两个舆论场。一个是党报、国家电视台、国家通讯社等“主流媒体舆论场”，忠实地宣传党和政府的方针政策，传播社会主义核心价值观；另一个是依托于口口相传特别是互联网的“民间舆论场”，人们通过微博客、BBS、QQ、博客等传播信息，针砭时弊，品评政府的公共管理。①

在周正龙事件出现以后，网民编造了一个成语叫“正龙拍虎”。它的释义就是：某人或某集团为利益所驱动而做假，被揭穿后还不承认，导致社会公信力缺失。

祝华新等人指出，在应对互联网舆情时，有些地方政府和部门在面对网络群体性事件时打官腔、拖延、瞒报的习惯动作仍时有出现，侥幸地希望通过“拖、压、捂、盖”等方式蒙混过关。2008 年年初，南方冰雪灾害引起铁路客运阻塞，面对来自各方的批评质疑，铁路部门不断以

① 祝华新：《到了用网络倒逼改革的时候了》，《中国青年报》，2011 年 7 月 25 日。

"官腔"回应，引起广大网民强烈不满。山西临汾市襄汾县的尾矿溃坝事故，以及河北石家庄的三鹿集团奶粉事件发生后，相关地方政府甚至国家有关部门一度企图隐瞒真相或者应对冷淡，也造成了严重的不良社会影响。①

近年来年轻干部晋升，即使被证明符合组织程序，也经常受到网民质疑。浙江省委组织部长在微博上感慨，政府部门陷入"塔西佗陷阱"，即"一旦失去公信力，无论说真话还是假话，做好事还是坏事，都会被认为是说假话、做坏事"。②

祝华新等人认为，2011 年，主流媒体舆论场和民间舆论场的差距不断拉开。面对诸多社会热点问题，网络舆论"愈战愈勇"，影响社会人心；而主流媒体屡屡"失明"、"失语"，失去人心。"自为"的民间舆论场，时现乱象，网上谣言满天飞，哀伤太多，戾气太重；"自律"的官方舆论场，趋于自我边缘化，政府的公信力持续流失而致贫血。

祝华新等人认为，两个舆论场的分离主要有三个方面的原因。第一，在突发公共事件发生之初，官方反应迟缓，新闻发布没几句实话，反而指责群众"不明真相"；第二，在事件发展演变过程之中，有些官员总是试图以封堵信息甚至抓捕网民的手段，来打压或控制民间舆论场；第三，在事态平息后，没有痛定思痛，反躬自省，认真修复制度的漏洞。而平时，官方媒介对群众关注的问题不够关注，正面宣传流于"自说自话"，甚至"自娱自乐"。③

祝华新指出，克服"塔西佗陷阱"，打通两个舆论场，必须做到两个方面：一方面，要少用封堵权，充分保证网民的表达权，认真倾听网民心声，真诚维护网民权利；另一方面，积极引导舆论，要增强话语权，增强公信力。

---

① 祝华新、单学刚、胡江春：《2008 年中国互联网舆情分析报告》，http：//yuqing. people. com. cn/GB/209170/index. html.

② 祝华新：《破解"塔西佗陷阱"的舆论怪圈》，2012 年 6 月 27 日，http：//yuqing. people. com. cn/GB/209170/index. html.

③ 人民网舆情监测室：《人民网评：打通"两个舆论场"》，http：//opinion. people. com. cn/GB/15119932. html.

2. 权力的软化

在网络社会，领导者如何才能提高领导力？

在绪论中，笔者申明了约瑟夫·奈的灵巧领导理论。领导者既要有充分的硬权力，又要有足够的软权力，还要善于根据环境智慧地使用软、硬权力。所谓硬权力，就是硬性命令式权力，诸如军事和经济等具体资源相关的权力，威逼利诱；所谓软权力，就是软性同化式权力，诸如信息和文化等抽象资源相关的权力，说服吸引。所谓灵巧领导力，就是根据环境情况恰当地选择使用软、硬权力。

蔡文之认为，随着微博等媒体工具的广泛应用，在权力研究领域形成了新概念。权力来源不仅包括物质资源，而且包括信息资源。由于领导权力中信息权力的比重越来越重，领导权力越来越“软化”；由于信息与物质结合起来，越来越“物化”，也越来越“硬化”。与传统的硬权力相比，信息化的软权力正变得更为重要。

而且，由于互联网已经成为各种思想观点的集散地，意识形态和“民心”的作用在全媒体格局中日益放大。这种软权力正在与非国家行动者融合在一起，与数量庞大的普通网民融合在一起，在成为超越硬权力的新权力。①

在网络平台，领导者首先要认识到信息传播的“弱效果理论”规律。一般来说，网络宣传可以强化公众原来的偏好，但是并没有而且也不能够改变它们。鉴于此，提升领导权力，需要进一步改进硬性管理方法，同时需要更多地柔性管理。领导者需要研究运用“网言网语”，遵循媒体规律，潜移默化地影响新媒体，实现宣传目标。

祝华新指出，在突发事件应对中，上海市委书记俞正声提出的“速报事实，慎报原因”法则，人民网舆情监测室概括的“黄金4小时”法则，公安部提出的“慎用警力，慎用警械武器，慎用强制措施”原则，云南省委宣传部提出的慎用群众“不明真相”、“别有用心”的提法，社会学家单光鼐提出的党政一把手到群众中听取意见、不要把警察推在

① 蔡文之：《网络传播革命：权利与规制》，上海人民出版社2011年版，第15页。

“前边”的建议，都有利于化解民众对峙情绪，以和谐而不是高压来缔造稳定。[①]

实际上，我国党政领导者，是具有灵活领导力的，是深谙刚柔相济的领导之道的。例如，昆明市委书记仇和认为：“在经济全球化、信息网络化的今天，现代传媒已经成为一种重要的公共力量，一种能够影响社会的软权力，具有其他力量所无法望其项背的魔力，没有人能回避这种力量。”[②]

3. 共享话语权

建立政府公信力，需要党委政府尊重网民，共享话语权。领导者要把互联网作为“社会管理创新”的舞台和推手，建立舆论引导的“统一战线”，发挥新闻媒体、公众人物、理性网民骨干等方方面面的积极作用，形成积极向上的主流声音，“最大限度激发社会活力，最大限度增加和谐因素，最大限度减少不和谐因素”。

第一，党委政府要积极与公众沟通。在突发事件中积极发布真实信息，没有真相就没有谅解；触摸民意脉搏，从群众立场出发体会网民疾苦，关心网民痛痒；抛开熟悉“官话”，熟悉网民的“网话”；新闻发布中不要违背经验常识，不要“侮辱网民智慧”。

第二，主流媒体要贴近实际、贴近生活、贴近群众。从基本事实的认定到价值判断，乃至话语方式，都要适应网民的需要和习惯。主流媒体要积极与网民坦诚交流，形成共识。

第三，网民保持理性表达和有序参与。“意见领袖”谨慎地用好“拇指话语权”，不失语也不妄言，以法律、良心和专业精神为边界，勇敢而理性地为社会代言，共同建设网络公共领域。“意见领袖”致力于打捞“沉没的声音”，警醒政府和社会，同时坚定地维护有序政治参与，推动社会和平转型。

---

① 祝华新：《网络舆论倒逼中国改革》，2011 年 10 月 31 日，http：//media. people. com. cn/GB/192301/192359/192370/16080087. html.

② 王林：《仇和指官员面对突发事件“习惯堵压”邀媒体监督》，中新网昆明 9 月 12 日电，http：//www. chinanews. com/gn/news/2008/09-12/1380912. shtml.

第四，建立网络舆论监测与引导机制。各级党委政府普遍把网络舆情监测、突发事件应对、公共关系管理乃至微博使用列入领导干部的必修课；认真反映和倾听民意，化解民怨，疏通和激活体制机制，引导网民放松神经，是减少对抗性社会舆论的关键。[①]

（三）网络舆情分析

在微博时代，掌握网络舆情，领导者亲自上网尤为重要，不仅浏览热点新闻，而且经常登录本地的各种论坛和贴吧，做到“重大舆情半小时掌握”。更进一步，领导者还要建立舆情监测部门，也可以联系专业机构进行舆情监测，实行“全天候、全方位、全覆盖”舆情监测。一般来说，网络舆情分析工作包括了监测、研判、预警和评估四步工作。

第一，舆情监测。在正常情况下，由专门工作人员进行常规监测，主要对重点新闻网站、重点论坛、重要微博进行监测。遇到重大突发事件时，积极加强力量，进行 24 小时全天候工作、全网抓取、语义分析和人工判别，旨在第一时间发现问题。监测渠道应尽可能包括微博、新闻、论坛、博客、贴吧、WIKI（问答）、视频等。在监测过程中，尤其要关注微博信息。因为有些微博平台的内容是无法被搜索引擎抓取的，从而确保重点监测不“掉链”、重大舆情不“漏网”。

舆情监测既需要人工进行重点监测，又需要专业工具实时监测。一般来说，网络舆情监控系统，包含网页内容的自动采集处理、敏感词过滤、智能聚类分类、主题检测、专题聚焦、统计分析等服务功能。各级政府根据本地情况设定重点关键词，同时根据事件或项目需求调整监测范围。

舆情监测要关注网络意见领袖。要关注本行业、本地区，以及相关行业和地区的意见领袖，及时了解其主要言论和最新言论。对于由意见领袖所产生的负面效应，需要及时化解，防止因其强大的影响力使负面信息迅速蔓延而引发危机。

---

① 李卫柠、窦含章：《微时代，危处理》，中共中央党校出版社 2011 年版，第 130 页。

监测工作的结果通常可以分为两种形式进行上报，一种是监测日报，每天早上8点上报前一天舆情监测监测结果，每天下午5点上报当天舆情监测结果；另一种是突发事件专报，即如遇突发事件，需要实时监测和上报，让相关方面掌握网络舆情，更有针对性地采取正确应对措施。

第二，舆情研判。网络舆情研判是一项复杂和难度较高的工作，一般要建立“三结合”工作模式，即定性与定量、软件与人工、分析师与专家会商相结合。舆情研判人员需要随时随地地掌握网络舆论，对搜集到的微博、新闻、论坛、博客、贴吧等信息进行整体分析与判断，挖掘信息背后可能存在的潜在价值，研究舆论热点和媒体关注焦点，并预测未来可能的舆情热点分布及舆论走势，为下一步危机的应对做好充分的准备工作。对舆情信息进行分析研判，找准炒作焦点，掌握关注热度，是成功应对处置的前提。

第三，舆情预警。负面不等于危机，相关领导干部不能“谈负面色变”，更不能看到日常网络负面信息就当作突发事件来应对。否则，会在人力物力财力上造成极大的耗费，而且应对效果不佳。政府部门根据监测到的网络舆情负面信息，建立红、橙、黄三级预警机制，每种预警级别设置与其相对应的应对原则与应对措施。达不到预警级别的网络舆情负面信息可作为日常负面信息进行应对。

第四，舆情评估。一般来说，舆情评估包括事发前、事发中、事发后三个阶段的评估。事发前的评估主要目的和作用是对未来事态发展做出初步预估；事发中的评估主要是为了解决事发过程中采取的应对措施是否有效，哪些地方还存在不足，或没有达到预估的效果；事发后的评估主要是为了解决相关政府部门形象受损的问题和如何进行恢复的问题。而且，一定要进行量化评估，而不只是定性的评估，如此才能保证评估的科学性。评估舆情时，要有数据有结论，有图有真相。

（四）网络舆论引导

2011年2月19日，胡锦涛总书记在“省部级主要领导干部社会管理及其创新专题研讨班开班式”上指出，“要进一步加强和完善信息网络管理，提高对虚拟社会的管理水平，健全网上舆论引导机制。”在价值多元、思潮多变、观点多样的信息网络社会，领导者要把社会看作有机的整体，善于把握社会发展的“脉络”和“穴位”，找到官民对话和互动的途径和方式，为社会找到“疏通民意”的疗法。①

1. 用好微博

李卫柠和窦含章认为，随着微博的普及，舆论引导的前沿阵地由传统媒体及互联网新闻、论坛、博客、贴吧等重点延伸或转移到微博阵地。舆论引导的内容形式，也由原来的新闻通稿或长篇大论式的深度评论性文章延伸到140字的微博体，因为微博的兴起标志着新闻通稿时代的衰退或终结，新闻通稿已经成为微博中的延伸阅读。

李卫柠和窦含章认为，微博舆论引导的话语，需要向个性化表达方式转变，切忌打官腔说官话，尤其是要体现以人为本，体现人文关怀，给予网民温暖和信心。舆论引导的速度也要在开通官方微博后转向以秒计或以分钟计。当然，舆论引导需要发挥微博名人、意见领袖的作用。②

2. 全媒引导

全媒引导，首先是微博和新媒体引导，然后是传统媒体深化报道，最后实现全媒体协同。当舆情发生之后，相关部门需要在第一时间利用微博进行回应，通过官方门户网站、媒体网站等网络媒体尽快发布权威信息，阻止虚假消息蔓延，消除网民疑惑。随后，利用主流媒体资源，通过主流报纸、广播、电视深入报道事件发生的背景、原因等，告知公众事件的详细过程、调查进展，赢得舆论引导主动权。

李卫柠和窦含章指出，对于灾害事故等突发事件，以及特别重大的社会危害性事件，还可与本地移动通信运营商合作，通过政府短信等形式，直接将信息传递到公众手中，实现更大范围的信息覆盖，从而提高

---

① 祝华新、单学刚、胡江春：《2010年中国互联网舆情分析报告》，http：//yuqing.people.com.cn/GB/209170/index.

② 李卫柠、窦含章：《微时代，危处理》，中共中央党校出版社2011年版，第133页。

传播效率，稳定公众情绪。[①]

国务院新闻办总结近年来突发事件的经验教训，提出以“四讲”为核心的突发公共事件舆论引导策略。

（1）尽早讲。尽快抢占信息发布制高点，第一时间表明对事件的态度及应对措施。

（2）持续讲。不断向公众披露事件最新进展情况。

（3）准确讲。发布信息真实全面，尤其注意关键细节的发布，争取公众的认可。

（4）反复讲。对于已经发布的信息要从不同的角度在不同媒体上多讲，告知广大网友。

3. 全员引导

沈健认为，面对网络舆情尤其是重大舆情时，最好进行全员舆论引导。有些组织遭遇的危机事件源自组织成员在私人微博、社区论坛等社会化媒体阵地中的爆料。有些成员的微博经过实名认证之后，积极发布帖子，扩大影响力。但是其不当言行，被媒体放大后，遭到网民的炮轰，为组织带来了巨大风险与损失。有些成员甚至对组织的内部业务会议进行微博直播。为了规避这些风险，组织有必要“约法三章”，告诉大家在新媒体中什么内容可以说，什么内容不能说。

一般来说，“约法三章”主要包括三个方面。第一，禁止泄露组织机密，包括新产品机密信息、市场销售信息，公司内部高层会议决议；第二，不得损害组织形象，不准抱怨工作或发牢骚；第三，不准为组织添麻烦，包括不准使用低俗用语，不准发布涉及种族、宗教等话题。一旦发现有类似行为的组织成员，轻则处罚，重则解雇，直至追究法律责任。

4. 共同把关

网络媒体中是否还存在“把关人”？一般来说，在网络传播中，尤其是微博迅速普及以来，网民总是想方设法绕开各种障碍，发布和搜索

① 参见李卫柠、窦含章：《微时代，危处理》，中共中央党校出版社2011年版，第135页。

信息，网络“把关”作用在一定程度受到削弱。如果从网民与政府对立的角度来看，政府失去了部分微观的把关权；如果从网民与政府合作的角度来看，政府扩大了把关权；如果从网络领导角度来看，政府、媒体和网民共享话语权，共同把关。

首先，政府把关，在协同把关中处于主导地位。政府在整个网络传播环境中控制特定内容的传播，对网络新闻的内容来源与导向进行把关。在国内领域，政府既可以通过使用技术手段进行控制来实现把关，例如“封杀”某些网站或者设定某些过滤词来限定内容，也可以通过扶持重点网站来贯彻自己的意图。在国际领域，政府通过加强基础设施建设，推动本国所处国际网络中的信息传播，改变本国所处的不利地位，从而使网络中本国的声音得到加强。①

其次，网站把关，在协同把关中处于执行地位。网站把关是一种微观层面的把关，通过对网络内容的选择、加工、结构安排等来完成对内容质量的把握，实现对公共议程的设置，同时也借此来实现网站的定位目标。

再次，网民自我把关，在协同把关中处于基础地位。在网络时代，网民既是信息消费者，又是信息发布者。由于网民发布了海量信息，政府监管是十分困难的。因此，必须依靠网民的自我约束。政府把关、网站把关与网民自我把关，三者缺一不可，而网民自我把关处于基础地位。

（五）政府网络发言

1. 广东省工商局网络发言人的启示

2009 年 8 月 3 日，针对反映韶关工商局“涉嫌滥用职权”的网帖，胡燕妮在奥一网网络问政平台上回复网友疑问，使用了“广东省工商局网络发言人”这个网名，并在省工商局日后的网帖回复中持续保留使用。此次回复，成为广东省乃至全国范围内，政府职能部门网络发言人

---

① 彭兰：《网络传播学》，中国人民大学出版社 2009 年版，第 374 页。

的首次“发声”。

广东省工商局“网络发言人”并非是一个工作人员，而是一个完整的团队。团队由省工商局副局长彭海斌牵头管理，胡燕妮进行工作联络，办公室的其他人员也参与到网络信息的收集、整理、汇报、交办、回应等各个环节中来，力图做到对网民的回复“件件有落实，事事有回应”，不让网民放“空炮”。①

2010年10月12日，广东省外宣办积极与有关省直单位沟通协调，进行专题调研，探索建立完善“网络发言人”制度，要求网络发言人定期收集处理本单位网站和人民网、南方网、奥一网上留言板或问政平台上网友的留言。有关单位也高度重视，认真落实，按照“网络发言人”工作的制度化、常态化、实效化的要求，积极组建“网络发言人”工作团队，迅速公布“网络发言人”联系方式。一般问题的回复是3个工作日，重大疑难问题是7个工作日。

2. 制度建设

在网络问政越来越成为政府转型的重要路径时，政府越来越需要与广大网民进行及时有效的互动沟通，政府网络发言人便在传统的新闻发言人的基础上应运而生。与领导在线交流、官员电子邮箱等其他政府网络民意沟通渠道一样，网络发言人从本质上说也是一种政府对网络舆情的反应机制。政府网络发言人作为政府网络传播活动中的主体，具有三个方面的特征，即政府的网络代言者、网络问政的承接者和政府网络形象的塑造者。②

网络发言人的设立，是政府网络问政的方式之一，是政府及时引导网民、披露真相、解决问题的积极尝试，是我国民主政治发展在网络上的新体现。网络发言人的设立，是新闻发言人在互联网空间的延伸和拓展。③

---

① 本案例根据《网上直面群众政府不再躲猫猫》（熊薇，《南方都市报》，2010年1月14日）撰写。

② 曹劲松：《政府网络发言》，江苏人民出版社2012年版，第7页。

③ 参见百度百科《网络发言人》。

曹劲松认为，与新闻发言人制度相比，网络发言人除了在政府新闻资讯的及时供给上与新闻发言人共通共融之外，其在功能定位上更加注重政府与公众之间的网络互动。一方面，政府网络发言人根据不同网民的具体信息诉求，提供相应的政务信息和相关问题的解释，使网民获得自身想要得到的政务资讯；另一方面，网络发言人就网民提出的具体意见和建议进行回复，针对具体问题和不同人群的观点进行交流讨论，使政府的思路、决策和工作措施能够为更多的网民所理解、认同和支持，特别是对于持不同意见和观点的网民也能给予一种理性说明和情感回馈。因而，网络发言人是新闻发言人制度的有益补充，它比新闻发言人更能够保障政府与网民的实时交流与沟通，进而提高政府的公共服务水平，也为政府树立起良好的服务形象。

曹劲松认为，网络发言人不是政府与网民开展网上信息交流的“摆设”，而是政府与网民之间双向问政的网络通道。建立和完善网络发言人的效能保障体系，就成为网络发言人工作机制成败的关键点。

（1）从满足网民知情权、实现政府与公众双向互动的信息交流立场出发，解决好政府信息的收集、组织、授权与发布问题。无论从某一级政府还是其组成部门来讲，政府信息都是散布于各职能机构乃至官员个体中间的，网络发言人要及时向网民提供政府信息，必须有相应的组织支撑和制度支撑解决信息源问题。同时，网络发言人在获得了信息源之后，还必须经过所在组织授权，才能进行网络发布。

（2）从满足网民参与权、吸纳网民建议与落实相关工作出发，解决好信息互动与工作互动的衔接问题。当下，对政府信息中的“被”现象的质疑常出现于媒体报道和网上舆论，如收入“被提高”、房价“被下降”、生活“被小康”等，突出地反映了媒体和网民对政府说与做、名与实、绩与效不一致的监督与批评，如不加以有效克服和解决，必然对政府公信造成伤害。网络发言要注意处理好一般面上信息概述与个案矛盾信息翔实的关系，处理好正面个案信息支撑与负面个案信息解构的关系，处理好信息即时生成披露与实事进展信息变化的关系，处理好网民意见汇集与取舍平衡最终采纳的关系。

（3）从满足网民表达权、畅达民意诉求与反馈政府意见出发，解决好政府观点阐释与网民意见交流的问题。[①] 网络发言人要注重发言的平等性，尊重网民的信息权和发言权，任何居高临下的说教或训斥都无法在网络传播中取得预期效果。网络发言人只有与网民实现良好的意见交流，才能使政府观点更好地被网民接受，并借助网络平台形成传播效果。网络发言人必须摆正政府观点、自身观点、网民观点三者之间的位置，以及网民内部不同观点间的位置，善于与不同的意见主体进行沟通，善于在不同的观点和意见之间寻求共鸣与平衡，善于将政府主导意见建立在网民意见讨论的基础之上，引导网上舆论方向，促进网上舆论和谐。

（4）从满足公众监督权、督促政府职能部门及官员的履责出发，解决好信息答复主体与明确的问责对象问题。从网络发言人实践效果看，网民意见最为集中的意见是“答复的不管事，管事的不答复”。政府要解决“说”与“做”相一致的问题，必须明确责任主体，并将其置于网络的公开监督之下。因此，要建立政府工作的网格化责任分解体系，将纵向与横向的工作责任主体加以明确，并通过网络发言平台交由公众监督。

3. 网络发言艺术

网络发言人在网络发言时，要坚持职务行为、保持主动地位、勇于负责的精神，必须充分了解自己应该掌握的有关信息，与多元主体良性互动，逐渐成为网络意见领袖。曹劲松认为，网络发言人需要掌握五种基本的网络发言原则。[②]

（1）早说话，说真话，在发布过程中建立公信力。网络发言人必须及时、真实、准确地披露群众关心的事件消息，才能正确引导舆论。第一时间的发布或回复是一种姿态，告诉网民政府已经关注此事。特别是应对突发事件时，不能等到原因、结果和问责等所有细节都清楚了再发

① 曹劲松：《政府网络发言》，江苏人民出版社 2012 年版，第 38 页。
② 曹劲松：《政府网络发言》，江苏人民出版社 2012 年版，第 21 页。

布信息，让网民以为政府知情不报、推卸责任，而是要掌握多少发布多少，多说现象，少说原因，慎下结论。网络发言人在与网民交流的过程中，有一个原则需要特别强调，即不说假话！全国政协副主席、国家审计署前署长李金华在《我与审计风暴》一书中认为，他一生中感到最欣慰的一条就是：不说假话。“宁可不说话，绝不说假话”，应当成为每一个网络发言人任何时候都必须坚守的原则，即使网络发言人所代表的机构授权发布不真实、不可靠的信息，网络发言人也要守住这一底线。①

(2) 做实事，做好事，在行动中提升服务力。在网上和网民交流，听取网民的意见呼声，如果仅仅局限于听的层面，没有实实在在的行动，这样的“听”并不是网民真正需要的。网民主动在政府网站发帖或与网络发言人交流，不是单纯想表达诉求或发泄情绪，更多是想反映和解决实际问题。网络发言人必须想网民所想、急网民所急，真正为网民办实事、做好事，真正做到为人民服务。

(3) 尊重人，善待人，在交流中增强亲和力。网络发言人与网民“零距离”的沟通交流，可以让政府更加深入社会，深入了解复杂的社会心理和社会矛盾，也让普通网民觉得受到尊重，主动了解政府的工作。双方在沟通交流中增进理解和感情，共同完善政府举措，改进政府工作，构建和谐关系。特别是物价、民政、税务、工商等直接服务网民的窗口部门，可以通过网络发言打破以往政府神秘和高高在上的刻板形象，加深网民对政府的信任与理解。

(4) 多接受监督，多解释法规，在反馈中提升沟通力。虽然关门自省也能改进工作，但是会被网民认为态度不谦和，工作不到位。开通网络问政、发言人论坛、政务微博等网民意见反馈渠道，实际上就是开通了网络举报平台，增强与网民的互动，主动为网民提供便捷的批评和监督举报方式。网民的合理诉求，可以立即给予解决；一时不具备解决条件的，可以积极创造条件；不符合政策法规的，可以有针对性地做好解释工作，让网民满意。

---

① 曹劲松：《政府网络发言》，江苏人民出版社 2012 年版，第 99 页。

（5）关注热点，分析热点，在讨论中提升引导力。网络公共话语空间，网民关注的问题很多。网络发言人一是要及时发现网民关注的热点问题，做出分析研判。对于涉及自己所在部门的工作，容易形成网络热点的话题，要积极参与讨论，加强和网民沟通，提供可以帮助网民做出正确判断的信息和意见。二是要主动引导网民的讨论，而不是给出结论。如果将一个已经形成的定论灌输给网民，结果往往适得其反，网民会千方百计挑刺和否定。让网民参与热点问题的讨论，有助于引导他们形成共识，并提高分析辨别能力。

三、领导网络形象与网络魅力

在信息网络社会，领导形象主要由民主、亲民、公开和专业四要素决定。领导印象则是由领导者和网民共同决定的。领导者必须学会网言网语，学会与网民互动，才能树立领导形象，提升领导魅力。

（一）领导形象要素

1. 民主要素

网络社会就是民主社会，就是“人人参与”的公民社会，领导者必须树立民主意识，树立民主形象。领导者需要顺应网络民主发展的特点和规律，正确看待和推进网络民主建设，努力构建充满活力、和谐有序、建设性的网络民主平台。

首先，领导者要以开放的态度去看待和推进网络民主。看待网络民主，不能采用封闭的视野、僵化的思维和单纯强制的管理方式，而要有开放兼容的思想理念，允许探索，允许失败，甚至允许犯错误，让各种网络现象、网络意见和网络事物在相互对比、充分竞争中发展，从而让代表网络社会进步的主流力量茁壮成长。

其次，领导者要以平等的心态去看待和推进网络民主。平等是网络社会的价值所在。领导者不能高居于网络社会之上，而要平等地深入网络社会，及时听取网络上的民意反映、合理建议，乃至批评意见，从而汲取营养，改进工作，充分发挥网络民主对公共权力的监督作用，提高科学执政、民主执政、依法执政的能力。

再次，领导者要以法治的理念去看待和推进网络民主。法治是网络社会健康发展的内在要求，所以必须依法治网。对网络社会的管理，要做到有法可依、有法必依、执法必严、违法必究，从而使网络社会在法治轨道上不断发展和完善。①

2007年12月25日，广东省省委书记汪洋在省委十届二次全会上，在近两个小时激情洋溢的讲话中，至少有22次讲到“解放思想”。12月26日，奥一网联合南方都市报推出了大型互动专题“我为广东科学发展建言献策——捎给汪洋书记的话”。2008年2月29日，南方都市报将网上的10篇精华帖子集结成篇，出版专刊，取名为《岭南十拍》。当天恰逢全省领导干部会议召开，汪洋书记在会议上讲，要广泛发动全社会参与解放思想学习讨论活动，充分利用好网络这一新的载体、新的空间时，当场将《岭南十拍》特刊中十拍的主题全都念了一遍。汪洋书记认为，特别是里面的《南粤十一问，个个待破题》所提出的每一个问题，十分切合广东的实际。“我们为广东人民干事，当然要注意广东人民怎么想，就像胡锦涛总书记讲的那样，要让人民群众有知情权、参与权、表达权、监督权，这样才能保证我们最后破解科学发展难题，拿出的举措是科学的。”②

2008—2012年，汪洋书记连续给广东网民朋友拜年，鼓励网民对于共同关心的话题一起“灌水”，对于党和政府工作和决策中的不完善之处“拍砖”，呼吁广大网友“顶”起一个富有建设性的网络社会。他真诚希望广大网民朋友“手握鼠标，胸怀天下”，尽情挥洒才华，充分展示睿智，继续对广东发展话题“打好铁”，对广东民生热点问题“织围脖”，对广东工作中的不足“拍大砖”。

汪洋书记希望广大网民继续发挥“思想活跃、理性务实、敢说真话、热情参与”的优良传统，积极争当“智多星”，共谋“金点子”，提高“网

---

① 汪洋：《顺应网络规律，构建网络民主平台》，http：//news. xinhuanet. com/newmedia/2008-04/25/content_8048908_3. htm.

② 田霜月：《汪洋：〈岭南十拍〉，拍得不错》，《南方都市报》，2008年3月15日。

智”水平，当好“网参”角色，加强“网德”修养，做传播先进网络文化的阳光“达人”和快乐“潮人”，为广东社会发展增添生机和活力。

2008—2010年，汪洋书记连续三年主持网民朋友见面会，分别就“广东科学发展”、“贯彻《珠江三角洲地区改革发展规划纲要》”、“广东建设文化强省”话题进行交流和讨论。2011年，汪洋书记和部分省委常委以“共议社会建设 助力幸福广东”为主题与网友在线交流，汲取网民的智慧。

2012年5月14日，在第十一届中共广东省委常委任职履责的第一天，汪洋书记就率领新的班子成员与网友进行在线交流。这一方面表明省委常委与网民的互动正在向制度化的方向发展，另一方面也说明它已经成为省委领导集体的共识。其中，汪洋书记再次表现了网络领导者的意识和态度：

> “我每天都看新浪微博的留言，而且我经常能看到批评我的留言，当然这也可以理解，我们是执政者，我们是公仆，主人说仆人两句好像也有合理性。”
>
> “当然，我也说老实话，主人说公仆，有的说的是对的，有的说的是错的，我也没准备申辩。”
>
> “即使听到一些批评我们的声音，也可以使我们更加清醒。我觉得主要是示范的作用。我们这几年连续和网民在线互动，还是有效地推动了广东网络参政议政这个建设，广东的各级党委政府和领导干部越来越多地通过网络来征询民意、推动工作、实现科学决策，我觉得这是非常值得鼓励的事情。”

2. **亲民要素**

网络社会是平等链接的社会，“人人”之间是互相亲近的关系。领导者应该主动亲近人民，才能为人民所亲爱。胡锦涛总书记在“七一”讲话中一再阐明“人民至上”的观点，强调“只有我们把群众放在心上，群众才会把我们放在心上；只有我们把群众当亲人，群众才会把我们当亲人”。亲民，就是“亲近爱抚民众”。《管子·形势解》：“道之纯厚，遇之有实，虽不言曰‘吾亲民’，而民亲矣。”亲民，就是要把人民当作自己的亲人，当作自己的友人，当作自己的贵人。

2010年年底，新华社举行“中国网事感动2010”年度网络人物评选活动。在贵州毕节卖羊肉串的新疆人阿里木，8年来把卖30多万串烤羊肉串赚的钱中的10多万元钱捐助给毕节当地的贫困学子。这种行为感动了新疆维吾尔自治区区委书记张春贤，决定“顶阿里木兄弟一票”。正是张春贤书记的带动，阿里木最终以20多万张的高票当选年度人物，成为让新疆人民为之骄傲的“烤羊肉串的慈善家”。

2011年1月20日，阿里木回到了阔别已久的家乡。张春贤书记一见到阿里木，两人就像久违的兄弟般行拥抱礼。两人不仅聊起了阿里木当年在南疆当兵时的情景，还谈到他在贵州毕节刚起步摆烤肉摊的情况。在得知阿里木单身一人时，张春贤书记说：

> “我代表我的家人，拿出一万块钱送给你，但这不是给你用的。这其中的5 000元给你的妈妈，因为她很了不起，带我向她问好。如果下次去和静，有机会我一定去看看她。我要告诉她，她培养了一个好儿子，是个草根英雄。另外的5 000元钱，是留给你未来的对象，谈了恋爱、稳定下来，把这5 000块钱给她，让她好好支持你的工作。”

无微不至的关心让阿里木非常感动，他说：“我有一个小小的要求，想和你变成兄弟。”张春贤书记非常高兴：“我在作批示的时候就已经说了，我顶阿里木兄弟一票。”阿里木激动地说：“那我就喊你哥哥了。”“对，我就是你的书记大哥。”张春贤书记叮嘱阿里木：“记得找到对象带来给我看看”。最后，张春贤书记还送给阿里木兄弟一件衣服。[①]

2012年2月7日上午，张春贤书记特意来到阿里木的家乡——和静县乃门墩乡古尔温苏木村，登门看望“好兄弟”阿里木的67岁母亲托乎提汗·纳斯尔。张春贤书记给托乎提汗带来一件礼物——一座毛主席

① 周曼：《张春贤接见阿里木，两人拉钩盖章结兄弟》，2011年1月21日，http://news.xinhuanet.com/politics/2011-01/21/c_121008834_2.htm.

与库尔班·吐鲁木大叔亲切握手的铜制雕塑。托乎提汗激动地说："您关心我们大家，为群众办好事，您就是新疆的'儿子娃娃'！"

邓小平有句名言："世界上的事情都是干出来的，不干，半点马克思主义都没有。"自2010年主政新疆以来，张春贤"柔性治疆"，顺应民意，果断地重启互联网；从"零就业"家庭"清零"、安居富民、定居兴牧到提高贫困人群收入、在全国率先实现全区养老全覆盖；从主动为民工讨工资到解救流浪内地的新疆籍儿童等，一系列务实的民生工程正逐步展开。张春贤初步缓和了"7·5"事件后紧张的民族关系，赢得了新疆各族人民的尊重，成为人民心目中的"亲民书记"。①

3. **公开要素**

网络社会是开放的社会。自《中华人民共和国信息公开条例》颁布实施以来，公开已经成为政府和官员的义务。领导干部要适应形势，需要主动公开。公开是个法宝，不仅可以赢得公众的理解与信任，而且可以赢得公众的帮助与支持。

"公开"是蔡奇始终坚定追求的东西。从作为九届人大代表领衔提议制定政府信息公开法，到台州建好大政府信息网，……直至今天省党代表列席省委组织部部务会，省市县三级组织部开通官方微博，带动2万余名干部上微博，这些都是对公开的探索进程。"公开是理念，公开是原则，公开是机制，公开是考验，公开要有信心，公开要带头。"蔡奇认为："公开是个好东西"。②

2010年2月，从杭州市长调任浙江省委组织部部长，蔡奇做的第一件事情，就是把组织部的大门打开。蔡奇把自己的电子邮箱通过《浙江日报》向社会公布，同时公布的还有省委组织部14个处室及11个市委组织部部长的电子信箱。蔡奇认为："民主开放是时代的潮流、人民的

---

① 本案例根据《张春贤接见阿里木，两人拉钩盖章结兄弟》（周曼，2011年1月21日，新华网，http://news.xinhuanet.com/politics/2011-01/21/c_121008834_2.htm.）、《张春贤的魅力就是"执政惠民"》（赵艳生：2011年12月17日，华声在线，http://opinion.voc.com.cn/article/201112/201112271105116680.html.）等文章撰写。

② 蔡奇：《玻璃房：蔡奇微博》，红旗出版社2011年版，第3—7页。

期待。组织工作不能关起门来，自搞一套，封闭运行，自我循环。只有不断扩大群众对组织工作的知晓度、参与度，组织工作才能改革创新。”

2010年8月到9月期间，蔡奇将公开的范围扩大到了县级组织部门。浙江90个县区的组织部部长们全部上网“零距离”与网友访谈。省、市、县的100余名组织部部长基本上都“公开”亮相，回答了五花八门的问题，吸引了120万人的关注。

蔡奇认为党建工作也要善于运用网络信息化工具，还提出“玻璃房”和“阳光组工”概念。

> “组工干部要学会并习惯在‘玻璃房’里工作。何谓‘玻璃房’？内涵就是公开透明，外延即大众监督。公开透明是种改革取向，是对权力最有效的约束，是对自己行为最好的矫正，实质上也是一种机制。公开透明看似简单，做起来不容易，是要有勇气的。但必须走这一步，‘阳光组工’是我们的追求”。[①]

在此之前，2007年调任杭州市市长，蔡奇做的第一件事情，就是打开杭州市政府常务会议的大门。从2007年11月14日至2008年10月7日，先后邀请了92位人大代表、政协委员和36位市民代表列席，并通过网上视频直播48位市民与市长的互动交流。这一政务公开曾获得“地方政府创新奖”。[②]

4. 专业要素

网络社会是知识社会，领导者要具备所在工作岗位需要的知识与能力，在专业领域应该是具有较高水平的。领导干部要通过网络讨论专业问题，树立专业形象，引导公众就专业问题进行讨论。从知识经济的视角看，“领导就是服务”，意味着领导是通过知识来提供服务。因此，网络领导者是专业服务者。

广东省卫生厅廖新波副厅长的微博定位是“为医改策论鼓与呼”。长期

① 蔡奇：《玻璃房：蔡奇微博》，红旗出版社2011年版，第8页。
② 鄂璠：《微博官员脸谱》，《小康》，2011年第9期。

以来，无论在博客上还是在微博上，廖新波始终关注医改，讨论医改。“医生哥波子”，已经成为网友心中诠释医改的一个符号。据不完全统计，“医生哥波子”最初发布的3 000多条微博中，超过八成与医院发展和医改政策有关。他始终认为，要坚守公立医院的公益性，从补偿机制、人力资源、人事制度、组织机构等方面彻底改革，医改才会真正有出路。①

廖新波认为，微博是很好的讨论医改问题的公共空间。在微博上，每当廖新波就某个医疗现象发表个人看法时，都会引来或是“政府派”，或是“市场派”，又或是两派都不靠的人一起争论。2010年、2011年连续两年全国“两会”期间，他在微博上开设了“两会”和“两会场外论医改”专栏，在场外围观“两会”的医改话题，引起了不少网友的共鸣。

（二）网络印象模型

1. 微博“蔡式风格”的启示

蔡奇，全国第一位拥有百万“粉丝”的省部级官员，因为创造了微博“蔡式风格”而被网友昵称为“蔡叔”。在早期微博页面，蔡奇提供了自己的基本信息。

2011年1月11日，蔡奇在浙江省组织部部长会议上公布个人微博。“苹果控”、“布尔什维克”、“老童鞋”，这是蔡奇在腾讯微博上给自己贴的标签。蔡奇自称：追求执著坚定，为人诚恳透明，做事低调不扬。

蔡奇是一个真正的微博控。他在微博上自我介绍：“我的数字化生活，全在iPhone手机上。早晨起床后用RSS阅读所订阅的新闻包括纽约时报；上班路上用E-mail收取并回邮件，查阅新京报、华尔街日报；中午看、写QQ微博；下班后用QQ、Skype、Gtalk等与朋友交流；晚上看龙源电子版杂志，在App Store挑选喜欢的应用软件。”②

2011年，除了一月份的5日和8日，二月份的5～8日和10日，蔡奇在微博上从未休过假。从2月11日起，蔡奇坚持每天都发微博，这是蔡氏影

① 鄂璠：《微博官员脸谱》，《小康》，2011年第9期。
② 鄂璠：《微博官员脸谱》，《小康》，2010年第9期。

响力日渐扩大的根基。截至2012年8月18日，蔡奇腾讯微博共有听众6906046人，收听454人，广播6128条，在460天中，平均13.3条/天。

2. 网络印象的七条线索

领导者在网民心中的印象好坏由领导者和网民组成的系统共同决定（如图3-2）。一方面，领导者的真实身份、语言风格和语言内容是领导形象的基础；另一方面，网民对领导者的形象解读是决定领导者印象的关键因素。

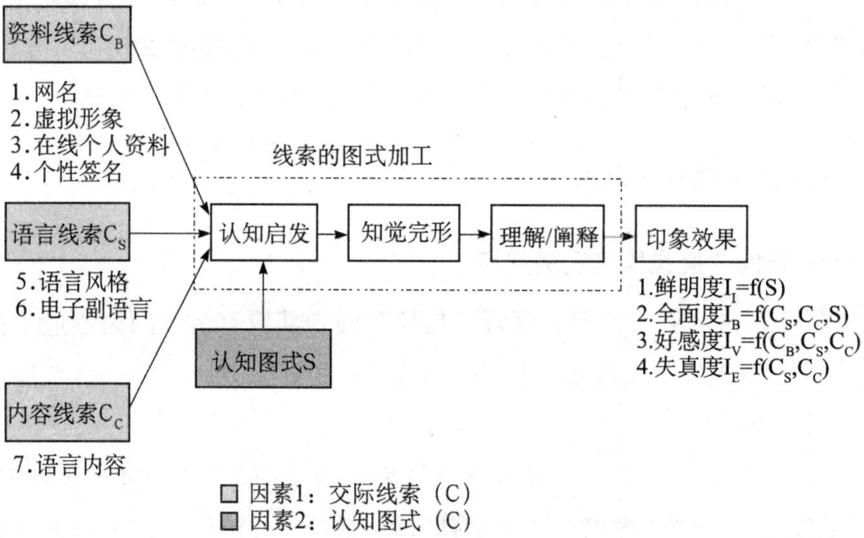

图3-2　网络印象双因素模型

资料来源：张放：《虚幻与现实——网络人际传播中的印象形成研究》，中国社会科学出版社2010年版，第169页。

领导网络印象的效果并非是单一维度的，不是简单的真或假、好或坏、美或丑，而是一个复合的效果。它主要包含了好感度、鲜明度、全面度、失真度等四个维度。①好感度是指网民心目中印象的好坏评价；②鲜明度是指网民心目中各种印象特征的突出程度；③全面度是指网民心目中印象的全面程度；④失真度是指网民心目中印象与真实形象的偏差程度。[①]

① 张放：《虚幻真实》，中国社会科学出版社2010年版，第171页。

为树立美好领导形象，给网民留下美好印象，领导者可以从三类七个方面的线索入手，循序渐进，日积月累，通过持之以恒的努力达到目的。

第一类，资料线索，包括网名、虚拟形象、在线个人资料和个性签名四个方面。这类线索的共同特征是能够提供影响领导形象的一些基本信息。在通常的情况下，资料线索不会发生改变，是较为固定的身份标志。网名是每个网络互动参与者的身份符号，是网络世界一个人区别于他人的标志，包括 ID（身份账号）和昵称。领导者虽然可以采用虚拟形象，但最好采用真实头像。一般来说，微博昵称应该使用实名，头像应该使用真实照片。人们对于实名微博信任度更高，更愿意关注。在线个人资料是供他人查询的资料，通常有性别、年龄、生日、星座、职业、兴趣爱好等。个性签名是固定附着在帖子后面或虚拟形象旁边的文字、图形、图片等，能在一定程度上体现领导者的个性特色，甚至相当于其亲笔签名而起到一种身份证明的作用。在微博中，“个性签名”或者“标签”很重要。微博提供标签搜索功能，当一些话题或词汇出现比较频繁时，便会成为热门话题，获取更多网民的浏览关注。①

为了树立真实形象，领导者最好用实名，用真实相片，亮明身份，赢得信任。2010 年 5 月，蔡奇潜入微博世界，在腾讯用昵称注册，头像最初是一个铅笔素描画，看起来其貌不扬。这个没有进行微博身份认证的“小老头”，悄无声息地进行着自己的网络潜水试验。在开始的三个月里，他的发声根本无人理会，每条微博大概只有两三个人关注，间或有人转发一下。但是，自从他公布真实身份之后，其微博迅速获得更多关注。②

第二类，语言线索，主要包括语言风格和电子语言。语言风格是网络互动参与者在网络交流中所使用语言的结构和形式特征，主要包括用词偏好、句型偏好、标点偏好等方面。电子副语言是指以表情图标为代表的，能对语言的表达效果起到辅助作用的各种符号，包括由标点符号组成的模拟表情等，如故意使用的大小写、错别字，以及 IM 软件和网

① 张放：《虚幻真实》，中国社会科学出版社 2010 年版，第 169—170 页。
② 鄂璠等：《微博官员脸谱》，《小康》，2011 年第 9 期。

络社区自带的表情图标系统，等等。

作为全国首个拥有百万“粉丝”的省部级官员，蔡奇的“说话之道”相当独特。他既说官语，也说网语，既谈政策，也谈感悟，渐渐形成了独特的蔡氏风格。①

蔡氏风格之一是善说网言网语。蔡奇强调说：“官员要‘重新学会说话’，不讲官话大话而讲白话，讲百姓听得懂的话，否则，谁听你的？”在2012年11月11日，蔡奇发布一条微博：“光棍节听到‘脱光’二字不必慌张，那意味着有喜—结婚的意思。还有：初婚的叫‘开光’，二婚的叫‘反光’，离婚的叫‘抛光’，闪婚闪离叫‘闪光’，单身聚会叫‘借光’，四处相亲叫‘走光’，电视征婚叫‘曝光’。今天，不管你‘光’没‘光’，让你也来沾沾‘光’，相信生活总有灿烂的阳光！”

蔡氏风格之二是敢说真话实话。在提倡组工干部开微博时，他说：“既然开微博，就得实名，公开亮自己的观点有何不好？对所写内容则应平民化，不讲官话大话而讲白话百姓听懂的话，否则谁听你的？最重要的是，拉近与网友的距离。毕竟现在不是权势而是粉丝时代。”例如，2012年11月10日，国务院公报微博上线短短几个小时就吸引了十几万粉丝，首条微博已转发超过两万次。蔡奇还是真话实说：“尽管公报微博暂不能评论，仅开通了转发权限，网友还是多有期待，甚至问：‘我可以和总理说话吗？’其实只要走出第一步，一切皆可能。”

蔡氏风格之三是常说心理哲理。蔡奇喜欢和粉丝分享读书体会、阅世心得和人生感悟。在2010年7月23日，蔡奇发布微博：“内心的平和是最有力量的。它心静如水，这是种气度，也是种气质；它平静处事，看似与世无争，其实是保护自己；它以静制动，这是过人之处、能力所在。平和不是与生俱来，要靠修炼。我欣赏那些注意把握自己心迹的朋友，每每反省之时，恰是升华之处。我又欣赏那些熟知历史的朋友，回眸过去，可以走得更远！”在《玻璃房：蔡奇微博》中，蔡奇设有“分享：微思考，微感悟”，与粉丝分享手表定律、懒蚂蚁效应、鲶

---

① 鄂璠：《微博官员脸谱》，《小康》，2010年第9期。

鱼效应、打靶原理、拆屋效应和鳄鱼法则等心得妙理。[①]

第三类，内容线索，就是语言内容。这是决定领导形象最为关键的部分，也是领导者必须长期坚持不断丰富的部分。一般来说，领导者要善用社会热点。热点，拥有相当大的关注度，本身正在被围观、被传播。领导者参与热点问题讨论，与网民共鸣共振，常常能达到事半功倍的效果。而且，领导者要发布更多原创的消息，做一个有思想有特色的微博用户。当然，领导者要多思考工作，多发关于本岗位本专业的内容。还有，领导者要培养随时随地发微博的习惯，尤其是在新闻事件现场，第一手消息最能引起网民关注。

树立领导网络形象，开设微博客，最终决定因素是“内容为王”。在腾讯微博中，蔡奇以平和的姿态走进草根中间，主动、耐心、细致地回答博友们的问题，并对组织工作的相关问题答疑解惑，主动吸取博友的意见建议。除了日常的交流，蔡奇还在微博上推出了“周末夜话”、蔡叔早评、老蔡夜读和黑板报等栏目与网民们进行深度沟通。蔡奇除了以副部级身份与网友平等、亲和、真实交流外，还积极推动各级官员、各部门官方微博的开设，共同打造“阳光组工”品牌，打造了官方与民众公开、直接、有效实时互动的新平台。[②]

一般来说，人们认为，微博是碎片化传播工具，但蔡奇的集束式的微博语录大受欢迎，成为蔡氏微博的绝招之一。2010 年 3 月 16 日在开博一周年的时候，蔡奇系统总结了自己的微博体会，首先是十条“政府官员看微博”，其次是十条“官员如何织围脖”，然后是十条“微博问政”，最后是六条“对质疑官员微博”。[③]

尤其可贵的是，蔡奇还把自己的微博编辑成书《玻璃房：蔡奇微博》，宣传“玻璃房”的概念：“内涵就是公开透明，外延就是大众监督。”这本书共分为八章：一、公开：习惯在玻璃房里工作；二、关切：来自草根的声音；三、互动：只要心诚，老师就在眼前；四、回应：

① 蔡奇：《玻璃房：蔡奇微博》，红旗出版社 2011 年版，第 172—210 页。
② 蔡奇：《玻璃房：蔡奇微博》，红旗出版社 2011 年版，第 172—210 页。
③ 蔡奇：《玻璃房：蔡奇微博》，红旗出版社 2011 年版，第 246—264 页。

“空椅子”你不坐，别人就会坐上；五、发现：生活其实并不缺美；六、记事：我的工作日志；七、视野：出访见闻；八、分享：微思考，微感悟；九、走近：“八卦”业余生活；十、观点：微博不微，博中有客。

如此理念，如此重视，如此投入，蔡奇在微博世界中的魅力和地位自然是实至名归了。

3. 领导印象由网民决定

领导网络印象不仅是领导者个人的事情，而且是需要媒体共同参与的事情，但是真正决定领导者印象的是网民的认知图式。所谓“认知图式”，是网民依据经验把各种相关概念有意识地组织起来的思维模式。网民的认知图示将决定对资料线索、语言线索、内容线索的采集、记忆、解读、推理和判断。[①]

相对与“6·28”贵州瓮安事件，伍皓成功报道了“7·19”云南孟连事件。2009年，伍皓成为云南省委宣传部副部长。新官上任五把火，第一把火，在“躲猫猫”事件中创新第三方调查方法，积极推进事件的发展；第二把火，在“小学生卖淫案”中，伍皓以网名“求真的力量”在凯迪社区里直接发帖引导舆论；第三把火，伍皓紧急发出《云南禁止随意给民众贴“不明真相”等标签》的通知；第四把火，2009年11月9日，伍皓举办了全国首场网络新闻发布会；第五把火，在螺蛳湾事件中，伍皓在新浪网开设国内首家政府微博——“微博云南”。因此，伍皓当选为2009年《时尚先生》、新中国60周年新锐榜之“政界新希望”，《新周刊》杂志把他评选为“2009十大猛人”之首，荣登《南方周末》“年度人物”，《南风窗》“为了公共利益年度人物榜”，成为2009年明星官员之一。

如前所述，当下中国的两个舆论场中，存在着塔西佗陷阱，领导形象既有可能被正面解读，也有可能被负面解读。尽管有高层领导的肯定和媒体的鼎力支持，伍皓在网民心中的印象还是很有争议的。2010年4月22日，伍皓在中国人民大学演讲。没等他开口说话，一名年约25岁的青年男子从台下走上前去，掏出一沓钱朝伍皓扔去，并对伍皓大喊：“伍皓，五

① 张放：《虚幻真实》，中国社会科学出版社2010年版，第171页。

毛!”随即扬长而去。伍皓对此一笑置之，仍然进行了两个半小时的演讲。2010年5月27日，伍皓成为《南方人物周刊》主办的“2010年青年领袖·政界青年领袖”唯一候选人。在网民中，持支持态度者认为是实至名归，反对者认为伍皓这样的作秀官员没有资格当“青年领袖”。

在试图打通两个舆论场的背景下，伍皓塑造了一个独特的形象。“集试水者和先驱者于一身，合媒体记者和政府官员于一体，在政治旋涡和民意战场中始终高举高打，在漫天骂声和仕途撞墙后仍能具‘虽千万人吾往矣’的气概”。

作为国内首位实名开微博的厅级官员，伍皓在“微博江湖”中从来都不缺乏争议和巨大压力。2008年11月21日伍皓实名开通新浪微博。一年之后，迫于各方面压力，伍皓被迫关闭新浪微博。当时，共发表博文298篇，有59000多名粉丝，伍皓的个人介绍是：“无畏者方能前行。希望前路只是荆棘不是深渊。”①

2010年元旦，实名认证的伍皓微博变成“伍家有女初长成”。但新浪的V字认证仍在，而且头像用的是他和女儿的合照。一年后，伍皓微博再次变身。2011年1月17日，伍皓博名“伍皓同学”改为“伍皓红河微语”，开始宣传红河美景。

2011年7月7日，中国政务微博排行榜首次在上海交通大学公共关系研究中心、舆情研究实验室发布。《2011上半年度中国微博报告》发布：“今年上半年度热度最高、最受关注的中国政府微博官员为伍皓。”②

（三）领导网络魅力

1973年，施乐公司的计算机专家鲍伯·梅特卡夫提出一个简单的数学公式，这个公式显示网络的价值随着网络里节点数目的乘方而增加。这就是梅特卡夫定律。

$$V=n^{(n-1)}$$

① 鄂璠：《微博官员脸谱》，《小康》，2010年第9期。

② 鄂璠：《微博官员脸谱》，《小康》，2010年第9期。

梅特卡夫定律在20世纪90年代中后期应验。梅特卡夫定律的市场效应开始在狂飙的新经济浪潮中被风险投资追捧而发挥到了极致。它带来了一系列全新的经济学概念，如“点击率经济”、“注意力经济”、“眼球经济”等。与此相关，衍生出“点击率就是财富”、“注意力就是财富”等新观点。

从领导科学角度看，网络领导者的价值约等于领导网络的价值，可以通过梅特卡夫定律计算。从奥巴马竞选美国总统的过程中，人们可以发现网络领导者的魅力衡量的方法。作为深谙互联网的“黑马”，奥巴马不仅赢得了人气，赢得了竞选资金，赢得了美国总统的岗位，而且赢得了诺贝尔和平奖的荣誉。

奥巴马的竞选团队、工作人员和3.5万个志愿者以互联网作为最佳联络和组织工具，策划20万个线下活动，35 000个小组，40万篇博客。志愿者通过把用户所在的地理位置、年龄、职业、语言、是否服过军役等信息集成起来，将志愿者与可能的“未确定支持奥巴马的人”联系起来，进行匹配，通过“邻居给邻居”打电话，进行电话动员，共打了800万个电话。而且，奥巴马在商务社交网站Linkedin与成千上万的企业主谈话。

最为突出的是，奥巴马通过网络动员了年轻一代人，“加入到我们的队伍，我们一起改变这个国家和这个世界”。在18～29岁的人群中，66%的人支持奥巴马，打破了美国年轻选民不关心政治的传统，创1972年以来新高。通过年轻人，奥巴马积极动员老年人支持自己，强调爷爷奶奶们投票应该听听孙子们的意见。因此，佛罗里达州32万老犹太人参与了投票活动，创30年来新高。

在美国金融危机背景下，奥巴马87%的竞选基金来自网络，是不足100元的小额捐款，共筹得6.4亿。由于资金雄厚，奥巴马没有使用公共竞选基金（8 400万），专门包专机到全国51个州进行竞选活动。与之形成鲜明对比的是，不会运用网络的麦凯恩只筹得3.6亿的竞选基金，不得不启用了公共竞选基金。为了节省资金，麦凯恩自己拿着行李乘坐商业航班进行竞选活动。

2012年，奥巴马连选连任，再次彰显了网络魅力！

得网络者得民心，得民心者得天下！

第四章

开放领导力

- ⊙ 开放的王道
- ⊙ 网络化政府
- ⊙ 信息网络安全

开放是网络时代的要求，是社会发展的趋势。开放兼容是互联网的技术基因，是网络社会的基本特征。开放领导力，就是不仅要对内网络化，而且要对外网络化，开放平台，共享数据，共同决策。在公开透明的网络社会环境中，开放型领导者要把握开放的尺度，处理开放与保密的矛盾，保护国家和企业的机密，在开放中保证信息网络安全。平衡好开放与安全的关系，才是“开放的王道”。

一、开放的王道

任何复杂组织，要保持活力，就要保持开放。在网络化世界之中，任何国家和企业都必须对外开放，对内改革。在网络化世界之中，政府和企业需要开放平台，开放数据，为用户提供更好的产品和服务。开放网络平台，共享信息，更好地进行分布式决策，平衡开放和封闭的要求，才是深谙分布并行、开放兼容、效益递增和共同演进等网络特征的开放型领导者的王道。

（一）开放的世界

现代混沌理论越来越强调“开放”对于复杂系统的重要性。其中，耗散结构理论认为，“开放”是复杂系统向有序发展的必要条件。无论是自然界的复杂系统，还是人类社会的复杂系统，只有不断地与外界交换物质、能量和信息，才能由原来的无序状态转变为在时间上、空间上或功能上的有序状态。而且，只有不断地与外界交换物质、能量和信息，复杂系统才能维持新的有序状态。对于复杂系统来说，开放则生，封闭则死。

同样，现代领导科学越来越强调“开放”的重要性。史蒂芬·柯维是美国《时代周刊》称誉的“思想巨匠”和“人类潜能的导师”。他认为，人类社会的运转法则与大自然的运转法则是相通的。他从自然法则和社会法则中感悟出了领导艺术的精髓——圣丹斯诺言。“如果你向自然环境、周围的人们和无限的原则敞开胸怀，就会为你所面临的领导艺术上的挑战和机遇找到适合个人的、具体的解决方案。”① 柯维所说的“敞开”，不仅包括向自然界开放，而且包括对人类社会的开放。柯维所说的“原则”主要包括人们普遍信奉的公平、正直、诚实、信任、友爱、尊严、仁慈、服务等内容。领导者必须打开空间，面向世界，面向未来，高瞻远瞩，提升领导力。

作为伟大的开放型领导者，邓小平深知开放和封闭对国家盛衰的影响，积极引领和推动中国的改革开放事业。十一届三中全会以来，改革开放成为中国共产党在社会主义初级阶段基本路线的基本点之一，成为中国的基本国策和走向繁荣富强的必由之路。邓小平在 1984 年 6 月 30 日讨论《建设有中国特色的社会主义》时指出：

> “现在的世界是开放的世界。中国在西方国家产业革命以后变得落后了，一个重要原因就是闭关自守。建国以后，人家封锁我们，在某种程度上我们也还是闭关自守，这给我们带来了一些困难。三十几年的经验教训告诉我们，关起门来搞建设是不行的，发展不起来。关起门有两种，一种是对国外；还有一种是对国内，就是一个地区对另外一个地区，一个部门对另外一个部门。两种关门都不行。我们提出要发展得快一点，太快不切合实际，要尽可能快一点，这就要求对内把经济搞活，对外实行开放政策。”②

有的学者用八个关键词说明这个伟大时代的特征。一是解放思想，

① ［美］史蒂芬·柯维、［美］梅里尔著，王军译：《圣丹斯诺言》，中国青年出版社 2004 年版，第 4 页。

② 《邓小平文选》第三卷，人民出版社 1993 年版，第 64 页。

二是改革开放，三是市场经济，四是科学发展，五是和谐社会，六是创新，七是宽容，八是意义。只有解放思想，才能改革开放，搞活建设市场经济，推动科学发展，建设和谐社会。[①] 只有改革开放，才能打破封闭僵局，才能激发社会活力，才能学习和超越发达国家，提升国家综合竞争力和国际地位。只有兼容并包，融合创新，才能创造新的文化，新的意义。

21 世纪的世界，迅速成为更加开放兼容的网络平台。美国著名记者托马斯·弗里德曼认为，在 21 世纪之初，世界开始进入全球化 3.0 时代，世界不仅从“小”缩小成“微”，而且越来越扁平化。他认为，碾平世界、建构网络平台共有十大动力。第一类力量来自政治，柏林墙的倒塌标志着世界成为一个开放的联通的整体。1989 年 11 月 9 日柏林墙倒下后，世界变得更加开放，朝向民主、共识、自由市场的方向前进，成为一个没有界线的整体。第二类力量来自商业，包括内包、外包、离岸经营和全球性供应链四种动力。第三类力量来自信息网络技术革命，包括互联网、虚拟社区、免费软件、信息搜索、即时通信、移动通信六种力量。在世界网络平台上，每个人、每个企业和每个国家必须参与全球性竞争，学会对外开放和对内改革，提升网络生存能力和竞争能力。

（二）开放的平台

在开放的世界中，无论国家，还是企业，必须同时兼顾对外开放和对内改革。开放，已经成为国家和企业发展壮大的主要竞争战略。

马克·扎克伯格，全球最大社交网站 Facebook 的创始人，彻底颠覆了网络企业的经营规则，成为开放平台运动的领导者。扎克伯格在 Facebook 个人主页上宣称：“我正在努力让整个世界变得更加开放。”2007 年，在 Facebook 成立 3 年之后，扎克伯格开放了企业平台，允许第三方开发者将新的应用放在其平台上推广。

所谓开放平台，是指网络企业提供其软件系统的应用程序编程接

① 吴卫东：《关于改革开放 30 年的几条关键词探析》，《天水师范学院学报》，2009 年第 1 期。

口，允许第三方开发者增加该软件系统的功能和使用该软件系统的资源。应用程序编程接口是指一个软件和另一个软件进行交流的接口。开放应用程序编程接口，就是公布软件系统的各项技术指标和参数，使第三方开发者可以自由使用软件资源，可以生产更多的配套设备，提供更多的应用和服务。

一般来说，一个网络企业要开放平台，首先，需要提供基本服务，拥有较多的固定用户；然后，通过开放应用程序编程接口，邀请第三方开发者通过运用软件资源开发新的应用和服务，并且使新的应用和服务能够在平台之上运行。

为什么扎克伯格要开放企业平台？因为他想把越来越多的用户粘在自己的平台上，想成为用户进入网络平台的“入口”。为此，他必须让用户有更好的体验。用户体验越好，粘在网站的时间越长；粘在网站的时间越长，Facebook的市场价值就越高。但是，Facebook的能力是有限的，提供的服务也是有限的。为了能够达到战略目的，增加流量，增加人气，增加竞争力，扎克伯格智慧地选择了开放平台策略。

开放平台的奥秘在于，通过基本服务和第三方应用服务提高用户对网络平台的黏性，提高网络平台的价值；同时，平台基本服务和第三方应用服务良性循环，形成滚雪球式的增长，进一步提升企业平台的发展能力和竞争能力。对于企业平台来说，既然自己不能成为“万能战士”，就要通过与第三方开发者结盟而成为“万能战士组合”。

实践证明，企业越是开放，就成长得越快，其事业就做得越大。据中国网络电视台《Facebook将IPO最终发行价格确定为38美元/股》报道，2012年5月18日，Facebook正式上市，其公司第一次上市公开发行股票（IPO）每股价格确定为38美元/股，拟发售4.2亿股。按发行价计算，Facebook融资规模将达160亿美元，市值1 040亿美元，创下美国科技股IPO规模之最。截至2012年5月，Facebook的月活跃用户量达9.01亿，日活跃用户为5.26亿，超过5亿用户使用移动版Facebook。用户已经建立了1 250亿个好友关系，每天评论总次数达32亿次，日均上传3亿张图片。更为有影响力的是，Facebook已经和超过700万款应用整合。目前，Facebook

支持70种语言，80%以上用户来自美国和加拿大以外地区。毋庸置疑，Facebook的成功再次说明了网络社会的“效益递增”效应。

开放平台，是大型网络企业发展的战略选择。2009年，中国网络企业开启了开放平台浪潮。2011年，中国越来越多的网络企业卷入开放平台浪潮。百度、新浪、腾讯、360、搜狗等先后开放，业内共有20多个各种“开放平台”。搜狗公司市场总监王冠雄在《乱拳频出的互联网开放元年》一文中指出，对于那些拥有海量客户和高黏性产品的平台型公司来说，将API开放给第三方开发者，以便更大程度地使“流量货币化”，已经成为了一种必然的要求。

一般来说，网络企业开放平台包括三个层面：一是应用层面开放；二是对平行的平台开放；三是对用户数据的开放。在中国互联网协会指导下奇虎360公司主办的第一届互联网开放大会上，周鸿祎强调：“360的开放是全面彻底的真正开放，不仅开放所有业务、全部流量和用户数据，而且是‘二选一’的开放——只做平台不做应用，所有应用均由合作伙伴提供，360不与合作伙伴争利。中国互联网公司批量赴美上市，难道只是拿回几亿美元？我们把美国的产品复制过来，只是“术”不是“道”。我们真正要抄袭美国互联网，就应该把他们的精神抄袭过来。”[①]

那么，美国互联网企业开放平台的精神是什么？以Facebook为例，在其平台上发展的Zynga等游戏公司已经轻松上市，Zynga市值高达80亿美元。目前，Facebook平台上有50家年收入超过500万美元的软件公司，开发者的总收入与Facebook自身收入相当。在开发者创造出新的赢利产品和赢利模式之后，企业平台领导者必须抵挡住抄袭或者复制的欲望。对开放平台的领导者来说，创新能力、生产能力和销售能力固然重要，支持第三方开发者同时约束自己防止抄袭的意志才是更重要的。[②] 只有这样，企业平台才能和第三方开发者共同进化，共存共荣。只有这样，Facebook才能超越自身作为一家公司的局限，成为真正的开

① 周鸿祎：《抄袭美国互联网的开放和创新精神》，《中国企业家》，2011年6月1日。

② 王冠雄：《乱拳频出的互联网开放元年》，2011年8月24日，http://www.ftchinese.com/story/001040288?page=1.

放平台；只有这样，Facebook平台才能超越其他平台而成为最有影响力的开放平台。从这种角度来看，扎克伯格的影响力已经超越Facebook，已经成为令人推崇的开放型领导者，已经成为“万王之王”。

开放平台，不仅是企业的选择，而且是政府的选择。作为美国历史上对高科技最感兴趣的总统，上任之初，奥巴马立即任命了美国历史上第一位首席信息官，制定了联邦政府“云优先”战略，宣布实施以“透明性”、“公众参与”、“官民合作”为三大核心的“开放政府计划”，提出利用开放的网络平台，公开政府信息资源、工作程序和决策过程，鼓励公众交流和评估，增进各级政府之间及政府与企业之间的合作，推动政府管理向开放、协同、合作的方向迈进。作为该计划实体的Data. gov网站同时开通，只要不涉及隐私和国家安全的相关数据全部开放，开放了近40万项原来束之高阁的政府数据。自此，全球政府2.0建设拉开了序幕。

2012年5月，奥巴马政府推出了建设数字政府战略，其核心是开放政府网站的应用程序编程接口。在开放应用程序编程接口以后，用户可直接进入该网站的数据库，就像进入自己的数据库一样方便。政府网站资源将成为第三方开发者可以直接利用的信息资源。开放政府应用程序编程接口，可以简化使用政府数据的环节、减少使用政府数据的成本。更重要的是，开放政府应用程序编程接口，开放数据库，可以降低网络创新的门槛，推动网络经济的发展 。①

当前，政府数据开放已经成为政府管理创新的大趋势。在各个国家数据开放的实践中，基本形成了三个原则。第一是不危及国家安全，第二是不能侵犯公民隐私，第三是不能侵犯商业组织的商业利益。在这三个界限之外的数据，都应该免费开放。因为政府收集数据，用的是纳税人的钱，收集的是关于纳税人的数据，所以要向纳税人开放。开放政府数据，是政府提升服务能力的义务和责任。②

---

① 徐子沛：《开放政府网站API的意义何在》，2012年6月18日，http：//blog. caijing. com. cn/expert_article-151411-37179. shtml.

② 杨传银、郑子蒙：《徐子沛：大数据时代的“中国梦”》，2012年7月2日，http：//www. echinagov. com/gov/zxzx/2012/7/30/159557. shtml.

如何提高网络领导者开放平台的能力？

唐·泰普斯科特和安东尼·D. 威廉姆斯认为，开放、对等、共享和全球协作是维基经济学的四大基本原理，越来越准确地定义了21世纪企业竞争之道。对比成功的网络企业和失败的网络企业，他们发现：

> “失败者创建的是网页，而胜利者创建的则是生机勃勃的社区。失败者创建的是有墙的花园，而胜利者创建的则是一个公共场所。失败者的创新是在公司内部进行的，而胜利者的创新则是和用户共同进行的。失败者精心守护他们的数据和软件界面以防被盗，而胜利者则将资源与每个人分享”。①

在四大基本原理的基础上，唐·泰普斯科特和安东尼·D. 威廉姆斯提出了组织成为开放平台的6大法则。②

第一，领导者要创建平台。把组织要做的主要业务（无论是实物还是服务）转换成平台，第三方开发者可以围绕平台开发新的产品或者提供新的服务。为了能在开放世界中取得成功，领导者不能只把自己看成内容的提供者，而要把自己看作超级领导者，创造领导环境或网络平台，支持第三方开发者在企业平台上创造有价值的产品和服务。

第二，领导者要把握开放的艺术。聪明的领导者会在放开和封闭之间做出恰当的选择，促进大规模的协同生产。

第三，领导者要善于创新。智慧的领导者破除改革障碍，鼓励人们通过自组织来解决问题并产生新的创意。

第四，领导者要善于激励先锋。在任何大规模的协作中，必须有充满激情的人充当先锋。领导者要把这些先锋提拔到重要岗位，逐渐地提升组织的协作能力。

第五，领导者要建立促进协作的组织文化。领导者必须把协作看成

---

① ［加］唐·泰普斯科特、［英］安东尼·D. 威廉姆斯著，何帆、林季红译：《维基经济学：大规模协作如何改变一切》，中国青年出版社2012年版，第51页。

② 胡泳：《成为开放平台的6条法则》，《IT经理世界》，2011年第15期。

组织的重要能力，建立起促进协作的制度，恰当地分配好资源来保证最基本的协作行为。领导者必须不断地传播这种大规模协作理念，必须不断推动组织的协作活动，不断地取得阶段性成功，从而使协作成为组织的文化基因。

第六，领导者要放权给“网络一代”。领导者要更加重视青年人，向有适应能力和创新能力的青年人授权。只有充分利用青年人的优势，才能提升组织的适应能力和竞争能力。当网络平台、网络一代和全球化的力量交织融合在一起时，就会引发一个创新和变革的完美风暴。

总之，开放是能力，开放是心态，开放是生态。如果说把操作技巧比作为人之“术”，那么，开放精神就是做人之“道”。未来的政府和企业，需要开放的不仅是平台，而且是领导者的胸怀。谁懂得“开放之道”，谁能够海纳百川，谁能够支持和保护第三方开发者，谁就是“真正的王者”。

（三）开放的决策

1.“黄金公司挑战赛”的启示

罗伯·麦克欧文，加拿大黄金公司的首席执行官，是一个积极的开放型领导者。麦克欧文经营着一家位于多伦多市的小型金矿采矿公司。这家公司因为罢工、拖延的债务和极高的生产成本等问题而停产。大多数分析家认为，这家公司50年来采自安大略红湖的矿产资源将要枯竭。没有证据显示安大略红湖仍然存在着大量的新黄金矿藏。金矿注定要关闭，黄金公司注定随之倒闭。①

1999年，麦克欧文参加了麻省理工学院青年总裁研讨会。讨论即将结束时，李纳斯·托瓦尔兹（Linus Torvalds）的故事成为最后的话题。托瓦尔兹，Linux之父，编写了一个小型操作系统Linux，并向全世界公开了自己的软件源代码，允许成千上万的匿名程序员检视自己的系统，并进一步完善这个软件系统。最终，Linux系统发展成为世界级的计算机操作系统。

---

① ［加］唐·泰普斯科特、［英］安东尼·D. 威廉姆斯著，何帆、林季红译：《维基经济学：大规模协作如何改变一切》，中国青年出版社2012年版，第20—22页。

麦克欧文从托瓦尔兹的故事大受启发。如果黄金公司的员工不能找到安大略红湖的金矿，也许其他人可以完成这项工作！就像托瓦尔兹为了 Linux 而公开代码那样，麦克欧文也可以公开探矿的基本信息以便企业外的人员可以发现金矿。

麦克欧文迅速回到多伦多，向企业资深的地质学家们说明了他的想法。他说："我想拿出我们所有的地质学研究及 1948 年以来的所有数据并整理成一个文档与全世界的人共享。然后，我们请求全世界的人告诉我们在哪里可以找到新的 600 万盎司的黄金。"

但是，企业资深的地质学家对此却满腹狐疑。因为采矿业是一个极度讲求保守机密的产业，除开采矿产本身，地质数据本是最宝贵、最需要严加保密的资源，企业是不可能拿去四处散布的。黄金公司的地质学家不知道全球地质学界是否会像软件开发员响应托瓦尔兹那样回应麦克欧文的开放行为。

尽管如此，麦克欧文力排众议，坚持己见。2000 年 3 月，黄金公司发起了"黄金公司挑战赛"。如果参赛者能够提出最优估计和最佳方法，可以获得高达 57.5 万美元的奖金。比赛的消息通过互联网迅速传播，来自 50 个国家的 1 000 多个虚拟勘探者迅速挖掘和利用这些数据。几个星期后，全世界所提交的方案雪片般地飞向黄金公司总部。

令麦克欧文惊奇的是，这些虚拟勘探者身份非常复杂多样，其中有地质学家，也有大学本科生、咨询顾问、数学家和军事人员。参赛者在红湖矿床上发现了 110 个目标，其中 50%是企业以前没有发现的。麦克欧文估计，这次虚拟式探矿活动将探矿时间缩短了 2～3 年。令麦克欧文惊喜的是，80%多的新目标后来发现确实有大量的黄金。自挑战赛开始以来，虚拟开发者发现了 800 万盎司的黄金。

毫无疑问，这次开放式决策取得巨大成功。这次比赛不但得到了大量的黄金，而且还把一个价值 1 亿美元的低绩效公司改造成具有价值 90 亿美元的大企业，把北安大略省一个落后的采矿点转变成采矿业最具创新和最有利可图的矿产地之一。

2. 开放的原则

在开放和控制之间，存在着冲突，存在着矛盾，存在着张力。在开放与控制之间挣扎，是普遍存在于各种组织之中的基本问题。当越来越多的领导者赞同更为广泛的开放活动可以带来重大收益时，有些人依旧为与利益相关者之间开放交流的界限所带来的巨大风险而深感恐惧。

作为社交媒体与技术方面的权威专家之一，同时也是领导力、战略管理和市场营销方面的顾问和独立思想领袖，查伦·李（Charlene Li）通过对不同国家和企业的大量案例研究发现，所谓“开放领导力”，就是领导者以自信、谦逊的心态替代掌控一切的需求，激发和启迪人们达成他们对实现目标所做出的承诺。[①]

查伦·李认为，开放领导力就是要建立全新的协同合作关系。在建立这种关系的过程中，领导者需要遵守五大规则。

第一，尊重顾客和成员所拥有的权力。领导者要和顾客与成员建立起更加平等的更加紧密的关系，更加珍惜这些来自组织内外的不可或缺的朋友。

第二，长期分享信息以建立信任关系。领导者可以通过微博客、博客、社交网站等新技术在日常交流之中，不停地开放地相互分享信息，交流思想甚至分担焦虑，逐渐与组织内外的人员建立信任和友谊。

第三，培养好奇和谦逊的心态。领导者要有好奇心，关心其他人，分析他人的兴趣，熟悉他人的思考和行为方式。而且，领导者要真正地谦逊，在犯错之后勇敢地承认并迅速改正错误行为。

第四，保持有责任感的坦率。领导者既要对自己负责，也要对其他人负责，进行坦率的交流，在明确差异的基础上寻求共识。

第五，鼓励创新，谅解失败。在创新过程中，失败是成功之母，错误不仅是难免的，而且是有一定价值的，是应该原谅的。对于领导者来

---

① ［美］查伦·李著，李金檑、忻路译：《开放：社会化媒体如何影响领导方式》，机械工业出版社 2011 年版，第 10 页。

说，不是追究失败的责任，而是从错误中汲取教训，尽快走出失败，走向成功。[①]

通过社交媒体提升开放领导力，是一种需要长期锻炼的领导艺术。在网络平台上，领导者成功的最重要因素就是开放的能力——能够在正确的时间和正确的地点以恰当的程度进行开放和控制的能力。[②]

3. 开放的要素

查伦·李认为，开放领导力包含10大要素，即6种信息交流要素和4种决策机制要素。她认为，信息是组织的润滑剂，没有信息交流，组织就会无法运转。如果需要更好地分享信息，那么，组织就要具备6个方面的要素。

第一，网络宣传。通过分享信息，领导者要和组织成员、合作伙伴及其他利益相关者共建愿景，宣传组织愿景、使命和价值观，朝着共同的目标而努力。

第二，网络学习。领导者通过新式发布工具（像博客和微博客）提供知识更新功能，使得组织成员搜索到更多的更加新鲜的知识，提升专业技能，改善组织行为。

第三，流程再造。由于内部即时的互动交流，领导者个组织成员随时可以交换信息和意见，不断改进组织运作流程，不断提升运营效率。

第四，网络民主。组织成员拥有新式发布工具，也就是说，“人人都有麦克风”。领导者通过“开放话筒日”，让每个人都行使发言权。领导者要注意从所有的发言和建议中筛选最有价值的内容，作为决策参考。

第五，实行众包。领导者还可以采用“众包”方法，聚集更多的新想法，创造或改进新产品或服务，共同解决具体问题。

第六，开放平台。领导者开放组织平台，“建立标准和分享数据”，

---

① ［美］查伦·李著，李金樯、忻路译：《开放：社会化媒体如何影响领导方式》，机械工业出版社2011年版，第10页。

② ［美］查伦·李著，李金樯、忻路译：《开放：社会化媒体如何影响领导方式》，机械工业出版社2011年版，第5页。

以便容纳更多的第三方开发者，提供更多的产品和服务。

在分享信息的基础上，查伦·李强调分布式决策，提升开放领导力。她认为，在组织内关于决策的方式主要有四种：集权式决策、民主式决策、共识决策、分布式决策。集权式决策通常是领导者及其团队等拥有知识和判断力的人进行决策的方式。一般来说，这种集权式决策果断高效，但是这种命令—控制模式容易损害组织成员的自主权，可能影响组织成员的积极性和创造性。而且，集权式决策还必须面对着信息不对称和信息不充分的弊端。

在民主式决策过程中，领导者和组织成员以投票方式共同决策。虽然这种方式有效地让参与者认同最后的决策，但在多数情况下，领导者无法使用这种决策方法。因为投票成本很大，不仅需要花费大量资金，而且需要很长的时间，这往往贻误决策时机。尤其关键的是，对于具有细微差别的复杂问题的决策上，需要领导者事先多方沟通和协商，民主投票往往成为实际决策之后的过场。

与民主式决策相比，共识决策是成本更高的决策方式。这一决策模式非常繁冗，需要花费大量的时间和精力让每个人都能够赞同决策内容。所以，这种决策方式的应用范围受到很大限制。

分布式决策是一种适用于网络社会的决策方式。这种决策不仅可以发生在组织高层，而且可以发生在组织的中层和基层，还可以发生在组织内部的任何地方，甚至可以发生在组织外部的其他地方。一般来说，分布式决策发生于直接利用信息进行决策的“第一线”，具有很强的时效性和针对性。虽然这种分布式决策看起来杂乱无章，但是正如本书第二章所强调的网络组织的“分布并行”的特征，这种决策更容易“涌现”出“蜂群智慧”，通过众多分布式决策形成更加周详的更加科学的更加灵活的计划。

二、网络化政府

近年来，开放型领导者不仅积极推动电子政务，促进政府内部网络化，而且积极引领网络问政，促进政府外部网络化。通过建设网络化政府，开放型领导者激活体制内力量，调动体制外力量，共同推动国家和社会的发展与和谐。

（一）电子政务2.0

我国政府信息化建设是沿着“金字工程—政府上网工程—全面电子政务建设”的轨迹发展演变的。1993年年底，为适应全球建设信息高速公路的趋势，政府启动了“三金”工程，即金桥、金关和金卡工程。“三金”工程为电子政务的发展奠定了良好的基础。1999年，“政府上网年”拉开了电子政务建设的大幕。

政府上网，逐步促进政府内部网络化，推动了政府从官僚制金字塔组织向扁平化网络组织转型。众所周知，现代政府是工业时代的产物，其官僚制金字塔组织是韦伯意义的科层制组织。从纵向上来看，金字塔组织是一种自上而下的管理模式，权力集中在上层。从横向上看，金字塔组织由若干职能部门构成，分工负责，各司其职。政府各部、委、局、办在全国范围内组建了相对独立的网络系统，在系统内部实施垂直的层级领导。因此，“条块分割”、“纵强横弱”成为建设网络化政府过程中的最大障碍。

近年来，世界各国政府积极推进网络化建设，建设无缝隙政府或者说整体政府。建设网络化政府，有利于促进信息在“条条”和“块块”之间流动，有利于减少“政出多门”和“政策打架”现象。而且，建设网络化政府，有利于减少政府层级，有利于促进公务人员直接和公民以及企业互动交流。

这就是说，基于Web 2.0技术，电子政务从EG 1.0升级为EG 2.0（Electronic Government，EG 2.0）。EG 2.0把政府部门之间的内部协同扩展为政府内外的广义协同。换句话说，EG 2.0不只是政府部门的信息共享，而且是政府与公民的信息共享。EG2.0是政府、社会和公民之间的全面协同，有助于提高政府信息公开、在线互动和在线服务的水平。从信息传递角度来看，政府做好信息链的前端，企业、社区和协会做好信息链的后端。政府信息链从政府网站在向外延伸的时候，分别链接企业、社区、协会的网站。如果说 EG 1.0（政府上网）以领导者为中心，为领导决策和执行服务，那么，EG 2.0 就是以公民为中心，为公民提供更好的服务。

建设 EG 2.0，关键是政府服务创新，从管理型政府向服务型政府转型。例如，美国政府网络整合联邦政府网络所有服务项目，建立一个以服务公众为灵魂的电子政府，英国政府构建了“面向公共服务的体系架构”，德国政府编写了“行政管理服务目录”。

政府服务创新，关键是提升服务质量，降低服务成本，围绕着公民生命周期全过程中提供电子政务服务，实现公共服务的均等化、个性化、便捷化。

具体而言，建设 EG2.0，政府需要实现七种转变与进化。

第一，从“内部需求”驱动型向“对外服务”驱动型转变，面向公众，服务公众。

第二，由信息资源“分散利用模式”向信息资源“整合利用模式”转变，推进跨部门、跨地区、跨行业的信息共享、整合和应用。

第三，由“政府形象”导向模式向“政府绩效”导向模式演变，政府必须加强项目管理，务求实际效果。

第四，从“封闭式内部管理模式”向“开放式公众参与式领导模式”转换，引导公众参与，发展电子民主，实施网络民主领导。

第五，由重视“电子设施”建设向重视“流程再造”迁移，以服务公众为导向，重新塑造政府的核心业务流程。

第六，由“单项安全”向“体系安全”过渡，系统建设与信息安全保障体系同步进行，有效解决服务中隐私和数据共享问题。

第七，由重视“硬件建设”向重视“软件建设”演变，提升全员信息素质与信息服务能力。

近年来，我国政府网站正在经历由技术导向型、内容导向型向服务导向型阶段的转变。政府网站建设需要不断改善理念，更加关注网站服务的实用性和人性化程度。中国软件评测中心在 2008 年绩效评估中，对政府网站服务的丰富化程度和人性化程度进行了重点评估。重点评估政府网站在教育、医疗、交通等民生领域服务资源的整合和内容供给情况，推动政府以公众的实际需求为出发点，提供实用性的人性化的公共服务。

今后，各级政府需要进一步努力提供均等化公共服务。首先，政府要提供基本民生性服务，如就业服务、社会救助、养老保障等。其次，政府要提供公共事业性服务，如公共教育、公共卫生、公共文化。再次，政府要提供公共安全性服务，如社会治安、生产安全、消费安全、国防安全等。构建服务型政府，解决就业难、上学难、看病难、养老难、住房难等问题，真正做到“学有所教、劳有所得、病有所医、老有所养、住有所居”，关系到每个人的福祉和前途。伴随着我国户籍制度改革，如果有些地方政府没有很好地提供基本服务，拥有迁徙权的人民群众将“用脚投票”，向适宜生活和工作的城市和地区迁移。

因此，各级政府要进一步加强电子政务绩效考核，衡量“包容度”、“实效度”、“满意度”，把服务型政府建设落到实处。首先要衡量包容度，电子服务是否覆盖了更多职业的公民、不同文化程度的人员，是否有更多的人在不同环境下享受的服务。其次要衡量实效度，电子服务是否真正解决了公民的问题和企业的问题。再次要衡量满意度，电子政府是否真正让公民和企业满意。正如政府始终强调的“为人民服务”，公共服务是电子政务的初衷和归宿。

（二）引领网络问政

1. 网络问政的概念

网络问政是领导干部与网民通过信息网络技术突破政府和社会的“间隔”，实现政府和社会的直接互动和深度融合，提高网络领导能力的重要方式。网络领导是多元主体的共享领导，是党政领导干部和网民协同共治的过程。借助于信息网络技术，领导者和网民突破时空的“间隔”，实现跨地域全时段的互动，不仅降低互动成本，而且提高互动效率。

网络问政是多元主体进行网络领导的重要模式之一。“问”是双向的问答，既包括党和政府问需于群众，问计于群众，也包括群众问事于政府，问责于政府，其内容涉及政治、经济、文化和社会及生态保护等方面。

一方面，党和政府是引领网络问政发展的主导力量。引爆“网络问政”的标志性事件，是胡锦涛总书记 2008 年 6 月 20 日到人民网“强国论坛”与网友对话，是温家宝总理在 2009 年 2 月 28 日到中国政府网和新华网与网友聊天。此后，2010 年、2011 年、2012 年“两会”期间，越来越多的国家部委和地方政府的主要领导与网友在线交流。同样，在各地的地方两会上，越来越多的地方政府把网络问政写入政府工作报告，作为地方政府管理创新的亮点。网络问政是新时期密切联系群众、了解民意、凝聚民智的创新手段，是具有国际视野和政治远见的中国官员，基于对转型期中国国情的深刻洞察，主动顺应时代的变革之举。①

目前，各级党和政府已经创造了形式多样的网络问政栏目。例如，党政接待平台、政民零距离、政府在线、网上民声、在线访谈、网上调查、市民论坛、网上办事、12345 市长热线、社情民意通道、领导信箱、政风行风热线、网上信访、网络监督、咨询投诉、立法征求意见、我向市长提建议、我有问题问区县长等。

另一方面，网民是推动网络问政发展的基本动力。2009 年，人民论坛“千人问卷”调查组的调查结果显示，面对“您认为哪个渠道最能保障公民的知情权、参与权、表达权和监督权”的问题，高达 69%的受访者选择“网络”，而选择“信访”的受访者仅占 2.5%。“围观改变中国”的实质是网民渴望参与公共社会建设的强大意愿，是网络问政参政的群众基础。

2. 建设网络问政平台

2012 年 9 月 23 日，在第三届中国网络问政研讨会上，与会代表认为，汪洋书记提出的“构建充满活力、和谐有序、建设性的网络民主平台”已经成为社会各界的共识。

从全国范围来看，网络问政平台正在迅速发展的过程之中。根据网络问政平台的创立主体及其与政府的关系，笔者把全国网络问政平台分

① 戎飞腾、黄沁：《人民网：8 家网站在网络问政研讨会共同发布“惠州共识”》，2012 年 9 月 24 日，http：//wen. oeeee. com/a/20120924/1051343. html.

为三类。

第一类网络问政平台，是政府创建的位于政府网站的政民互动平台。例如，创办于2003年的安徽芜湖的“市民心声”就是非常典型的问政平台。“市民心声”网开设有咨询投诉 、在线访谈、市民论坛等板块。2008年，“市民心声”建立红、黄牌督办制度，确定分管领导，指定专人每天登录“市民心声”网站，接到咨询投诉帖子后3～5天内在线回复；如果超过5天未回复，就给“黄牌警示”；如果超过15天未回复，就给“红牌督办”；超过30天仍未回复，市政务公开办公室印发“催办通知单”。2009年，“市民心声”开设满意回复排行榜、不满意回复排行榜 。2011年1～8月，网民在平台上发帖5 347件，政府回复5 260件，回复率98.37%。

辽宁民心网，由辽宁省纪委、监察厅 、政府纠风办、政务公开办等主办，已经形成外网受理、内网办理、外网公开反馈模式，用软件连接着辽宁省省市县三级1 800多个办理单位，建成了电子化分转、信息化传输、软件化分析、数据化监控的办理群众诉求的协同平台，把网络问政和电子政务结合起来，推进了协同政府或整体政府的建设。

民心网统计数据显示，2011年，民心网共受理群众举报投诉和政策咨询87 789件（次），受理量是2010年的1.41倍。各级政府部门、纠风部门、政务公开机构共为群众解决问题43 848件（次），是2010年的1.31倍。而且，2011年多项办理指标又有增长和提高，诉求总量、办理总量、五星件总量、及时率及人员处分等指标有不同程度的增长和提高，辽宁省各地、各部门通过民心网为全省群众办实事的数量和力度在加大。其中，高质量的五星件总量是2010年的1.4倍，平均分比2010年高出0.05，办理满意率上升0.88%，办理优秀率提高3.93%，人员处分数是2010年的1.55倍，款项处理数比2010年增加了6.38亿元。[①]

① 吕慧思：《辽宁民心网一年处理群众诉求8万余次。查处225人》，2012年2月6日，http：//www.chinanews.com/df/2012/02-06/3648799.shtml.

一般来说，省级网络问政平台与地市级平台既要有所分工、有所侧重，又要整体联动、协同共治。全省范围的平台需要通过“顶层设计”保证各级党政部门间的联动与协作。广东正在酝酿的“省市一体化网上办事大厅”即这种带有权威性的平台。正在进行的“湛茂阳”跨区域、跨平台的网络问政活动说明，只有三地建立自己的问政门户并形成制度化的协作机制，才能保证跨界问政施政的有效运行。各地级市要建立地方“网络问政门户”，保证本地信息资源的充足与本地化参政的深度。[①]

第二类网络问政平台，是企业建设的与党和政府紧密联系的新媒体平台。例如，人民网“地方领导留言板”就是典型的新媒体平台。作为目前唯一覆盖全国的互联网官民互动平台，留言板定位是：“社情民意的集散地，亲民爱民的回音壁”，在真实传递社情民意的同时，及时传递高层声音。如前所述，省委书记、省长，省会城市、副省级城市、计划单列市、地级市党政“一把手”、区县党委书记入驻留言板，多个省区市制度化办理网友留言。

作为新媒体，作为媒治的重要力量，留言板具有舆论监督的软权力，具有不可替代的作用。留言板是各级各地政府之外的网络问政平台，把地方党委政府不愿解决、解决不好、解决不了的问题集中起来，反映出来，反馈给上级党委政府，借助于上级党委政府的硬权力的督促作用，促进解决问题，维护社会稳定，建设和谐社会。

作为官民共同的“主场”，留言板在发挥网络领导作用、提升协同共治效果方面具有四大优势。第一，人民网的权威性。各级各地政府都非常重视人民网，重视“地方领导留言板”，把网民留言当作政治任务来完成。第二，办理工作的协同性。经过长时间的探索，人民网留言板的工作人员非常熟悉网络社会的特征，熟悉网民的需求和政府的运行规律，积累了丰富的工作经验。同时，全国各地办理留言的工作人员也熟悉网民的需求和新媒体运行规律，积极协调政府部门和相关人员办理网

---

① 麦牙堂：《广东掀起网络问政“新风暴”，期待“制度化力量”加入》，《南方日报》，2012年7月16日。

民留言。留言板工作人员与各地办理人员建立了良好的合作关系，密切配合，积极稳妥办理网民留言，使得留言板上的网民留言到达率高，回应率和办结率高。第三，长期建立的公信力。经过长期努力，网民逐渐认同人民网“地方领导留言板”，习惯于通过留言板反映问题，提出建议，把留言板当作网络问政的有效平台。第四，全媒体的影响力。作为人民网品牌栏目，留言板同时在《人民日报》开设“网连中国”栏目，实现了新媒体和传统媒体良性互动，进一步扩大网络问政效果。

第三类网络问政平台，是社会力量建立的独立平台。例如，2004 年创办的温州 703 网站是典型的独立问政平台。2008 年，温州柒零叁网络传媒有限公司成立。2010 年，703 网站首次达到收支平衡。其中，“散讲温州”作为一个民间言论平台，完全独立于公司内部管理经营构架，并不承担任何营收任务。

温州 703 网站的定位是“舆论公共广场”。从曝光警察开着警车遛狗、官员滞留国外、公职人员上班时玩网络游戏，到曝光“最牛高尔夫球协会”、“最牛房地产公司”等“猛料”，被新华社、中央电视台等主流媒体称为“最猛料网站”。在温州市党政机关，不少干部开会时常常互相调侃：“你今天‘被上网’了吗?”有的高校教授说：“‘703’网站的出现，就像在每个官员身边装上无数个隐蔽的探头。”[1]

有的网民表示：“我们喜爱‘703’，就在于它保持真实与正义，保持自由性和独立性，在于不被商业化和利益化侵蚀，在于开辟了一个民众在法律轨道上言论自由、行使宪法给予的监督权的天地。”[2]

3. 为“人人”服务

通过网络问政，党委政府坚持“为人民服务”宗旨，创新服务方式，即“为人人服务”。换句话说，网络社会的“领导就是服务”，就是为“人人”服务，就是为每个人提供个性化服务。

---

① 李亚彪、张和平、裘立华：《温州小网站屡曝贪腐猛料，多名官员因其丢官》，《钱江晚报》，2010 年 12 月 11 日。

② 王婧：《温州民间网站开创监督新模式，与政府达成协议》，《中国新闻周刊》，2011 年 1 月 31 日。

为“人人”服务，需要各级党委政府不断创新服务方式，降低服务成本，提高服务效果。过去5年，广东先后7次举办“网友集中反映问题交办会”，共交办84个事项，为群众办实事450多件。7次交办会，次次有亮点、场场有新招，影响面一次比一次大，“围观”网友人数一次比一次多，交办事项的办理一次比一次让更多的老百姓得到实惠，因而交办会被视为网络问政工作中的“经典品牌”。广东全省21个地市级以上和40个省直部门政府网站的政民互动平台已初具规模。2011年，21个地市级以上政府网站收到网络问政件数量达96.3万条，回复反馈84.6万条，网上反馈率达87.9%；40个省直部门网站收到网络问政件数量15.2万条，回复反馈13.9万条，网上反馈率91.4%。[①]

为“人人”服务，需要党政领导倾听群众呼声，提供个性化服务，支持网民工作和事业的良性发展。当前，越来越多的党政领导不仅通过体制内信息渠道汲取民意，而且拓宽网络信息渠道，让“那些在传统渠道内难以表达的诉求”在“网络上得以呈现”，进而高度尊重网民的个体诉求，提供针对性解决方案，让“人人”满意。2011年9月，一位网友在安徽省亳州市委书记方春明留言板上发帖，反映自己做特禽养殖事业多年，虽坎坷颇多，但现在养殖成功，想扩大再生产，却苦于资金匮乏。10月19日，中共亳州市委办公室对网友反映的情况进行了实地考察，经协调，亳州药都农村合作银行表示愿意帮助网友解决10万元贷款，用于扩大养殖；并鼓励网友在创业的道路上百折不挠，把事业做大做强。对于市委的支持，这位网友十分感激，表示要用百分之百的努力把养殖业做好、做大、做强，带动更多的人致富。

为“人人”服务，需要党政领导关注民权民生问题，切实维护网民的具体权益。网络问政平台“暴露”出来的许多问题，表明了党和政府工作还存在一些缺陷和不足。但这种“揭丑”具有积极的意义，把许多矛盾消灭在萌芽之中，避免了更严重的问题出现。因此，各级党和政府

---

① 梁秀梅：《广东办好网友集中反映问题交办会，持之以恒不断创新》，2012年2月27日，http://news.163.com/12/0227/18/7R9Q4JJ100014JB6.html.

应该在网络问政平台上增设网上信访办理处，把办理情况和结果在网上公开，最大限度地减少上访及“上路”等极端群体性事件，舒缓了社会怨恨情绪，把公共危机化解在萌芽状态。“多上网，少上访，不上路”，是化解新时期人民内部矛盾、建设和谐社会的有效路径之一。

为“人人”服务，需要党政领导以开放兼容的态度善待独立问政平台，发挥独立问政平台的媒治作用。换句话说，政府注意与网站相互协作，进行有益的转化。温州市公安、检察、信访、纪检、环保、城管、卫生等部门视“703”网站为“民声之窗”，派专人每天“盯”牢，看看本部门是否被曝光、群众有哪些投诉。温州市平阳县县长认为：“‘703’网能帮助我们更全面、更及时了解群众的呼声，也能监督政府的工作，促进我们改进工作。”①

4. 加强网络问政制度建设

虽然网络问政成为当前政府管理创新的热点，但从奥一网问政平台所积累的数据看，应付态度、责任不明、无效回复现象严重，大量的“沉默民意”甚至未被打捞。

一般来说，保证网络问政科学发展需要做好三个层面的工作。一是积极利用问政平台。地方政府既要借助新媒体企业的网络平台，又要重视社会力量开办的独立问政平台，还要自建基于政府门户网站的政民互动平台。二是积极办理网民留言。地方政府要真心实意办好网事，而非作秀或者应付。三是积极建立协同机制。地方政府注意建立各方力量参与的运行机制，而非临时性安排。②

广东省第十一次党代会提出要“推进网络参政问政制度化”，着力探索网络问政、创新社会管理，并逐步常态化和制度化。作为广东省积极推动网络参政议政的样本，惠州从 2008 年 8 月开始大力推动网络问政，建立了比较完善的网络问政制度，先后荣获“2009 年度广东网络

① 王婧：《温州民间网站开创监督新模式，与政府达成协议》，《中国新闻周刊》，2011 年 1 月 31 日。

② 麦牙堂：《广东掀起网络问政“新风暴”，期待“制度化力量”加入》，《南方日报》，2012 年 7 月 16 日。

问政年度城市”称号和“2011—2012网络问政年度城市”称号。

为了规范网络问政的有序运行，惠州市委市政府制定了一系列基础性制度。5年间先后下发《关于印发〈“惠民在线”工作方案〉的通知》、《关于开展网络问政工作的通知》、《关于开展“惠民在线”网上办公工作的通知》、《关于明确开展网络问政工作单位的通知》等文件，制定了《惠州市“网络问政创新完善年”活动实施方案》、《惠州市网络督查工作制度》和《关于进一步加强和改进网络问政工作的实施意见》等文件，明确了网络问政工作处理程序和机制，将129个县（区）、职能部门列入网络问政考核名单。

第一，建立信息收集、办理和反馈机制。市委宣传部搜集本地网友关注的问题，以摘报方式报送市领导，由市委、市政府督查办根据市领导的批示督办，办理情况上网公布。通过“惠民在线”论坛，相关部门收集网友的意见、建议，现场回复或事后办理。46个市直部门将网民的意见建议编写成《信息摘报》，送主要负责人批示，逐一办理和回复。各县（区）、各部门都建立网上信息收集制度，关注、处理涉及本地区和部门的问题，及时处理和回复。通过这些制度设计，确保常规问题常规处理。

为提高制度执行力，保证网络问政落到实处，建立了“红黄绿灯”制度。根据要求，各部门对综合信息平台中网民的回复要按照立即回复、按程序办理、及时派员处理、办结情况告知“四步曲”进行，一般性问题在5个工作日内回复，比较复杂、涉及多个部门的问题在15个工作日内回复。部门在5个工作日内回复的，问政平台将自动标以“绿灯”；5个工作日内尚未回复的标以“黄灯”；超过15个工作日尚未回复的将标以“红灯”。

第二，建立复杂问题协调机制。在网络问政工作中的难点问题，以及群众提出的涉及多部门或长期没有解决的复杂问题，由市纪委、市委督查办、市政府督查办定期召集相关部门协调处理。涉及党员干部违纪违规的问题，由市纪委监察局按相关规定和程序处理。涉及信访的问题，统一由市信访局形成信访信息专报上报市领导，并进行督办。

第三，建立监督评估问责机制。把市直各部门的网络问政工作情况纳入惠州市“行风评议”和“万众评公务”的考评范围，由市行风评议办公室、市万众评公务办公室分别负责监督，根据网民评议、回复率、回复时限、回复质量、办结率等项目对各部门进行考评。各县（区）、各职能部门网络问政工作也纳入县（区）长及市直部门正职目标责任考核，由市委组织部会同市纪委、市委宣传部、市经信局、市委督查办、市政府督查办等对各部门的执行情况进行年中、年度考核。通过建立问责机制，为做好网络问政工作提供了良好的制度保障。

第四，建立干部培训指导机制。参与网络问政工作的人员既要熟悉部门业务，也要了解互联网的规律和技巧。为了让工作人员掌握网络问政知识、提高回复水平和质量，惠州市多次组织了人员培训和学习而且，市委还进行经常性的业务指导，提高开展网络问政的水平。[①]

2008—2012 年，从电台的“行风热线”到互联网的“惠民在线”，从传统媒体到新媒体，网络问政综合平台的形成花了 3 年。从《惠民在线信息摘报》到《南方微博信息摘报》，从党政官员频见网友到市委书记亲开微博，网络问政走向成熟又花了 2 年。

总之，惠州网络问政已经成为排解民忧矛盾的“直通车”，进一步促进了社会和谐稳定；成为解民意汇集民智的“前沿哨”，进一步推进民主政治建设；成为转变作风、提升服务的“助推器”，进一步提升政府部门形象；成为引导舆论处置舆情的“复制器”，进一步提高领导干部执政能力。[②]

通过分析惠州网络问政制度建设过程和制度体系，笔者发现，建立和完善网络问政制度，本质上是开放政府，既包括政府对内网络化，又包括政府对外网络化。对内网络化，需要政府流程再造和组织重塑。因此，政府要考虑设立相应的专门网络问政领导岗位及相应的电子政府部门，在团队、机构与运行体系上契合新的政务枢纽的要求，实现整体对接。对外网络化，需要政府制度与其他制度的对接。如由人大代表、政协委员、社

① 中共惠州市委宣传部编：《惠州网络问政历程》，2010 年 9 月，第 15—17 页。
② 中共惠州市委宣传部编：《惠州网络问政历程》，2010 年 9 月，第 19—26 页。

会监督员、专家学者及知名网友组成问政观察与监督团队，对各级政府或部门的网络问政的表现进行评估，并把评估结果纳入部门绩效考核。①

（三）发展政务微博

1. 公安微博的启示

2010 年，公安微博如雨后春笋般生长。2010 年 2 月，广东开设我国首批公安微博群，3 个月内发布信息近万条，粉丝总数逾 10 万人，评论总数超过 3 万条。此后，河北公安微博群、济南公安微博群相继形成。8 月 1 日，北京公安正式开通官方微博“平安北京”，20 天内访问量突破 210 万人次，“粉丝”近 5 万人。到 2010 年年底，新浪微博中带有“公安”标签的微博已达 244 家。②

2011 年，公安微博更是井喷式发展。2011 年 9 月 26 日，公安部在北京召开公安微博研讨会。据统计，各级公安机关在新浪网、腾讯网开设的政务微博已经有 4 000 多个，经过认证的民警个人工作微博则有 5 000多个。北京市公安局的“平安北京”微博开通一年，收到网友评论留言超过 18 万多条。广东省公安厅微博关注者突破 440 万人。据新浪网统计，“粉丝”数排名前 20 位的政府部门微博中，公安政务微博有 15 个，其中，“打四黑除四害”、“中国维和警察”和“全国打黑办”受到越来越多的网民关注。在腾讯网、人民网评出的全国十大政务微博中，7 个是公安政务微博。

与会专家认为，全国公安微博已经形成了三种不同的模式。一是以地市级公安政务微博为主，并整合微博群的广东模式；二是以省级公安政务微博建设为主的北京模式；三是以基层派出所和公安民警个人工作为主的厦门模式。③

---

① 麦牙堂：《广东掀起网络问政“新风暴”，期待“制度化力量”加入》，《南方日报》，2012 年 7 月 16 日。

② 祝华新、单学刚、胡江春：《2010 年中国互联网舆情分析报告》，http：//yuqing. people. com. cn/GB/209170/index. html.

③ 费磊：《公安部召开微博研讨会提出公开为先服务为本》，中国广播网，2011 年 9 月 26 日，http：//www. chinanews. com/gn/2011/09 - 26/3353554. shtml.

笔者认为，公安微博是聚集民智、汇集民力的重要平台。例如，2012年2月2日，公安部“打四黑除四害”官方微博公布了公安部和全国各省级公安机关“打四黑除四害”专项行动办公室举报方式，发动广大群众继续积极举报“四黑四害”案件的线索，广泛征集群众对专项行动的意见和建议。公安部有关负责人表示，对群众举报的线索，公安机关将逐一认真组织核查，一旦查实，将依法严厉打击。同时，欢迎广大群众通过微博等渠道加强与公安机关交流互动，对“打四黑除四害”专项行动提出意见和建议。对于网民的意见和建议，公安机关将虚心听取、认真对待，不断强化辖区重点行业、复杂场所的基础管理，会同有关部门建立健全防范打击“四黑四害”等违法犯罪的长效机制，切实保障群众餐桌安全，维护良好的社会治安秩序。①

2. 政务微博的迅猛发展

2011年是中国政务微博“元年”。

政务微博，严格意义上说，是指中国政府部门建立和经营的微博账户；从广泛的意义上来说，是以领导者个人实名或者虚拟名字建立和运营的以政府管理和公共事务治理为主要内容的微博账户。政务微博在社会管理创新、政府信息公开、新闻舆论引导、倾听网民呼声、树立政府形象、政治参与等方面起到了积极的作用。

中国政务微博不仅在数量上迅猛增长，而且在质量上迅速提高，创新独特的运行模式，发挥越来越重要的作用，引起社会各界的关注，赢得主管部门的认同。

首先，政府主管部门肯定政务微博在服务社会中的积极作用。2011年10月13日，国家互联网信息办公室在京召开积极运用微博客服务社会经验交流会。会议强调，要坚持“积极利用、科学发展、依法管理、确保安全”的方针，充分发挥微博客服务社会的积极作用，切实加强建设和管理，共同维护健康有序的网络传播秩序，为党和国家工作大局服

① 《公安部微博公布“打四黑除四害”专项行动举报方式》，中国新闻网，http://www.chinanews.com/fz/2012/02-02/3641003.shtml.

务，为广大人民群众服务。祝华新认为，微博本来属于网友个人发布信息和意见的“自媒体”，政府和领导干部把它变成了“网上机关报”，把它变成了与民众互动的“公媒体”，把党的“群众路线”延伸到互联网。

其次，政务微博在东、中、西部地区同步发展，全面铺开。2011年7月6日，宁夏银川60余个政府机构集体入驻新浪微博。同一天，“浙江微博”正式上线，成为全国首个公务类微博群。7月7日上午，河南省法院系统的微博平台“豫法阳光”开通，是全国第一家自建平台的省级法院微博。除具备普通微博的发布、评论等功能外，还开设了“新闻发布区”、“网民建言区”、“督办回复区”和“诉讼万花筒区”，网民在这一平台上所提的意见、反映的问题都将得到督办回复。

截至2011年12月10日，在新浪网、腾讯网、人民网、新华网四家微博客网站上认证的政务微博客总数为50 561个，其中党政机构微博客32 358个，党政干部微博客18 203个。

再次，政务微博数量和质量并重，逐渐发挥影响力。在数量增加之外，中国政务微博正从部门“单打独斗”向整合多部门、多地区的政务微博群发展。政务微博一般以行业、城市和地区的集群出现，结合本地区、本行业、本部门的具体情况进行定位，发挥着不同的作用，产生越来越重要的影响力。

例如，2011年8月4日，甘肃省卫生厅在其官方网站上公布了《关于在全省利用微博开展健康传播的通知》，甘肃省1 000名五级中医药师承教育指导老师和1 500名取得主治医师职称以上的临床类别执业医师，要在2011年8月底前每人以实名分别在新浪网和腾讯网注册开通个人微博，微博数目共计5 000个。每个二级医疗机构和疾控、监督、血液、健康教育等卫生机构开通个人微博的卫生专业技术人员不少于10人，每个三级医疗机构开通个人微博的卫生专业技术人员不少于50人。各级卫生行政部门和开通个人微博的卫生专业技术人员要与“甘肃省卫生厅”和“甘肃省中医药管理局”的实名微博“互粉”，从而形成甘肃省卫生系统微博群。

这些微博主要通过转载和发布健康信息，回答网民在微博上的提问和咨询，承担健康教育和健康咨询，收集、整理、验证和推荐民间单验方，为网民提供就医指导，收集网民对医疗卫生工作的意见和建议等任务。专家之间还要利用微博进行相互交流和联系，并鼓励专家通过个人微博积极参与突发公共卫生事件的健康指导。

同时，甘肃省卫生厅将把全省五级中医药师承教育工作指导老师个人微博的开通使用纳入五级中医药师承教育工作年度考核内容，以期逐步建立五级中医药师承指导老师使用个人微博的长效机制。①

3. 政务微博的运营

一般来说，政务微博运营管理具有五类风险。

第一，信息泄密。政务微博既可能因发布内容而泄密，也可能因登录平台泄密，更有可能因黑客入侵而泄密。

第二，意见失序。政府机构的微博账户往往由多人轮流维护，不同的工作人员在言语表达方式、语气、立场等多方面都存在差异，有可能造成同一个账户在不同时段对同样或同类问题的评价、意见迥然不同，给外界造留下场混乱、无所适从的负面印象。

第三，“个性”尴尬。微博发布信息，从其自身的传播特质上看，它无法以新华社或者党报面目呈现在其他网友面前。作为强调对话和反馈的媒体，无论是政府机构还是官员个人，都需要用活生生的、口语化甚至拉家常的方式来讨论问题、交流意见。

第四，“碎片”传播。虽然发布信息量超过 140 字，但是微博传播属于典型的“碎片化”信息流。而且，微博信息一旦发布，就有可能被大量转发，倘若在欠妥的时机发布某些信息，或者分寸把握不当，容易引起误读误会，激发群体性事件，挽回难度非常大。

第五，“信访”困境。因为政务微博有硬权力支撑，一些位阶较高的政府机构和官员微博账户，其“评论”部分往往充斥大量和发言主题无关并带有“信访”性质的内容，使“博主”陷入比较尴尬的局面。

① 甘肃省卫生厅：《关于在全省利用微博开展健康传播的通知》（甘卫中发〔2011〕326 号），2011 年 8 月 4 日。

因此，面对微博这种新媒体和社交工具，面对政务微博运营的五种风险，领导者既要摈弃“鸵鸟心态”，又要避免“一哄而上”。领导者发展政务微博，要结合部门特性，周密设计，制定微博战略，形成稳定可靠的运营模式，促进政府和社会良性互动，共同建设和谐社会。

第一，政府微博要做好信息发布工作。政务微博内容要体现行业和部门特点，不宜大而全。内容越针对具体事务，犯错误的概率就越低，沟通效果就会越好。考虑到政务微博内容的规范、严谨要求，比较权威、专业的内容可以原创形式发布，比较轻松、随意的内容可以“转发”方式发布。

第二，政务微博要注意引导舆论和化解危机。政务微博要注意及时监测网络舆情，即时回应争议话题。对于由部门工作和人员引起的网络舆情需要在持续跟踪的基础上，政务微博即时地进行回应。政务微博既要保证积极发布信息，又要即时回应质疑，澄清谣言，化解危机。而且，政府微博要增强风险意识，针对部门需要和特定时期的状况，预估网民心理需求，加以防范和引导。

第三，政务微博要注意语言风格和发布节奏。政务微博要使用网言网语，要具有“街坊味”，注重真诚平等的沟通风格。政务微博要研究用户的行为特征，积极利用高峰时段发布微博，并协调好每天的原创、转发数量。政务微博发布时间要和政府上下班时间相对应，可考虑将每天的第一条微博和最后一条时间相对固定，内容以问候为主，从而逐渐在关注者心理层面留下印象，不断强化和提升政务微博的吸引力和忠诚度。

第四，政务微博要注意通过人格化提高影响力。领导者要合理配备人手。一般来说，领导者要更多地使用青年人，更好地保证政务微博的活力，更好地保证政务微博的热度。政务微博在轮流值班时，需要实名公开值班人员身份，使网民感觉到是与具体的人而非庞大的机构在进行交流和对话，提高政务微博的人格魅力。[①]

---

① 瞿旭晟：《政务微博的管理风险及运营策略》，《新闻大学》，2011 年第 2 期。

三、信息网络安全

无“网”不胜，无“网”不危。在风险社会，开放型领导者不仅要推动国家和企业的开放运动，而且要降低网络风险，化解网络危机，关注网络安全。从个人到企业到国家，必须制定合适的信息网络安全战略，打赢以情报战、系统战和心理战为主要内容的网络战。

（一）网络战：保护国家主权

围绕互联网的全球战略布局加快、国际竞争加剧，网络空间成为继领土、领海、领空和太空之后的第五空间，保障网络空间国家利益成为新的战略任务。发达国家结合本国资源禀赋与核心优势，相继出台互联网国家战略和行动计划，加快构建现实世界与虚拟空间有机统一的国家综合竞争优势。

从20世纪90年代美国成立“空军信息作战中心”开始，北约、欧盟、英国、俄罗斯、以色列、韩国、日本等国家和组织都在加紧筹备一场随时可能来临的网络空间战争。1999年，科索沃战争成为“全球第一次网络战争”。随后，网络战形式越来越复杂，破坏力越来越大。2010年，奥巴马政府筹建了美国网络战司令部。2011年，美国《国家军事战略》首次将“应对网络安全威胁”单独列为军事战略，强调美国网络部队要有攻击能力。

网络战已经打破传统现实主义的地缘政治，使得国家之间的竞争范围在从现实世界泛化至虚拟空间。现实世界中经济、政治、军事、社会等多种资源的竞争，逐渐转化为以信息为中心的综合实力竞争。各国互联网战略将升级为囊括现实世界所有安全元素的顶层设计战略。

（二）情报战、系统战和心理战

1. 维基泄密的启示

维基解密（Wikileaks）是“信息自由活动家”澳大利亚人朱利安·

阿桑奇（Julian Assange）于2006年创办的网站，以“人民的情报机构”自居，其宗旨是“我们打开政府”。它专门揭露政府、企业腐败行为，反对权力过度扩张的政府，支持公民活动家、记者及其他挑战强权的人士。该网站声称其数据源不可追查也不被审查。“维基解密”没有总部和基础设施，该网站依靠数十个国家的支持者，相对而言很少受到律师或地方政府的压力。

据翟边研究，2010年4月，维基解密发放了美军在2007年于巴格达滥杀平民的片段。2010年7月25日，维基解密公布了92 000份美军有关阿富汗战争的军事机密文件。2010年10月23日，维基解密公布了391 832份美军关于伊拉克战争的机密文件。维基解密的行为对美国军方机构的“情报安全和运作安全”构成了严重的威胁，该网站上泄漏的一些机密可能会“影响到美国军方在国内和海外的运作安全”。2010年11月28日，维基解密网站泄露了25万份美国驻外使馆发给美国国务院的秘密文传电报。内容包括中东、伊朗、朝鲜半岛问题和美国外交官员对一些国家元首的直白评价等。①

维基解密将诸多美国外交内幕和盘托出，全球哗然，成为美国外交领域的“9·11”事件。美国国务院与国防部等部门如临大敌、如坐针毡、手忙脚乱。国务卿希拉里急忙“灭火”、“止血”、“消毒”，又是向盟友解释，又是严厉谴责阿桑奇，企图“减少损失”、“挽回影响”。

翟边认为，维基泄密事件，不仅泄漏了美军的绝对机密，而且破坏了美国的国家形象，是一个人对世界上最强大国家的网络战。一般来说，网络战有三大任务：“情报战”、“系统战”和“心理战”。第一，情报战，即通过信息武器进行窃密与反窃密。情报窃取是网络战的前导。2009年，美国发布“国家情报战略”，其目的是防止网络间谍和窃密，其内容包括情报预警、情报获取、反信息间谍、网络安全等。第二，系统战，是网络空间战的核心，通过信息网络武器向敌对国家的重要基础设施（水、电、气、油、交通、网络、金融、国防等）进行攻击，致使

① 翟边：《国际网络空间四大事件引发的思考》，《信息化建设》，2012年第2期。

其信息系统瘫痪，从而破坏其网络系统。第三，心理战，即通过网络进行舆论煽动或渗透、篡改与控制，达到威慑和动摇人心的目的。①

2. 情报战：窃密与反窃密

在信息网络社会，窃密者也许只需点击鼠标就能获取大量秘密信息。网络空间之所以易受攻击，是因为网络系统具有开放、快速、分散、互联、虚拟、脆弱等特点。窃密者可以随时攻击任何网站，几乎不受时间和空间的限制；信息传输速度极快，病毒等有害信息可在网上迅速扩散和放大；网络基础设施和终端设备数量众多，分布地域广阔；各种信息系统互联互通，用户身份和位置真假难辨，构成了一个庞大而复杂的虚拟环境；此外，网络软件和协议存在许多技术漏洞，为窃密者提供了可乘之机。这些特点都给网络空间的管控工作造成了巨大困难。

在全球化开放的网络社会，无论是国家，还是企业，领导者一定要站在“网络战”的高度来看待“信息网络安全”。信息网络安全已不再只是个人和部门的问题，而是关系着国家安全和命运的大局。领导者既要提高警惕，规范管理，严密防护，又要遏制破坏和追溯反击，还要提升全民信息安全意识和能力，从而系统地提升保护国家信息网络安全水平。

在当前全球经济一体化的背景下，企业只有掌握竞争情报，并注意保护好自己的商业秘密，特别是无形资产和商务信息等核心商业秘密，才能在激烈的市场竞争中处于主动地位。保护信息安全，要防止信息资源集聚过程中的无意流失和有意窃取。例如，世界民用飞机巨无霸的美国波音公司专门建立了“反竞争情报机制”，从获取的“战略信号”中研究破解对方竞争手段的方法。商业巨头沃尔玛通过找到最值得信赖同时成本又低的系统来保障信息网络安全。②

当前，云计算在给国家和企业带来巨大的经济利益的同时，也带来了巨大的安全隐患，主要有隔离失败风险、合规风险、管理界面损害风险、数据删除不彻底风险、内部威胁风险等众多运营和使用风险。从宏观角度来看，云计算最重要、最核心的风险是国家信息安全风险和企业

① 翟边：《国际网络空间四大事件引发的思考》，《信息化建设》，2012年第2期。
② 高峰：《云计算与国家安全》，信息化建设，2012年第1期。

经济信息失控风险。[①]

3. **系统战：网络对抗，以柔克刚**

据翟边研究，“震网”（Stuxnet）是一种 Windows 平台上的计算机蠕虫病毒，2010 年 6 月首次被白俄罗斯安全公司 VirusBlokAda 发现。“震网”病毒能控制关键过程并开启一连串执行程序，最终导致整个系统自我毁灭。据赛门铁克的统计表明，截至 2010 年 8 月 6 日，在深受影响的主要国家中，伊朗有 62 867 台、印尼有 13 336 台、印度有 6 552 台、美国有 2 913 台、澳大利亚有 2 436 台、英国有 1 038 台、马来西亚有 1 013 台、巴基斯坦有 993 台受到感染。

赛门铁克安全响应中心高级主任凯文·霍根（Kevin Hogan）指出，在伊朗约 60％的个人计算机被感染，这意味着其目标是当地的工业基础设施。“震网病毒攻击”属于系统战，通过网络对抗手段向敌对国家的重要基础设施（水、电、气、油、交通、网络、金融、国防等）进行攻击，致使其信息系统瘫痪。“震网病毒攻击”事件说明，物理隔离的专用局域网并不是牢不可破的，采用专用软件的工业控制系统同样能被攻破，数字签名的安全性问题亟待解决。[②]

如果说基础设施是硬件，那么，系统战破坏的主要是敌方的软件。换句话说，系统战最大的特征就是通过远程作战和隐性作战，麻痹或者破坏敌方的“神经系统”，达到柔性杀伤或者无形杀伤的战略目的。

4. **心理战：隐形渗透，变化人心**

从信息网络技术角度来说，如果说系统战破坏的是敌方的软件，那么，心理战主要破坏的是敌方的“湿件”，进而改变敌方的知识体系、思维模式和思想信仰。网络战，既是信息战，又是心理战。正如在第二章所强调的“共同进化”特征，这种隐性的柔性的乃至无形的战争形式，是一种新型的融合国家观念、意志、情感的战争形式。它无处不在，无时不在，无微不至，无所不能，正在颠覆传统的战争概念，重新

① 王汝林：《发展云计算不能“跟风攀比”“乱云飞渡”》，2012 年 4 月 12 日，http：//www. chinavalue. net/Biz/Blog/2012－4－11/894820. aspx.

② 翟边：《国际网络空间四大事件引发的思考》，《信息化建设》，2012 年第 2 期。

演绎为信息共享、对话协商、彼此妥协或柔隐对抗等形态。

拥有网络霸权的“信息帝国主义”国家，很可能发动“人海战术”与“隐形入侵”，通过巨大的“信息流”、富有经验的外交人员、极具渗透力的形象秀、更隐匿的图文浸透等行为，巧妙地传播本国的政策主张、意识形态与价值观念，冲击发展中国家的政治态度、信仰与价值观，分裂与瓦解发展中国家的社会凝聚力，最终加剧公民对政治体系和民族文化的认同危机，进而达到传统条件下难度更大、成功率更低的战略目标。①

对于广大转型国家与网络弱国来说，Web 2.0 时代将进一步加剧政治参与的无序状态。全媒体格局将深刻影响国家认同，影响国民的忠诚度，造成国家治理危机并威胁政权稳定。2011 年年初，北非、西亚地区的社会动荡，就是因为网络心理战而导致了内部争议扩大化。

（三）多元主体共保网络安全

由于网络战的泛在性，确保网络安全需要全社会多元主体的积极参与和全面协同。一般来说，政府要制定总的信息网络安全战略，推进核心技术的研发和应用。企业要制定信息网络安全战略，设置功能完备的网络安全体系。对于每个网民来说，要自觉保护国家和企业的核心机密，维护个人信息安全。

对于政府来说，着重要做好以下四个方面的安全工作。

第一，加强网络安全管理。政府要深入推进安全等级保护、安全评测、风险评估等基础工作，强化域名体系等互联网基础设施安全保障，加大网络安全监测、冗余备份等安全基础设施建设力度，加强对增值电信业务、移动互联网和智能终端的网络安全监管工作。政府要继续加强公共网络环境治理，推进木马和僵尸网络专项打击与常态化治理，打击计算机和手机病毒利益链。

第二，加强网络危机管理。政府要从健全工作机制、贯彻和完善工作预案等方面入手，提高重大活动保障和突发事件应急处置能力。政府要组织开展网络安全联合应急演练，加强重要联网信息系统的安全监测。

① 王文：《Web 2.0 时代的世界政治》，《外交评论》，2011 年第 6 期。

第三，提高网络装备安全管控水平。政府要坚持发展基础软、硬件产品和专用安全产品并举，提高关键装备可控水平，支持安全技术产品研发，完善信息安全产业链，发展和规范网络与信息安全服务业。探索建立互联网新技术新业务信息安全评估体系，落实网络信息安全保护措施，提高安全防患和处置能力。

第四，培育网络安全文化。政府要积极引导各个层面的网民树立网络安全意识，提升安全防护能力，并通过行业自律、社会监督等多种方式培育安全环境和文化。政府必须加强内部网络系统的安全防范，提高专用控制软件安全意识，强化电子签名、数字证书应用安全管理。政府必须认真对待涉及国家重要基础设施的水、电、气、油、制造和国防工业的重大安全保密问题。总之，政府必须信息网络技术产品的安全控权掌握在自己手中。①

对于企业来说，必须建构功能完备的网络安全系统。一般来说，企业应用安全体系必须具备九种功能。①访问控制。通过对特定网段、服务建立的访问控制体系，将绝大多数攻击阻止在到达攻击目标之前。②检查安全漏洞。通过对安全漏洞的定期检查，确保网络安全系统无漏洞，使绝大多数攻击无效。③攻击监控。通过对特定网段、服务建立的攻击监控体系，可实时检测出绝大多数攻击，并采取相应的行动（如断开网络连接、记录攻击过程、跟踪攻击源等）。④加密通信。主动的加密通信，可使攻击者不能了解、修改敏感信息。⑤认证。良好的认证体系可防止攻击者假冒合法用户。⑥备份和恢复。良好的备份和恢复机制，可在攻击造成损失时，尽快地恢复数据和系统服务。⑦多层防御。在攻击者突破第一道防线后，延缓或阻断其到达攻击目标。⑧隐藏内部信息。使攻击者不能了解系统内的基本情况。⑨设立安全监控中心。为信息系统提供安全体系管理、监控、维护及紧急情况服务。

总之，居安思危，提高警惕，全民动员，协同共治，才是保证信息网络安全的关键。

---

① 翟边：《国际网络空间四大事件引发的思考》，《信息化建设》，2012年第2期。

第五章

微众领导力

- 微领导
- 微创新
- 网络治理

微众，是基于网络平台的互相影响的独立主体。即使一个人是微不足道的，但是通过信息网络工具，微众迅速组成小众、大众直到巨众，爆发出无所不能的微动力。在每次网络事件中，涌现出来的微领袖影响其他网络主体，进行微创新，推动微变革，加强网络“生态治理”，共同建设和维护和谐网络环境。微众领导，就是微领袖在网络环境中设置议程、影响政府、推动社会进步的过程。微众领导力，就是微众与多元领导主体之间互相合作的协同关系。

一、微领导

由于掌握微博等新网络工具，传统意义上的“群众”变成了“微众”。微众的自我组织与行动，把微权利转化为微权力，成为推动国家与社会和谐发展的微动力。网络意见领袖积极发挥领导作用，在网络事件中，把微众的微权利转化成话语权，把微众的微议论转化成为微行动，议行合一，成为新型的微领袖。

（一）从群众到微众

1. 微众的形成

微众，从严格的意义来说，是指使用微博的个体网民；从更加广泛的范围来说，是通过信息网络技术进行互动联系的独立的个体网民。截至2010年6月，中国互联网完成历史性一跃，用户产生的内容的流量超过网站专业制作内容的流量，前者占互联网总流量的比例达到50.7%，后者为47.32%。微博客、博客、论坛、SNS、问答等应用的流量份额超过了新闻、搜索、电子商务等关键领域的总和。用户产生信息，Web 2.0 正式超越 Web 1.0，互联网的“微众”时代到来了。[①] 而且，网络生活继续向社区深度扩展，网络社区成为网民停留时间最长的应用，以微众为中心的互联网逐渐超越以网站为中心的传统互联网。

实际上，在微博诞生以前，很多互联网用户已经从“受众”变成了“微众”，微博的普及正式宣告了这一时代的来临。因为微博，每一个人的独立性和影响力更加明显。

从 2010 年 6 月至今，我国网络社会最大的变化是网民越来越移动化，越来越微众化。据 CNNIC 第 30 次调查报告，截至 2012 年 6 月底，我国手机网民规模达到 3.88 亿人，网民中用手机接入互联网的用户占比由上年年底的 69.3%提升至 72.2%。在手机上网快速发展的同时，台式计算机这一传统上网终端的使用率一直在下降，2012 年上半年使用台式计算机上网的网民比例为 70.7%，相比 2011 年下半年下降了 2.7 个百分点。在这样的发展趋势下，目前中国网民实现互联网接入的方式呈现全新格局，手机成为我国网民的第一大上网终端（如图 5-1 所示）。

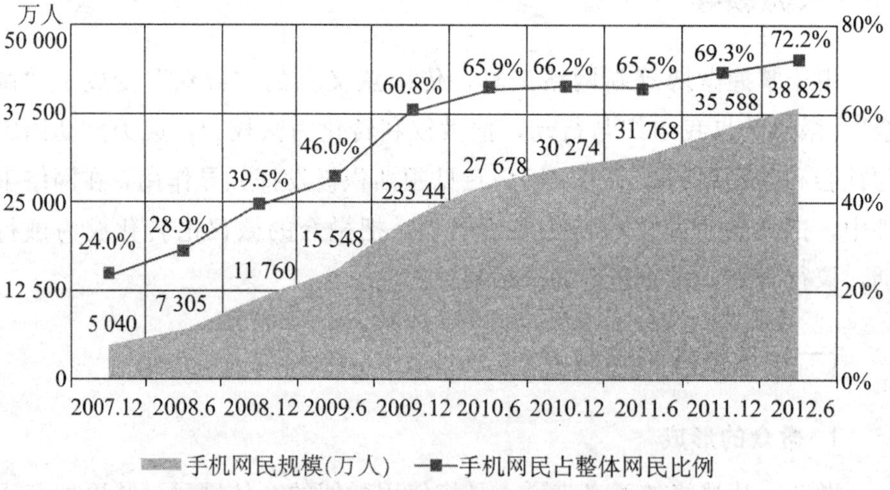

图 5-1　中国手机网民上网规模及其占网民比例

资料来源：中国互联网络信息中心（CNNIC）：第 30 次中国互联网络发展状况调查报告，http：//blog.163.com/jiangqiping _ vip/blog/static/78379465200844543116 95/

---

① 中国互联网络数据中心（DCCI）：《中国互联网 2.0 正式超越 1.0》，http：//tech.ifeng.com/special/adworld2010/content - 1/detail _ 2010 _ 07/22/1814476 _ 0.shtml.

那么，微众使用手机上网主要做什么呢？

第一，手机即时通信仍是使用率最高的应用。截至2012年6月，手机即时通信用户规模为3.22亿人，手机网民使用即时通信的比例达83.0%（如图5-2所示）。在2012年上半年，众多互联网企业布局手机即时通信工具，促使手机通信用户大规模增长。手机即时通信工具功能不断增强，能提供集声音、文字、图像、视频的低成本高效率的通信服务，并与社交应用不断融合，连通邮箱、手机通信录、微博等产品，帮助用户整合和管理关系链，来满足用户移动社交的新需求。手机即时通信工具平台化，将其他应用不断引入平台，提供更多附加服务，寻找新的赢利点。

第二，手机搜索使用率排名第二，仍保持较高增速。截至2012年6月底，手机搜索用户规模达2.6亿人，相比2011年，规模增长17.3%；使用率达66.7%，排名第二位，相比2011年，使用率增长4.6个%（如图5-2所示）。随着移动互联网快速发展，产品和服务的不断丰富，手机搜索作为移动互联网入口之一，价值进一步凸显。随着智能手机不断普及，各大搜索引擎网站不断推出、优化手机搜索客户端，提升了用户移动端的搜索体验，促使更多用户使用。与传统的互联网搜索相比，手机搜索有较好的便利性，用户可以随时随地查找信息。随着手机终端的智能化趋势，未来的手机搜索产品呈现语音化、个性化和基于地理位置服务等发展趋势，将进一步提高手机搜索的使用率。

第三，手机微博是手机网民使用率增长幅度最大的应用。继2011年手机微博快速增长之势，截至2012年6月底，手机网民中微博使用率提升至43.8%。一方面，手机微博能体现微博内容的即时性和发挥微博应用的自媒体优势，用户体验较好，流失率较低；另一方面，手机微博客户端功能不断增强，如增加社会化阅读、兴趣社区和通过客户端直接购物等，提升了手机用户使用微博的黏性和使用体验。

第四，手机网络视频是手机娱乐类应用的增长亮点。相比2011年下半年，手机娱乐类应用中，手机网民对手机网络文学与手机网络游戏的使用率有小幅度下降；手机网络音乐和手机网络视频使用率上升，其中手机网络视频的使用率为27.7%，相比2011年下半年提升5.2个百分点，这说明高流量手机应用发展速度明显加快。

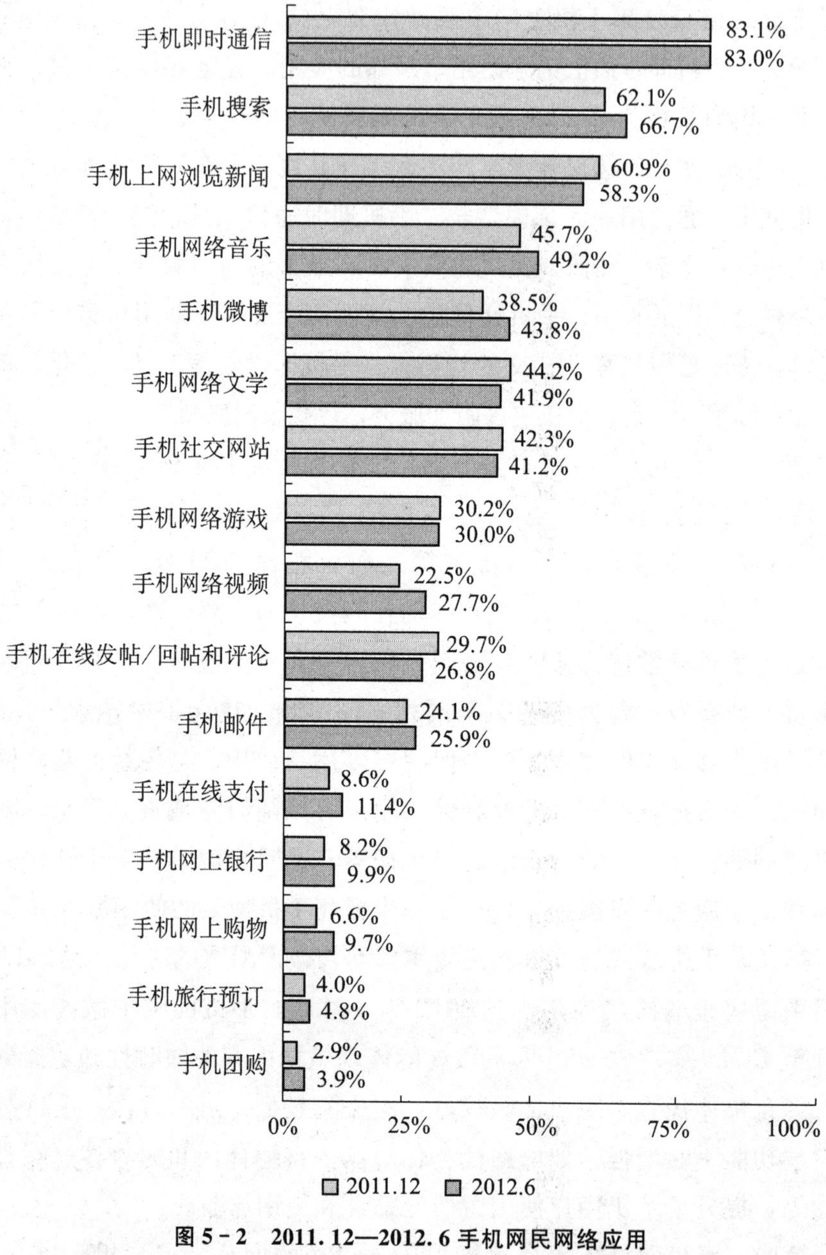

图 5－2　2011. 12—2012. 6 手机网民网络应用

资料来源：中国互联网络信息中心（CNNIC）：第 30 次中国互联网络发展状况调查报告，http：//blog. 163. com/jiangqiping _ vip/blog/static/7837946520084454311695/

手机视频应用快速发展的原因包括两方面。其一，智能手机价格持续下降，操作系统高度智能化，同时越来越多的家庭搭建起 Wi-Fi 环境，这些因素为手机视频发展提供了用户基础和硬件支持。其二，国内视频网站纷纷推出移动客户端，抢占无线市场，同时部分视频网站加强与电信运营商的合作，手机视频内容不断丰富。在视频网站、运营商等多方积极推动下，用户使用手机终端在线看视频的习惯正在逐步养成。[①]

2. **微众的特征**

从构词法来看，"微众"与"群众"是不一样的。"群众"是同义合成词，微众是反义合成词。微众，是一个包含着矛盾性的词语，具有相互对立的两个方面。微众包含着双重性和动态性，就像量子具有波粒二象性一样。

第一，微众既是信息生产者，又是信息消费者。如果说因为谷歌和百度等搜索公司，"信息搜索面前人人平等"，那么，因为 Twitter 和新浪微博，"信息发布面前人人平等"。

史安斌指出，在"传统社会"当中，大众传媒是传递信息的工具。所谓大众，是指大量的、被动的受众；所谓传媒，是"工具"或"喉舌"，少数的精英控制着信息和舆论的主导权，传媒受制于政治、经济、军事等"硬力量"。

史安斌指出，在"风险社会"当中，大众传媒本身成为一种独立运作的"机制"。在此，"微众"，不仅是独立的、主动选择的信息消费者，而且是自由的、积极的信息生产者。微众的角色是合二为一的，成为新型的"生产/消费者"。互联网的尤其是移动互联网的发展，造就了大量的众多的相对独立的"生产/消费者"。[②]

作为信息生产者，2009 年以来，微众成为无处不在的公民记者。什么是公民记者？作为中国最著名的公民记者之一，周曙光认为，"公民记者就是在某一事件中偶然记录到某事件的记录者。与专业记者相对应的是，公民记者并不是以新闻报道为职业，所以，公民记者是一个事件中的身份，而不是一个永久身份。每一个记者皆为公民，每一个公民皆可成为新闻报道者；每一个人都可能成为事件的记录者，记录某事件并

① 中国互联网络信息中心（CNNIC）：《第 30 次中国互联网络发展状况调查报告》，http://blog.163.com/jiangqiping_vip/blog/static/7837946520084454311695/.

② 史安斌，《风险社会中的大众传媒与危机传播》，《现代职业安全》，2011 年第 8 期。

不需要拥有超越公民权利以外的权利。”①

作为信息生产者，微众传播大量的“微内容”。“微内容”是指个人的非公共性的内容，是相对于巨内容而言的。巨内容主要是指传统媒体的主体内容，体现为新闻的重要性、时效性和显著性等方面的价值。微内容是指网络平台的“超小文字段”。互联网用户的所有独立数据，比如，每一篇博客、公共论坛上的每一个评论、每一条微博及网络调查时的每一次点击，都构成了互联网的微内容。

微博不“微”，微内容的影响和效果越来越大。用户对视频、音频的每一次点击、评论、收藏都是一次选择，点击、收藏、评论多的音频、视频就最先出现在首页上。因此，在 You tube 首页上可以看到“观看最多的视频”、“最热门的视频”以及“精选视频”的链接。这种选择不是来自搜索的机器智能，而是源于用户自身判断，可信度更强。②

第二，微众既是个体的，又是大众的。“微”，就是每个人，单独的一个人。早在 1995 年，尼葛洛庞帝就敏锐发现，工业时代是原子的时代，信息时代是比特的时代。无论何时何地，人们都能制造比特。信息时代中，大众传媒的覆盖面一方面变得越来越大，另一方面又变得越来越小。尼葛洛庞帝强调，“在后信息时代中，大众传播的受众往往只是单独一人……在数字化生存的情况下，我就是‘我’，不再是人口统计学中的一个‘子集’。”③

信息网络技术，尤其是 Web 3.0 技术，把每个“自我”从网络上凸显出来，个性化自我在网络平台中绽放光芒。微众通过信息的交流而觉醒，完成个人层面上的自我赋权或心理赋权，更加积极主动，成为自我领导者。我能、我可以、我应该……成为主流意识。网络提升了个人价值感，个体对“自我”的信心空前高涨。网络的低技术门槛使每个人都可以在网络上开辟出“自我空间”，自由充分地表达自我。④

---

① 胡泳：《网民成长的十个面向》，2012 年 1 月 5 日，http://huyong.blog.sohu.com/200690463.html.

② 胥晓璇：《“自媒体”对传统媒体的挑战》，《青年记者》，2009 年 5 月下。

③ 胡泳：《众声喧哗》，广西师范大学出版社 2008 年版，第 19 页。

④ 蔡文之：《网络传播革命：权利与规制》，上海人民出版社 2011 年版，第 17 页。

同时，信息网络技术，尤其是 Web 3.0 技术，又使每个“自我”融入互联网，群体意识在网络之上日益彰显。微众的“微权利”意识源于私人利益，但又超越了私人利益，由此使得权利的本位发生了根本性的转变，即“从个人出发，以个人为中心和本位”到“从社会出发，以社会和集体为中心和本位”，并由此上升到以网络传播情景中的社会关系去理解“人”和“人的权利”。[①]

微众这个词汇，包含着从“微”到“众”的过程。这个过程，就是网络集群的过程。一般来说，“集群行为”是指具有共同经验、动机、目标或理想的多数人，通过集会、游行、请愿、静坐或示威等方式展现集体力量，促成政府重视、社会关注、舆论同情或支持，冀以改变、维持现行法令、政策、社会规范、制度、结构或现象，获取或救济权利，契合个人期望或满足个人需要的集合行动。[②] 作为 Web 2.0 时代新出现的一种集群行为，相较于一般群体性事件，在网络集群过程中，网络作为重要的变量在机制发生的各个环节发挥新的作用[③]（如图 5-3 所示）。

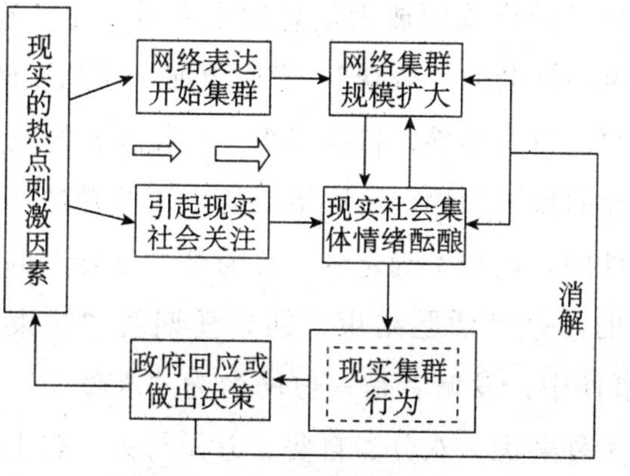

图 5-3　网络集群过程

图片来源：杜骏飞等：《政府网络危机》，中国发展出版社 2011 年版，第 255 页。

杜骏飞认为，与一般集群相同的是，网民关注同一个话题，通过各种途径参与讨论，形成舆论，甚至采取实际行动，从而构成了一系列意见群

① 蔡文之：《网络传播革命：权利与规制》，上海人民出版社 2011 年版，第 17 页。
② 杜骏飞等：《政府网络危机》，中国发展出版社 2011 年版，第 308 页。
③ 杜骏飞等：《政府网络危机》，中国发展出版社 2011 年版，第 248 页。

体和行动群体。与一般集群过程不同的是，网络集群是临时的，是“涌现”的，以某个偶然性事件为核心。这些群体能够形成多大的舆论冲击力，以及采取何种方式的实际行动，很大程度上取决于群体的内部聚合力。[①]

杜骏飞认为，这种临时群体的凝聚力受到三种因素的影响。首先是共享的情感特征。情感因素是激发临时性群体形成的根本性动因。在政府危机性事件中，相对剥夺感的产生、对政府部门的愤怒与怨恨等共同情感使网民聚集起来讨论，甚至采取行动。

其次是微众的社会资源及社会地位。占据不同社会地位和拥有不同社会资源的微众，在看待同一个问题时的立场、观察角度和思考方式往往不同。一般来说，这种差异比较大地影响群体内部凝聚力。再次是微众的互动程度。个体成员之间的互动越多，相互之间越可能建立较深的情感。[②]

第三，微众既是追随者，又是领导者。在信息网络社会，当群众灵活运用互联网和移动互联网工具后，以博客、微博客、播客、拍客、闪客、掘客等多种身份出现而成为信息发布者时，传统意义上的“群众”转型升级成为网络社会的“微众”，变得更加个性化、网络化和智慧化，具备了自我教育、自我领导、自我组织、自我服务的能力。

正如布兰克的量子领导理论所指出的，领导者是与领导事件紧密联系的，是临时性的，也是不确定的。临时性“领导”的“任期”是以话题周期为期限的，一旦话题结束，领导任期就“结束”了。例如，在“卖身救母”事件中，发帖者是一位网名为“八分斋”的深圳网友。为了澄清网友的种种疑虑，八分斋自费2万元与另一名上海网友赶赴重庆调查，勉强算个领头的。但事情过去，他的领导作用就结束了。[③]

微博客，使得微众通过网络民主参与到网络领导之中。近现代国家的民主政治理论强调，一切国家权力都直接或间接来源于公民权利，公

---

① 杜骏飞等：《政府网络危机》，中国发展出版社 2011 年版，第 248 页。

② 杜骏飞等：《政府网络危机》，中国发展出版社 2011 年版，第 248 页。

③ 姜奇平：《网民不是什么?》，http://blog.163.com/jiangqiping_vip/blog/static/7837946520084454311695/.

民通过选举产生自己的代表机关，代表机关再根据一定的原则，组建国家和政府的结构。在西方世界，从古希腊古罗马的“民主”、“共和”，到近代“人民主权民主”、“代议制民主”、“宪政民主”，再到现代“精英民主”、“多元民主”、“参与民主”、“协商民主”，人类民主政治建设的道路漫长而艰辛。[①] 但是，通过微博，微众的微动力将大大加快人类民主的进程。

在网络领导过程中，微众提供了大量信息，贡献了丰富智慧，凝聚了巨大力量。例如，16 岁成都少年马华卿通过网上视频，揭露 BBC 驻北京特派员 James Reynolds 的不实之词，以一己之力，迫使 BBC 向中国道歉。再如，2008 年“5·12”地震中，一位茂县女孩得知救援部队在汶川找不到空降点后，发帖说一个叫“大平头”的空地适合空降，帖子瞬间被转载了 1 917 次，两小时后便传到四川省抗震救灾指挥中心，经勘查，飞机最终成功空降汶川。

在每一次网络事件之中，都有可能“涌现”出临时的微领袖。祝华新等人指出，2008 年上半年，因为不满西方媒体在拉萨事件中的不实报道和奥运火炬传递在欧美国家受阻，中国网络社会掀起了一股反西方媒体的热潮。饶瑾，23 岁的清华大学工程物理专业毕业生，创立了反对 CNN 网站，旨在揭露西方主流媒体对华的不实报道、“作恶的证据”。在一个月的时间里，网站的日点击率达到 500 万次，注册会员 10 万人，全球网站排名维持在第 1800 名左右。据 Alexa 的网站监测数据，在 5 月和 8 月峰顶时段，反对 CNN 网站的日访问量接近网络 IP 的万分之一，访问者分布遍及中国内地、港澳台地区和欧美主要国家。反 CNN 网站表示：“并不对媒体本身，只反对媒体不客观的报道；并不反对西方人民，只反对偏见。”[②]

3.“自由人的自由联合”

微众，本质是通过网络自由互动的网民。互联网提供了自由人的自由

---

① 马骏等：《中国的互联网治理》，中国发展出版社 2011 年版，第 13 页。

② 祝华新、单学刚、胡江春：《2008 年中国互联网舆情分析报告》，http://yuqing.people.com.cn/GB/209170/index.html.

联合的技术条件，但只有在自由人的自由联合所需要的道德条件同时实现的情况下，马克思一百多年前的理想才可能成为现实。理想的“自由人的自由联合”，既需要微众理解自由的含义，又需要微众对自由负起责任。

何为自由？约翰·弥尔顿认为：“确切地说，自由即虔诚、智慧、正义和节制，慎重对待自己所拥有的，而不觊觎他人所有，由此宽宏大量、无所畏惧……反之，则与奴隶无异。因此，如果国家无法有效治理并维持秩序，而是听任自己欲望的奴役，那么，这个国家就只有违背其意志而受制于他人，无论是否心甘情愿，都得被迫受人役使。”①

何为“自由地联合”？自由地联合就是微众的自动员、自组织、自领导。在每次网络事件中，分布于不同地点和时间的微众，自发地随机地联系起来，发布信息，发表观点乃至发动网络事件。一旦网络事件结束，网民既可能失去联系，自我解散，也可能继续联系，发展成为更加密切的群体乃至成为长期的组织。值得注意的是，这种联合有可能成为迅速的大规模的动员。互联网是分布并行的，是开放兼容的，带有很少的等级制与核心指挥，微众的自由联合是一种“无组织的组织力量”。

从长远来看，每个微众都将获得更加自由而全面的发展，成为社会发展的微观动力；每个微众都将变得更加独立自主、幸福满足，成为社会幸福的微观基础。

（二）从微权利到微动力

2007年5月，厦门PX事件开始升温，各种消息迅速在互联网及人际渠道中传播。在厦门著名的网络社区小鱼社区、厦门大学的公共BBS上，关乎PX项目的帖子总会吸引数以万计的点击率，“保卫厦门”、“还我蓝天”的字眼屡现网文标题。除了互联网，手机也成为市民获取信息的重要渠道。新华网报道，在厦门市民之间转发着同一条有关反对该项目的短信，一些短信结尾还涉及敏感内容：“为了我们的子孙后代，行

① ［美］迪伊·霍克著，张珍、张建丰等译：《隐形VISA：面向未来的混序组织》，上海远东出版社2011年2月，第85页。

动吧！参加万人游行，时间6月1日上午8点起，由所在地向市政府进发！手绑黄丝带！见短信群发给厦门所有朋友！”①

信息网络技术为网民打开权利空间，增加了全新的“网络权利”。微博技术的迅速发展，使得每个人的网络权利进一步发展成为“微权利”。通过敲打键盘，通过点击鼠标，这种“微权利”可以直接转化为“微权力”，转换成为“微动力”。

微动力，这个词汇来源于胡泳在2010年1月的文章《微革命》。

何为微动力？胡泳认为，“在我看来，微动力不是别的，就是每个人承担责任。微，就是每一个普通的公民。动力，它指的不是别的，而是说，不论言语有千条万条，改变世界的其实还是行动。”祝华新认为，微博客使得网友以每个人都承担一份责任的方式，成为推动社会良性发展的“微动力”。“微博客是突发新闻的出色载体，言论表达的开放平台，参政议政的良好工具，也是政府阳光执政不可缺少的通道。”②

如何衡量微动力？因为网络信息的裂变式传播和能量的聚变式聚集，所以微动力是“无微不至，无所不能”的。任何一个小地方的一条微信息都可以迅速在QQ群、豆瓣小组、维基百科、各种网上沙龙上迅速传播，都可能在瞬间传遍中国和世界，掀起舆论风暴，激发“核能量”。

无论是国际大事还是地方小事，无论是民生民权、社会公益还是自然灾害与生态保护，“微众”都成为无处不在的信息发布者、传播者和评论者，引发舆论关注，引爆舆论能量，引导事态发展，推动相关部门回应，影响政策议程乃至最终处置办法。

网络无小事！

（三）从意见领袖到微领袖

1. 微博打拐的启示

2010年10月9日，著名学者于建嵘——中国社会科学院农村发展

① 杜骏飞等：《政府网络危机》，中国发展出版社2011年版，第50页。

② 祝华新、单学刚、胡江春：《2010年中国互联网舆情分析报告》，http://yuqing.people.com.cn/GB/209170/index.html.

研究所教授——开通新浪微博。2011 年 1 月 17 日下午 2：20 分，在收到一封私信之后，于建嵘发了一条寻找一名叫杨伟鑫的孩子的微博。[①]

出人意料的是，这条几乎没有时效性也非热点话题的微博最终被转发上万次，评论数超过两千件。对于当时的新浪微博而言，这是一个惊人的数字。更出人意料的是，从这一天开始，于建嵘的微博收到了关于乞讨和被拐儿童的海量信息。

2 月 2 日，农历除夕，另外一位微博名人薛蛮子在微博上分 6 次发表了抢走春晚不少眼球的打拐“檄文”：“我自登博以来，每日都见父母亲友为被拐卖儿童的求救信……此类令人发指的滔天罪行在我国 960 万平方公里的土地上每日发生，在 13 亿人民的眼皮底下愈演愈烈。实是我中华民族的奇耻大辱……”

2 月 6 日，大年初四，著名媒体人邓飞在微博上直播了湖北人彭高峰去江苏邳州寻子成功的经过，引起网友强烈关注。

在打拐活动上，政府采取了支持态度。官方媒体报道了彭高峰找到三年前被劫持儿子的新闻，一些城市的公安部门也参与到网上行动中来。江苏省常州公安官方微博“平安常州”说：“请您随手拍下你遇到的乞讨、流浪的儿童，连同时间、地点信息上传到微博，为寻人家庭提供线索。”

陈士渠——公安部打击拐卖妇女儿童犯罪办公室主任——开通微博，目的就是收集更多的信息。陈士渠认为，微博参与的人多，信息量很大，传递速度很快，可以迅速收集更多的拐卖犯罪信息和线索。

从 2010 年 12 月 12 日到 2011 年 10 月 25 日，通过微博获得的1 500 多条线索，公安部打拐办已经转给各地警方调查核实，解救了一批被拐儿童。10 月 25 日，公安部打拐专项行动 1 号案——贵州“4·9”系列打拐专案正式告破，15 名从贵州遵义被拐骗到河南、陕西、河北的儿童，重回父母怀抱。

---

① 本案例根据《140 字的中国：2011 微博十大事件》（张毅，《财经文摘》2011 年 12 月）、《公益媒体人邓飞：明年“转战”大病医保》（程绩，《新闻晚报》，2011 年 12 月 28 日）、《外国媒体关注我国微博打拐 凸显社交媒体能量》（仇筱李，《青年参考》，2011 年 2 月 15 日）等文章撰写。

从以上案例可以看出，一条看似偶然的微博，最终却掀起了一场前所未有的风暴。从有专业知识的大学教授和律师，到有众多粉丝的明星，从有公权力的公安机关，到有雄厚资金的成功企业家，从经验丰富的公益组织，到行动力迅速的媒体记者，都无一例外地卷入其中。《人民日报》盛赞，这是“网络时代典型的公民行动”。

什么是微领导？在微博打拐事件之中，于建嵘、薛蛮子、邓飞和陈士渠之间及和微众之间的互相影响的过程就是微领导。

什么是微众领导力？微众领导力，就是于建嵘、薛蛮子、邓飞和陈士渠之间和微众之间互相影响的关系。微众领导力，是量子状态的，“涌现”于每一次事件之中。

2. 网络意见领袖

20世纪40年代，美国传播学者拉扎斯菲尔德发现，大量的信息经一些活跃分子中转或过滤后，形成价值判断，再传递给大众。这些活跃分子就是传播学意义上的“意见领袖”。“意见领袖”媒介接触度高、知识水平高和活跃度高。他们通过提供信息，传播观点，影响那些媒介接触度低、知识水平低和活跃度低的受众。

微博客在分散话语权的同时，也在促进话语权的转移和再次集中。在微博话语场中，意见领袖日益掌控信息的传播、参与议程的设置、引导舆论的方向。① 美国微博客 Twitter 上，前几年2万名“精英”用户，比例不到总用户的0.05%，却吸引了几乎50%的注意力。由此可见“意见领袖”的异军突起，中国的微博也有类似的情形。

由于中国网民群体的特征，网络意见领袖的影响力尤其突出。中国网民普遍比较年轻，高中学历所占比例最大，大约四成。因此，在舆论酝酿和发酵过程中，他们容易受到“意见领袖”的影响。

祝华新认为，“意见领袖”大致可以分为四类。第一类是专家、学者、作家和艺术家，他们以深厚的文化功底观察和描绘社会。第二类是

① 祝华新、单学刚、胡江春：《2008年中国互联网舆情分析报告》，http://yuqing.people.com.cn/GB/209170/index.html.

记者、编辑、版主、评论员，他们通过互联网无障碍地发布新闻，尖锐评说时事，更加有影响力。这两类网友可归于“公共知识分子”范畴，共同关注人权、自由、法治、政治体制改革等深层问题，努力为体制机制改革探索新的方向。

第三类是业余观察家、自由撰稿人和维权律师。第四类是自由职业者，甚至无业游民。他们关心公益，同情弱者，嫉恶如仇，勇于表达，勇于行动。因此，他们更像社会活动家。①

在重大网络事件中，这些在网络上“一呼百万应”的意见领袖群体共同发声，交相呼应，形成更加强大的舆论场，产生更大的影响力。

例如，据沈阳统计，在43位微博“粉丝”超过240万人的演员明星中，有36位对动车事故表达了关注，关注率达83.7%。其中，作为拥有粉丝1 203.9万人的“微博女王”，姚晨通过微博为遇难司机辩护，向坚持追问事故责任的媒体致敬，分析政府的危机应对得失，探讨国家科技进步与国民精神温暖的辩证关系，在动车舆情中积极影响设置议程，发挥着“公共知识分子”的积极作用。②

祝华新认为，“意见领袖”之所以能呼风唤雨，不是因为他们有什么地位或特权，而是因为他们代表了相当数量的追随者的心声。因此，宽容和倾听“意见领袖”，也是尊重民意，体察民情。当下社会转型期，现实问题成堆，各种矛盾盘根错节，“意见领袖”的批评质疑，恰恰说明广大民众对政府推行“良政”和“善治”抱有热切期待和坚决支持。③

祝华新认为，博客和微博客本是个人表达的媒介，但“网络意见领袖”由于公众关注度很高，已然使这种“自媒体”升级为“社会公共领域”，具有公共服务性和社会共享性，议题设置和舆论放大效用明显，在某些情形下甚至有可能掌握着“舆论核按钮”。

---

① 祝华新、单学刚、胡江春：《2010年中国互联网舆情分析报告》，http://yuqing.people.com.cn/GB/209170/index.html.

② 祝华新：《〈永不抵达的列车〉泪湿互联网》，《中国青年报》，2011年8月1日。

③ 人民网舆情检测室：《对话“意见领袖”》，2011年7月13日，http://opinion.people.com.cn/GB/15143969.html.

因此，“网络意见领袖”立论要避免偏激。在彼此呼应和驳难中，“网络意见领袖”要避免意气用事，防止刚愎自用，反对党同伐异，积极建构负责任的理性的和谐的网络生态环境。网络意见领袖，既要勇于针砭时弊，又要富有建设性；对不同意见，既要善于批评，也善于包容，扶正抑偏，协同共治，建设和谐的健康的舆论生态环境。

3. 议行合一的微领袖

邓飞，《凤凰周刊》新闻记者部主任，2010年因微博直播宜黄事件、微博打拐事件而成为网络世界中新的英雄。2011年4月2日，由邓飞等五百多位记者、国内数十家主流媒体，联合中国社会福利基金会发起的公募计划，启动了每天捐赠3元为贫困学童提供“免费午餐”的计划，黔西县花溪镇沙坝小学成为第一个试点学校，成为“免费午餐”的样本。①

“免费午餐”的成功，关键是它的项目设计本身。在中国经济取得显著成就的条件下，整个社会已经在心理上无法忍受这个国家居然还存在大量儿童面临饥饿威胁这一残酷事实。因此，当邓飞等人喊出“我们的使命：帮助儿童免于饥饿，健康成长”这样最为朴实的口号时，民众掩埋在内心深处的爱心便如泉涌。

邓飞的计划首先得到企业的支持。7月13日，阿里巴巴首席市场运营官王帅，亲自帮助邓飞在阿里巴巴上打造了一个淘宝公益店，一年至少可以募1 000万元资金。

而且，邓飞的计划得到政府的支持。邓飞主动与政府部门联系，共同推动免费午餐项目。仅从规模的角度衡量，免费午餐计划对于中国儿童忍饥挨饿现状的改变完全可以忽略不计。但重要的显然不是规模，而是这一计划本身所形成的强大的号召力。免费午餐计划成功激发了人们

① 本案例根据《免费午餐：用公益弥合社会割裂》（叶铁桥，《中国青年报》，2011年11月25日）、《免费午餐，民间慈善力量堪当大任》（http：//news. ifeng. com/opinion/special/mianfeiwucan/.）、《免费午餐发起人邓飞：因微博由调查记者转战公益》（郭晓燕，http：//news. sina. com. cn/s/2011-07-26/040322875440. shtml.）、《“免费午餐”：民间慈善感动了国务院?》（http：//news. xinhuanet. com/edu/2011-11/03/c _ 111143999 _ 3. htm.）等文章撰写。

帮助儿童免于饥饿的善意。在强大民意的推助下，政府也无法忽视它的存在。

10月26日，国务院总理温家宝主持召开国务院常务会议。会议决定，从2011年秋季学期起，政府启动实施农村义务教育学生营养改善计划，在集中连片特殊困难地区开展试点。中央财政按照每生每天3元的标准，为试点地区农村义务教育阶段学生提供营养膳食补助。试点范围包括680个县（市）、约2 600万在校生，160亿元将陆续变成2 600万农村贫困学生手中热乎乎的饭菜。

推动政府介入根治学生午餐营养问题，“这是中国慈善史上的一件大事”。“免费午餐”是民间与政府良性互动的成功范例，应该引起民间公益对照反思，期待政府与民间的这种“默契”出现更多。

笔者认为，“免费午餐计划”更重要的“意义”，在于形成了新的微公益模式。在免费午餐计划如火如荼发展之际，正是中国官办慈善机构公信力急剧流失之时。一场因为一个女孩炫富而刮起的对红十字会等官方慈善机构的考问行动，重构了整个社会对于慈善机构公信力印象的排序。在官办慈善机构遭遇信任危机之时，以微公益形式呈现的民间慈善行动却迎来了开春之旅。

毋庸置疑，免费午餐得到多元领导主体的共同支持。正如免费午餐计划所提出的：“‘免费午餐’项目由志愿者、政府、媒体、公益机构、电商营运的互动、无所不在的网友、神出鬼没的旅友等一起参与营运及一线监管。”

笔者认为，比微公益模式更加重要的“意义”，是微领袖的出现和成熟。为什么邓飞要从调查记者转化为开展微公益的微领袖呢？

> **新快报**：什么促使你由调查记者转战公益呢？
>
> **邓飞**：如果不是微博，我依旧是每年贡献出几篇有影响力调查报道的调查记者。在我酝酿用微博打拐时，那个我们找了3年的孩子居然通过微博找到了！至于免费午餐，只是因为听见了一个支教老师的诉苦——孩子们没有午餐，在喝凉水。

> 我们已经完全可以利用微博动员和团结海量的资源帮助解决事情了。以前我影响社会的路径是影响读者再影响社会。现在我可以自己干，我手里有工具了，不用再通过文字去影响社会了，而是通过行动直接谋求改变。中国不缺少写字的人，而缺少行动者。
>
> 我决定把建设性的监督变为建设性的建设。用监督去推动社会，我们可能制造了更多愤怒情绪，如果不能合理纾解，（愤怒）会变成戾气。但如果用爱和善良去建设，容易达成共识，实现改变，我们收获的就是爱和善良，这也是一种良好改变社会的方式。①

从邓飞和免费午餐案例可以发现，在 Web 3.0 时代，意见领袖从网上动员到网下组织，议行合一，完成了从意见领袖到微领袖的飞跃。

而且，在微博日益普及的 3 年时间中，中国的微领袖已经感悟到既要监督政府，又要支持政府，还要赢得政府支持，协同共治。成熟的微领袖是“用爱和善良”来发挥领导作用，与多元领导主体寻求共识，推动变革，建设和谐社会。

微博不“微”，因为有微公益！

二、微创新

微众领导力的核心是微创新。微创新是以微众体验为中心的、积极吸引微众参与的微小的快速的持续的创新。从微小处入手，组织迅速取得成效，并且不断推进，将造成非线性变革的风暴，积小胜为大胜，成为真正的微杀手。

（一）非传统创新：从技术创新到体验创新

管理学家普拉哈拉德认为，未来的企业竞争将以微创新为核心。微创新就是让用户成为“首席创新官”，由用户的体验决定创新是否成功。

① 郭晓燕：《免费午餐发起人邓飞：因微博由调查记者转战公益》，2011 年 7 月 26 日，http：//news. sina. com. cn/s/2011－07－26/040322875440. shtml.

微创新以用户为中心，由用户与组织共同创造价值。最关键的是，企业必须建立起弹性的体验网络，以便使每个用户能够塑造自己的体验，实现体验的个性化。

从工业社会到网络社会，创新的游戏规则发生了翻天覆地的变化。传统技术创新是工业时代的思维，是“以公司为中心”的创新方式；应用体验创新是信息时代的思维，是“以用户为中心”的创新方式。[①] 用户不需要企业的教育、管理和控制，而需要企业的理解、尊重和服务，需要参与到企业创新之中。简单地说，企业要跟着消费者的感觉走。

在普拉哈拉德看来，体验创新和传统技术创新具有巨大的差别。具体而言，包括以下四个方面：

①应用体验创新的目标是创造新的体验环境（传统技术创新则是瞄准产品和过程）；

②应用体验创新的价值基础是共同创造体验（传统技术创新的价值基础是产品和服务）；

③应用体验创新的核心是个人在共同创造体验过程中处于中心地位（传统技术创新的核心是成本、质量和性价比）；

④应用体验创新的技术观点是体验整合（传统技术创新则瞄准特色和功能、技术和系统的一体化）。[①]

奇虎360董事长周鸿祎认为，企业已经进入了一个“用户体验为王”的时代。今天，互联网让信息从不对称到对称，让用户拥有更多的知情权和选择权。用户对于某种产品的感受，可以迅速地传达到世界任何角落。用户的口碑非常重要，而口碑的好坏则是由用户使用产品时产生的体验所决定的。在用户体验为王的时代，从用户的角度出发，每一个微小的改变，都给用户带来新体验，都给企业带来良好的口碑。这就是微创新。[②]

微创新就是从微小的点做起，让用户的体验达到极致。微创新要从

① 金错刀：《微创新之父CK：顾客才是你的首席创新官》，2011年3月25日，http://www.chinaz.com/news/2011/0325/167737.shtml.

② 周鸿祎：《以微创新推动变革》，《21世纪经济报道》，2011年12月30日。

用户角度看问题，找出用户“最不爽的东西”，给用户“最爽的东西”。一般来说，产品的功能越多越好。但很多情况下，打动用户不需要很多功能而是一个功能。例如，360 进入杀毒市场时，其他企业已经做了 10 年以上。他们会宣扬很多卖点，但是 360 只强调一个卖点——杀它们杀不了的流氓软件。尽管最初界面其貌不扬，技术一般，但 360 能彻底解决流氓软件的问题，深深打动了用户。再如，在苹果 iPod 最初推出的时候，乔布斯没有强调自身的硬件能力，而是强调存储音乐的容量，能存下一辈子的歌曲，深深打动了用户。

为什么强调微创新？因为用户对产品的感觉都来自微小的接触点。而对于用户来说，体验是细节，是微观的东西。一般来说，用户是不理性的，选择一个产品还是抛弃一个产品，不是因为对产品本质的了解，更不是因为好的技术，而是因为使用中点点滴滴的感受。

如何形成“好的体验”？“最爽的东西”，不只是要让用户感觉到好，更要超出用户预期。例如，拉斯维加斯一个酒店，客人结完账后会送给客人两瓶水，让客人在沙漠里开车的时候有水喝。按照传统思维，结账完毕即交易完毕，送水则完全超出客人预期，而且代表一种关怀。结果这家酒店的回头率特别高。[①] 用户买完东西之后，体验之旅才真正开始。

如何把体验做到极致？第一，能不能让原来很贵的东西变得很便宜，甚至变成免费。一个产品本身免费，靠后来的服务赚钱。第二，能不能把复杂的东西做得很简单，真正高超的技术都是用户感觉不到的，大道至简。

微创新就是要解决用户的问题，消除用户的抱怨。企业如此，政府也不例外。网络问政，尤其是微观问政，就是要解决网民的问题。网络问政之所以受到广大网民的追捧，就是因为为“人人”服务，为“微众”服务。

（二）非战略创新：从战略设计到随机创新

“微创新”往往不是战略设计出来的，而是随机产生的。比如推特，

① 李传涛：《周鸿祎：微创新要极端一点》，http：//www.iheima.com/html/2012/cyjy _ 0626/2149.html.

这家“微博之父”的公司开始于2006年，它的出发点非常“微小”：以140字的简洁话语，描述自己当前所做的事情，并让用户可以通过网络或者手机来发布信息。最以用户为中心的是，推特抛弃了精英创新的思路，从一开始就把用户纳入自己的创新体系中。最为关键的是，推特从一开始就向软件开发者开放推特平台，允许他们基于推特创建自己的应用和服务，第三方开发者甚至可以创建相应的网站来取代推特主页。这种开放，对用户来说就是“最爽的东西”。靠着这种“微创新”，推特掀起了一场微革命。[①]

在后工业社会，领导者要放弃工业社会“大创新”的技术驱动的路线思路，尽管这种创新思路在工业社会诞生了很多伟大的产品。这种“大创新”正在失灵，微软和比尔·盖茨的创新模式越来越缺乏效力。即使最能洞悉“未来之路”，在盖茨这个天才型的“首席架构师”领导下，制定宏大创新战略，数千工程师大兵团作战，试图“十年磨一剑”，但是微软依然接连失败。2006年年底，微软推出一款ZUNE播放器，号称是苹果“iPod杀手”，微软的确在技术上有所突破，比苹果先进的无线链接共享技术、Windows媒体音频编码技术。但是，消费者并不买账，ZUNE并没有获得成功。[②] 2010年，微软又推出一款智能手机KIN，它的技术创新很强大，基于云计算的数据备份服务。但是，短短几周后，微软再次终结了这一产品。所以，技术杀手并不一定是应用杀手。在这个过剩经济的时代，如果不能给用户制造感动，持续打动用户的心灵，再好的技术创新也会失败。

周鸿祎认为，在工业社会，企业推出产品的时候，往往考虑到战略、布局、产业链，然后分解成KPI去执行。但是在网络社会，如果从企业宏观战略出发而不是从用户需求和体验出发的创新，很难适应激烈的市场竞争。例如，诺基亚面临苹果挑战的时候，做了很宏大的规划，甚至花了60多亿美元买了一家地图公司，直到与微软合作，但

---

① 金错刀：《微革命》，印刷工业出版社2010年版，第57—58页。

② 金错刀：《微革命》，印刷工业出版社2010年版，第59页。

依然难以再现往日辉煌。与之相对的是，苹果公司没有很宏大的规划，而是不断发现用户的需求，不断提高用户的体验，把它做到极致。[①] 企业无论大小，当面临挑战或转型的时候，都要放弃所谓的大战略。

从发展历程来看，政务微博也是随机的创新。2009 年 11 月 2 日，湖南桃源县政府开通了微博，是我国最早开通微博的政务微博。11 月 21 日，云南省委宣传部副部长伍皓开通“微博云南”，第一时间报道政府处理突发事件的进展。随后，中国政务微博迅速成长。直到 2011 年 11 月 10 日，国务院公报开通微博。党政机关开政务微博，就是从用户需求出发的微创新，就是在电子政务基础上的增量改革。

（三）非专业创新：从专家智慧到微众智慧

贝丝·西蒙·诺维克（Beth Simone Noveck），纽约法学院信息法与政策研究所所长，曾担任奥巴马—伯顿竞选及过渡计划的有关创新和政府管理方面的顾问。由她倡议并主导的同行专利审核计划在美国取得成功，并推广到英国和日本等发达国家。

作为致力于将数字技术用于政府改革的思想家，诺维克提出了协作政府的理论。2007 年，同行专利审核计划利用网络将专利审核人员与科学家志愿者和技术人员连接起来。传统的政府专利审核员是秘密开展工作的，他们要争分夺秒与时间赛跑去裁定那些冗长的技术性的专利要求，难免省略有些必要的信息。同行专利审核通过创建公民专家网络，将公民专家的知识和热情转变成一种可以为专利审核员轻松利用的形式，极大地提高了专利审核的效率与透明度。

从更一般的意义上来说，同行专利审核计划的实践为政府管理提供了值得借鉴的经验。通过网络使公众参与到政府的管理中，创造政府内部及政府、企业和个人联成一体的新的合作机会。诺维克认为，“我们可以向政府提供更有价值的信息，利用可以利用的工具创造出集体行动

① 周鸿祎：《以微创新推动变革》，《21 世纪经济报道》，2011 年 12 月 30 日。

的新形式来提高效率，通过缔造一个来自人民、服务人民、人民管理的政府来增强民主，深化民主。”①

伴随信息网络技术的升级换代，伴随着公民素质的不断提升，我国各个领域都在进行着形式多样的微创新，发挥多元主体的领导作用，提高政府的治理能力。网络问政的高级形式是宏观问政，高级目标是智慧问政。这就是说，网络问政是党政领导凝聚网民智慧的新方式。

例如，在2012年“两会”期间，来自人民网“地方领导留言板”网友留言走进人民大会堂，在人民网设立的大屏幕上滚动播放，与各界代表、委员见面。再如，2011年3～7月，安徽省委携手人民网“地方领导留言板”顺利完成“聚焦安徽十二·五助力崛起献良策”金点子有奖征集活动。

同理，对于企业来说，每个人都应该成为微创新的驱动者。销售人员、销售经理离用户最近，他们如果能够行动起来，在细节上提出改进的意见，再加上CEO的驱动，就可能形成一个微创新的文化。领导者要相信每个人的微创新能力。因为在知识时代，每个人充分运用了信息网络技术这种先进生产工具，收集、整合和加工信息及知识，提高了创新生产力。

（四）非线性变革：从微创新到微杀手

当苹果推出iPod的时候，因为它是那么小，没有任何PC领域的大厂商感觉到危险。但是，当苹果从iPod开始时就通过持续不断地微创新，形成了品牌和用户基础的时候，微软等公司再奋起直追，已经晚了。

在互联网发展史上，有一个微创新魔咒：很多“野蛮”创新的创业者，虽然以一个革命性的微创新杀出重围，但最终倒在升级与进化的路上。并不是每个“微创新”都能成为“微杀手”，有很多微创新还没有来得及制造大的反应，就迅速被市场湮没。② 只有当一项“微创新”最

---

① ［美］贝丝·西蒙·诺维克著，李忠军、于卉芹、李晶译：《维基政府》，新华出版社，2010年版，前言第7页。

② 金错刀：《微创新之父CK：顾客才是你的首席创新官》，2011年3月25日，http://www.chinaz.com/news/2011/0325/167737.shtml.

大程度地创造出潜在价值，才能真正成功。企业要持续地创造这种成功，才能成为“微杀手”。换句话说，那些造成巨大影响的“微杀手”，背后都有一系列真正的“微创新”。

在工业社会，企业在制定战略时花了半年时间，实施战略又花了半年时间。如果战略失误，就会耽误一年时间。在网络社会，互联网升级换代快，产品创新必须小步快跑，缩短研发周期，不断取得小的成功，积小胜成大胜。

为什么擅长“后发制人”的腾讯成为中国互联网的微杀手？原因很简单，腾讯持续不断地进行微创新，让用户体验达到极致。微创新固然重要，持续的微创新才是王道。

只有持续的微创新，才能带来“非线性变革”的风暴。“非线性变革”是英特尔创始人安迪·格鲁夫最常讲的一个概念。[①] 如果一家公司的战略行动的效应只改变了它自身的竞争地位而非整个环境，该行动就是线性的；相反，非线性的战略行动会使环境发生变化，该公司及其竞争对手都必须应付这一变化。

从这个角度看，奥一网从最初的“有话问市长”到现在的“云问政平台”正是一系列的微创新。今天，这种系列微创新，已经改变了中国网络生态环境。

三、网络治理

作为复杂组织的互联网，在各种力量的多次博弈和反复激荡中，逐步形成多元互补的生态环境。网络空间不是“乌托邦”，也不是“愤青大本营”。[②] 但是随着微博客等即时性、互动性更强的新技术的应用，从谩骂、挑衅，到抹黑、恶搞，再到人肉、约架，网络暴力损害了对事件本身的关注，妨碍了普通网民的知情权，阻碍了网络公民社会的

---

① 金错刀：《凶险一跃：“微创新”到“微杀手”》，2010 月 8 月 20 日，21 世纪网，http：//www. 21cbh. com/HTML/2010-8-20/2OMDAwMDE5MzE2OQ. html.

② 人民网舆情检测室：《网络舆论的“生态治理”》，2011 年 7 月 14 日，http：//opinion. people. com. cn/GB/15143969. html.

孕育和成长，逾越了法律的边界甚至道德的底线。[①]

只有坚持“积极利用、科学发展、依法管理、确保安全”的互联网工作方针，多元领导主体共同进行网络生态治理，才能保持网络社会的基本秩序。

（一）以法治网

为保证网络社会的基本秩序，国际社会积极探索新的网络治理方式，在不断加强法制环境建设的基础上，针对网络与信息安全、个人隐私、青少年保护和知识产权等突出问题，加强政策调整和监管创新，强化经济、技术、法律等手段的综合运用，大力推动行业自律和公众监督，构建全方位的社会化治理体系，着力打造安全、健康、诚信的网络环境。

近年来，政府依法管理互联网，禁止黄赌毒，规范和打击网络“水军”积累了丰富的经验。但是，单一权威手段容易激起网民的抵触心理。如何治理“未知超过已知”的互联网？祝华新指出了当前存在的两种治理思路：第一是不断强化政府的行政管理职能，政府扮演网络警察角色，以“有形的手”强力扑杀网上各种“有害信息”；第二是充分遵循网络传播规律，更多地以“无形的手”调节网络舆论生态，发挥互联网的自我净化的功能，推动网民在网络社区实现“自律”和“自治”。[②]

互联网治理，是以善法为基础的善治。善法是共同治理的最高准则，是社会公众自觉认可和服从的法律秩序和权威。法治是善治的基本要求，任何政府官员和公民都必须依法行事，在法律面前人人平等。没有健全的法制，没有对法律的充分尊重，没有建立在法律之上的社会程序，就没有善治。

经过10余年的发展，我国互联网产业取得了良好开端，互联网领域的立法也取得了重要进展，相继出台了《全国人大常委会关于维护互

① 庄庆鸿：《失控的“网络暴力”伤害了谁》，《中国青年报》，2012年7月18日。

② 祝华新、单学刚、胡江春：《2011年中国互联网舆情分析报告》，http：//yuqing.people.com.cn/GB/209170/index.html.

联网安全的决定》、《中华人民共和国电信条例》、《互联网信息服务管理办法》、《中国互联网络域名管理办法》等一系列法律、法规和部门规章。但是，还需要进一步完善互联网法律法规体系建设。

第一，在国家层面，通过立法确保国家维护网络秩序的基本权力。为维护国家安全和追查犯罪的需要，以法律形式规范司法部门和侦察机关在互联网上实施侦察的行为，约束互联网服务商为打击犯罪提供保障条件。特别是互联网特殊应用协议和加密技术应用越来越普遍，进行相应立法日益紧迫。

第二，在服务商层面，以法律形式确定其权利和义务。加强网络社会管理，服务商是重要而复杂的群体。目前，相关法规规定互联网服务商对有害信息发现、停止传输的责任较笼统，应区分互联网络服务、接入服务、信息服务以及信息服务中传播主体在传播中所起的不同作用和不同的法律责任。

第三，在网民层面，通过立法保护个人信息及其虚拟财产安全。互联网具有开放性和透明性，个人信息很容易泄露。因此，要防止个人信息被非法搜集和滥用。网络游戏和各种网络服务中流通的虚拟货币、虚拟物品等虚拟财产，已经可以和现实中的货币相互兑换。因此，要立法保护网民的虚拟财产。

（二）网络行业自律

中国互联网协会成立以来，积极开展了卓有成效的工作，引导互联网行业加强行业自律，在推动互联网普及应用、倡导技术和商业模式创新、积极参与行业标准及规范制定等方面都做出了积极的贡献。

但是，我国互联网内容低俗、庸俗和媚俗现象依然呈现泛滥的趋势，原因在于部分互联网服务商认为在网络上有更大的自由和空间，可以规避政府的监管，在经营策略上采取一种“打擦边球”策略，不断挑战法律的底线。为了追求所谓点击率，部分互联网服务商把一些庸俗、低俗和媚俗的信息刊登在互联网上；为了制造热点话题，部分互联网服务商把一些侮辱诽谤性信息长期保留在互联网站上。

互联网行业要进一步大力开展文明办网、文明上网的活动，持续开展打击互联网和手机媒体传播淫秽色情和低俗之风专项行动。事实表明，网络淫秽色情和低俗之风极易反弹，网络谣言、网络暴力等不文明现象极难根除，网络赌博、网络诈骗等违法犯罪活动极难惩治。净化网络环境是一项长期、复杂、艰巨的任务。对此，人们应保持清醒的头脑。

各类互联网服务商都要认真履行法律义务和社会责任，正确处理社会效益与经济效益的关系，始终把社会效益放在首位，加强自我管理、自我约束，坚持依法办网、文明办网、诚信办网，坚持开展经常性的自查自纠活动，切实把好网站信息发布的关口，切实把网络文明建设的要求落到实处。

（三）治理网络谣言

网络谣言的传播已经成为社会一大公害，侵犯公民权益，损害公共利益，危害国家安全和社会稳定。所谓“消息比文章有影响力，舆论比讨论有煽动力，谣言比事实有吸引力，歪理比真理有生命力，假话比真话有诱惑力，微博比报纸有传播力，网络比电视有覆盖力，戏言比诺言有执行力”等奇怪现象，在相当程度上源于新媒体的这种负效应。

2011年年底，中国青年报社会调查中心通过民意中国网和搜狐新闻中心，对2 606人进行了一项名为“微博改变了谁的生活”的在线调查。结果显示，从“抢盐防辐射”到“国家调整年终奖个税征计方法”，各式各样的微博谣言层出不穷，许多网友直呼“伤不起”。调查显示，41.4%的受访者确认当前微博谣言较多，8.4%的人承认自己在不明真相的情况下，转发过被证明是谣言的信息。[①]

1. 金庸病故谣言的启示

2010年12月6日晚，一条内容为“金庸，1924年3月22日出生，

① 向楠：《调查称超六成受访者支持政府部门和官员开通微博》，《中国青年报》，2011年12月15日。

因中脑炎合并胼胝体积水于2010年12月6日19点07分，在香港尖沙嘴圣玛利亚医院去世。请转发哀悼这位武侠大家吧!”的帖子出现在了新浪微博，并迅即被疯狂转载。[①]

据考证，这条后来被证明是子虚乌有的消息，最早出现在百度贴吧，继而在Twitter和人人网上流传，最后才被网友传到新浪微博。新浪博友“楚陌君”称，此消息最早是他从“人人网”好友状态中看到并转到新浪微博中的，当时只是求证帖，但由于信息具有很强的新闻性，“求证”二字被很多网友忽略，而被当作新闻并疯狂转载。

晚上8点，这一虚假消息被一家新闻周刊的新媒体编辑以“即时新闻”的形式发布在了他们的官方博客上。但是因为没有注明转发，很多网友误认为是该网官方首发消息，令不少人信以为真，转载更加疯狂。

半个小时以后，知名媒体人士闾丘露薇发布微博辟谣：“假消息，金庸昨天（后被证实12月3号）刚出席树仁大学荣誉博士颁授仪式。”此后，又有多家媒体和知名人士发帖辟谣，新浪也将这一消息放置在错误信息曝光区内。

当晚，该周刊发表了致歉声明。第二天上午，该刊副总编辑、新媒体总编辑提出辞去职务，负有责任的编辑被解聘，新媒体内容总监被降职。

从金庸“被逝世”这一事件来看，这条消息最早在百度贴吧里出现时，就遭到很多人的质疑，在其后传播的过程中，也是质疑声不断。但随着新闻周刊及其他一些认证用户的转发，这一消息开始为越来越多的人信以为真。由此可见，传统媒体在这一事件当中，起到了非常不好的引导效果。有网民直言：“请微博上的认证用户自重，千万不要传播未经证实的重大消息。”

---

① 本案例根据《金庸昨晚“被去世”谣言传得比病毒还快》（现代快报，2010年12月7日）、《“网络水军”泛滥，谁来守卫真相》（李强：人民网，2011年1月18日，http：//media.people.com.cn/GB/13753561.html.）、《迅速破产的“金庸去世”谣言是所有公共管理者的必读案例》（李军，《扬子晚报》，2010年12月7日）等文章撰写。

不过，这一事件能在短短两个小时之内得到平息，也得益于传统媒体及其工作人员。从闾丘露薇发帖辟谣到其他媒体的迅速跟进，在谣言大肆传播的同时，一股对抗力量也同时出现在了网络之上，并最终取得了胜利。

2. 谣言传播机制

一般来说，谣言传播的过程就是一个信息衰减和歪曲的过程，通常出现磨尖、削平和同化三种变化。一是“磨尖”，在信息传播中，传播者往往只留意自己感兴趣或印象深刻的内容，其余的就会被舍弃。这些信息被再传播时，也同样如此；二是“削平”，在信息传播中，人们由于记忆的限制，经常只记住信息的部分内容，裁减掉许多具体细节，使之变得越来越简略与扼要，更方便记忆、更易于传播；三是“同化”，在传播过程中，接受谣言的人往往会根据自己已有的知识理解谣言的内容，将符合自己认知的内容保留，不符合的内容删除，而且经常还会根据自己的理解进行适当的发挥。[①]

一般来说，网络谣言扩散的渠道更加多元，更加复杂，呈现一种“弥漫”的状态。而且，网络谣言扩散的中心点难以确认，这也决定了网络谣言的扩散表现为不断变异的过程。在传播过程中，因渠道的多样、环境的复杂，以及网民的判断力等因素，谣言不断发生变异，形成严重的影响乃至破坏作用（如图 5-4 所示）。[②]

3. 微博自净化作用

“解铃还须系铃人”，治理微博谣言首先需要依靠微博。2010 年 11 月，新浪成立了一个 7 人微博辟谣小组。目前，辟谣小组已经形成一套工作机制。一旦发现微博谣言，辟谣小组联系本人，并联系事件中的各方求证；同时，还依靠手头掌握的大量媒体资源向相关媒体记者核实情况。如果有可能，他们还会派各站点的工作人员实地探访，拿到第一手

---

① 黄笑迪：《网络谣言的变异性传播及其群体心理分析——以“李刚门”事件中的网络谣言为例》，2012 年 2 月 23 日，http://media.people.com.cn/GB/22114/150608/150621/17202418.html.

② 陈孝柱：《网络谣言的传播与主流媒体的角色担当——以“艾滋女”事件为例》，《东南传播》，2010 年第 1 期。

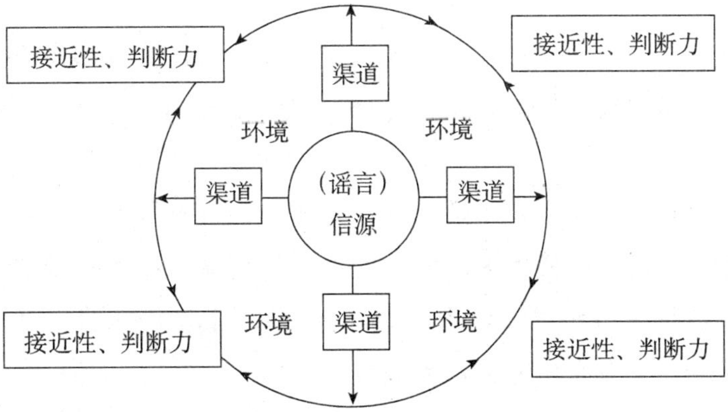

图 5-4 谣言圆形传播机制

图片来源 陈孝柱：《网络谣言的传播与主流媒体的角色担当——以“艾滋女”事件为例》，《东南传播》，2010 年第 1 期。

材料。在确保没有疏漏的情况下，上报总编辑决定是否辟谣或公开澄清。日本大地震期间，辟谣小组临时增加到 20 多人，动用了各方力量监控和澄清各种谣传。[①]

2011 年 5 月 18 日，互联网成立了微博“辟谣联盟”。此事在网上引发争议。支持者认为，微博似乎已成为假新闻的最大滋生地，需要一个核实求证的力量存在。反对者则认为，“微博辟谣”本身就是个伪命题，是用传统思维来框定新事物，总认为某一个人可以成为真相的把握者、揭示者，但是这种人是不存在的。在探寻真相的过程中，有一些偏差是非常合理的，不该用“辟谣”方式去阻塞、打击公民揭示真相的热情，否则，将不利于揭示真相。[②] 更多的网友则希望，辟谣应该同时针对民间的“谣言”和某些政府部门掩盖真相的“谎言”，有时“谎言”恰恰是“谣言”赖以滋生的土壤。[③]

值得重视的是，“辟谣联盟”、“谣言粉碎机”、“科学松鼠会”等反

① 陈力丹：《微博的自律与自净》，《网络传播》，2011 年 第 10 期。

② 刘方志：《中国人民大学舆论研究所喻国明：“微博辟谣”是个伪命题》，《现代快报》，2011 年 8 月 12 日。

③ 祝华新、单学刚、胡江春：《2010 年中国互联网舆情分析报告》，http：//yuqing. people. com. cn/GB/209170/index. html.

谣言专区的出现，显现了微博的成熟，折射出公众网络参与水平的提升。民间微博辟谣组织，就是在和谣言赛跑，降低谣言的蛊惑力。现在的问题是，需要更多的这类微博“自组织”才能基本控制微博的负面流言传播。①

陈力丹认为，谣言并非微博特有的现象。微博平台具有更大的开放性，点击即可转发，使得虚假信息传播更为便捷，让人感觉谣言数量多了，以致把微博当作“谣言大本营”。但是，比起传播谣言的能量，微博的纠错能力和自净化能力更为强大。

例如，2011 年 3 月发生“抢购食盐”风潮。这次“谣盐”主要通过传统的人际口头、电话和手机信息传播。新媒体的传播不是主要的传播渠道，而是最早抵制了“谣盐”的平台。“中盐”等企业和社会团体及时通过微博对“谣盐”进行了各种方式的抵制，使得抢盐高峰持续不到一天就在一片嘲笑中被化解了。微博可能会传播流言，但更是制止流言传播的最有效渠道。

允许不同声音彼此竞争，才能让网络的自我净化机制效能最大化，才是网络谣言生态治理的优先选择！

4. 综合治理微博谣言

治理微博谣言，不仅需要发挥微众的自律作用，还要发挥多元领导主体的他律作用。谣言治理应当实现从“管理”向“治理”的转变，即由单纯的政府“管理”转变为建立一个政府、网站、用户多元主体共同参与的“治理”体系。

首先，新媒体要做好“第一把关人”。当前，必须明确网站是“截谣”的第一责任人。网站要有社会责任感，不为经济利益所动，做到真防实防，及时将一些道听途说的传言、蓄意编造的谣言挡在网络之外。网站作为信息传播的把关人，必须坚持谁办网谁负责的原则。② 为此，各大网站需要培养专业的论坛管理员，在技术管理、舆论引导、价值判

① 陈力丹：《微博的自律与自净》，《网络传播》，2011 年 第 10 期。

② 南方日报评论员：《履行社会责任 抵制网络谣言》，《南方日报》，2012 年 4 月 10 日。

断等方面接受专门培训。

记者是新媒体治理微博谣言责任的具体担当者。2010年，路透社颁布的《网络报道守则》，首次对记者使用网络等社会化媒体从事新闻活动制定了详细规范。其中特别指出，使用从网络上获得的信息时，标题中必须清晰准确地说明。新闻正文要在靠前的位置交代这些信息是如何获得的。收集信息的有关事实必须在新闻的显要位置予以突出。记者在使用微博提供的信息时，一定要严格遵守路透社关于消息来源的规定。

这些规定鲜明地表现出路透社对于利用网络信息的审慎。此外，路透社还认为，网络打破了记者作为自由人和作为专业人士之间的界限，记者应该明白，在社会化媒体上，职业行为和个人行为是不能截然分开的。这实际也是在提醒媒体记者要严格把关，谨慎使用话语权。

其次，传统媒体要严格把关。对网络上热传、热炒的话题，传统媒体在“搬迁”过程中进行“二次炒作”时，应慎之又慎。一般而言，传统媒体在选采网络上的信息作为新闻源时，对未经证实、或无法证实的信息，不论其多么吸引眼球，也不要去照搬照抄，不要自觉地去“被绑架”；对明显的、可以分辨的虚假信息或人为制造的信息、话题，传统媒体一定要学会拒绝。①

再次，党和政府及企业，要主动治理谣言。治谣如治水，宜疏不宜堵。治理网络谣言，贵在防患于未然。多数网络谣言的产生及传播，都是有征兆或有迹可循的，是可以提前制止或预防的。有关部门要在事前下工夫，认真分析、研究网络谣言产生的原因，总结规律，排除隐患，制定应急措施，把网络谣言消除在萌芽状态。

例如，成都“6·5”公交车燃烧事件发生两个小时后，成都市政府迅速召开了首场新闻发布会。而且，当天连开3场，不断公布伤亡、救治和现场情况，让真相赶在传言前边。6月6日，第四场发布会主动回应市民有关疑问，使质疑声音减弱。7日，第五场发布会指出“有人带

① 陈云发：《传统媒体要警惕被网络“绑架”》，2012年4月12日。http：//www.wenming.cn/wmpl_pd/whzt/201204/t20120413_609092.shtml.

油上车”，网民转而追查纵火者。通过有效引导，网民的思路和情绪与政府逐渐合拍，使得这次网络群体性事件平稳落幕。①

治理网络谣言，难在政府及时准确发布信息。各级政府要相信人民群众的辨别力，要站在人民群众的立场考虑问题，对人民群众坦诚布公，接受人民群众的监督。这样才能化解危机，才能更好地解决问题。②

总之，每一位严格自律、抵制谣言的微众，每一家秉持“真实、客观、公正”原则的媒体，每一个正视网络舆情、积极应对、及时回应的党政部门，都构成对造谣者的“他律”。③

协同共治，才是和谐网络建设之道！

① 祝华新、单学刚、胡江春：《2009年中国互联网舆情分析报告》，http://yuqing.people.com.cn/GB/209170/index.html.

② 李晓彬：《党政机关要在治理网络谣言中主动作为》，《今日海南》，2012年第6期。

③ 韩晓丽：《自媒体时代的自律与他律》，《人民日报》，2011年12月2日。

第六章

超越领导力

- ⊙ 网络事件
- ⊙ 超越危机
- ⊙ 网络认同

互联网分布并行、自由链接特征，既可能促进同质群体之间的团结与融合，也可能促进异质群体之间的冲突与分裂，引发各种网络危机。超越领导，就是多元领导主体超越零和博弈思维，树立正和博弈思维，化解危机，超越硬权力，重视软权力，促进网络和谐。超越领导力，就是多元领导主体在化解网络事件中建立的互相认同的关系。

一、网络事件

（一）网络最优选择策略

杜骏飞认为，通过网络解决问题，已经成为网民的最优选择。所谓“网络最优选择策略”，是指在结构性压力之下，因网上或网下突发性事件所引发的直接利益相关者或间接利益相关者，倾向于选择网络作为唤起公共舆论同情、媒体支持直至政府关注的最优方式，其结果会表现为网络群体性事件的多发性。从这种意义上来说，网络已经成为“公共领域”，或者说越来越成为“公共领域”。

据2009年年初中国青年报社会调查中心委托腾讯网所做的调查，网民选择的举报方式依次为：网络曝光（35.8%）、传统媒体曝光（31.3%）、向纪委举报（17.2%）、向检察院举报（11.4%）、向上级政府机关举报（3.3%）、向公安部门举报（0.5%）。在健全的法治环境下，本应成为首选的向检察院和公安部门举报，却成为网民最不愿意使用的解决问题的策略。有的网民认为，“信法（律）不如信（上）访，信访不如信（互联）网”。①

从众多网络事件的发生、发展和结束过程，网民似乎已经把握住这样一种解决社会冲突的体制外路径：冲突发生—网络舆论—媒体介入—舆论升级—政府关注—解决冲突。正如笔者在前面所申明的“媒治”概念，这种泛在的、能动的、无时不在、无处不在的“舆论”，以及由“议论”到行动的力量成为推动社会进步的重要力量。

正如我们在第二章所强调的“共同演进”的网络特征，多元领导主体在多次博弈中逐渐走向“网络最优选择策略”。腾讯和 360 争霸事件可谓这类最优选择策略的典型案例。2010 年 11 月 3 日晚，腾讯陆续对装有 360 软件的用户计算机强制停止运行 QQ 软件，此举第一时间就引起了网络舆论的强烈反应。网民强调“两个绑匪绑架了全体网民”，指出相关部门监管不到位。短短一天内，网络舆论不断升级激化。工业和信息化部和公安部介入事件，进行调查，最后促使腾讯与 360 软件兼容。

为什么网民会把网络作为解决问题的最优选择策略？杜骏飞等人指出，网民主要有三种现实考虑：一是通过规范性的途径，即现有体制提供的公共参与途径，如举报、选举、罢免、参政议政等手段难以解决冲突和实现网民对“分配正义”的诉求；二是通过非规范性途径，即体制外的个人或集体抗争，如上访、集会、游行、示威等手段，存在很高的法律和道德风险，同样难以实现网民的目的；三是通过网络唤起网络舆论的关注与支持，最终可以“将事情闹大”，使得政府不得不采取行动，最终促成该事件的解决。②

微博客普及之后，网络最优选择策略更成为包括草根在内的各个阶层的共同选择。祝华新认为，2011 年，社会各阶层共同上网“喊话”，把网络博弈当作最优选择策略。在网络媒体越来越发达的“大众麦克风”时代，公众的话语权实现了空前的普及，社会各阶层都已

---

① 祝华新、单学刚、胡江春：《2009 年中国互联网舆情分析报告》，http：//yuqing. people. com. cn/GB/209170/index. html.

② 杜骏飞等：《政府网络危机》，中国发展出版社 2011 年版，第 314 页。

经习惯于在网络公共空间中“喊话”，表达个人观点，维护公共利益。一些社会事件一旦上网曝光，网络舆论就成为事件发展的最重要推手。①

第一，弱势群体更加有意识地通过网络来寻求社会支持和保护。祝华新等人认为，有些时候，弱势群体维护权益的路径和方法难以发挥作用，法律作为利益调节的底线保障也时有失灵，传统媒体舆论监督功能弱化，新闻的“异地监督”受到遏制。因此，开放的互联网也就成了弱势群体表达利益诉求的重要通道。一人爆料维权，众人“围观”，“互联网成为弱势群体展示伤痕和互相取暖的公共空间”。

第二，中等收入阶层开始登上网络舆论平台。在“7·23”甬温动车事故中，铁道部为急于恢复通车而出现严重的事故处置不当，侵犯了作为中产阶层为代表的社会主流人群的安全感和人格尊严。作为动车乘客的主体，中等收入阶层第一次集体发声，以演艺明星为代表的中等收入阶层开始变得激动起来。②

第三，高收入阶层开始在网络上发出声音，提升网络影响力。祝华新等人认为，房地产商人、投资家在网上更加活跃，成为很多公共议题的热心参与者，以成功人士的身份诠释和强化现代价值观、情感，对年轻一代网民有很强的感染力。③

第四，党政领导干部开始使用网络解决传统体制难以解决的矛盾。例如，2011年10月，湖南省纪委干部——网友“御史在途”微博叫板长沙县领导，希望通过网络舆论的力量，维护农民工的利益。再如，2011年11月11日，工业和信息化部主管的《人民邮电报》及其官方微博共同发声，反驳中央电视台对中国电信、中国联通涉嫌价格垄断的报道是“混淆视听，误导公众。”

① 祝华新、单学刚、胡江春：《2011年中国互联网舆情分析报告》，http://yuqing.people.com.cn/GB/209170/index.html.

② 祝华新、单学刚、胡江春：《2011年中国互联网舆情分析报告》，http://yuqing.people.com.cn/GB/209170/index.html.

③ 祝华新、单学刚、胡江春：《2011年中国互联网舆情分析报告》，http://yuqing.people.com.cn/GB/209170/index.html.

（二）网络集群心理行为

1. 网络集群的概念

杜骏飞认为，网络集群是网民围绕某一主题以网络聚集的方式制造社会舆论、引发社会行动的过程。网络集群是中性的，是人们网络生活的自然状态之一。它可能是自组织的，也可能是被组织的；既可能是有序的、健康的，也可能是无序的、不健康的；它既可能是合法的，也可能是非法的。①

一般来说，网络信息都是以网络集群形式传播的。一个帖子，或者一个视频，在经过裂变式传播之后，引发数以百万计的网民的关注。在转化成网络热点之后，网络事件就会引发传统媒体的关注，造成更大的影响力，引起政府的关注与回应。

杜骏飞以《深圳，你被谁抛弃》为例说明网络集群过程。2002年11月，自称“我为伊狂”的网民在人民网强国论坛和新华网发展论坛发表题为“深圳，你被谁抛弃”的文章。该文上网之后的短短数日，点击率就过千上万次。

经《南方都市报》的“链接”，广东省委常委、深圳市长于幼军与“我为伊狂”对话，“开创了中共省市级高官与网上批评者当面交流的先河”。

2003年7月，温家宝就任国务院总理后首次到深圳视察，注意到了由网文引发的深圳人对于未来发展前景的忧虑情绪，于是发表讲话，充分肯定了深圳的地位。随后，温家宝总理派出一个调研小组来深圳调研，专门约请了“我为伊狂”参与座谈。受到鼓舞，“我为伊狂”对网文进一步阐释及添加新内容，写成20万字的专著正式出版，其部分内容被写成内参送交北京高层（如图6-1所示）。

在网络空间，有各种各样的集群行为，如网络审判集群、网络战争集群和网络民族主义集群等。网络集群，并非只是在线的“喊话”，有时会形成一定强度的、大规模的舆论压力。而且，网络集群很容易向现

① 杜骏飞等：《政府网络危机》，中国发展出版社2011年版，第248页。

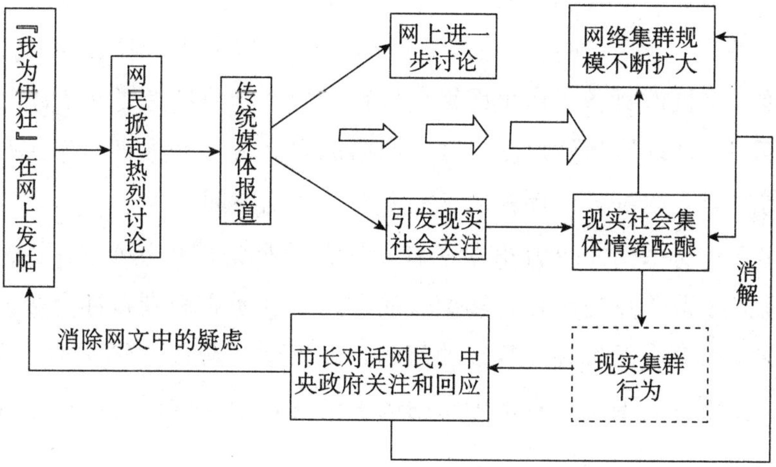

图 6－1 《深圳，你被谁抛弃》事件网络集群过程

图片来源：杜骏飞等：《政府网络危机》中国发展出版社，2011 年版，第 256 页。

实社会延伸，成为有组织的现实群体乃至新型组织。

为什么人们要集群呢？斯米尔塞认为，集群行为是人们在受到各种压力的情况下，为改变自身的处境而进行的努力。一般来说，集群行为发生需要六个“充分且必要的条件”。

第一，环境条件。没有一定的空间场地，群众就无法聚集，集群行为就无法产生。

第二，结构性压力。社会压力，如贫困、经济萧条、自然灾害、种族歧视、难以捉摸的前途等，刺激群众通过集群行为来发泄不满，排遣郁闷。

第三，诱发因素。集群行为的出现往往有一条“导火索”，激荡普遍性的社会情绪，激发群众中间已经存在的怀疑与不安。

第四，号召动员。群体内的领袖人物或鼓动者的鼓励和口号，标志着集群行为的开始。它使最初旁观的人成为实际的参加者，使原本松散的无组织群体产生一致行动的意向。

第五，共同信念。随着事态发展，普遍性的社会情绪不断加强，对共同问题形成共识，并产生共同信念。

第六，社会控制机制无效。集群行为最后是否产生，还取决于社会控制的成败。一旦控制失败，集群行为便在所难免。①

从表3－1中各种网络热点事件的发生发展过程，杜骏飞认为，当前中国几乎同时具备了产生网络集群行为的“充分且必要的条件”。

第一，从环境条件角度来看，网络的自由性、开放性、平等性、匿名性等特点，恰好为网民提供了一个公共话语空间。

第二，从结构性压力角度来看，社会转型使网民感受到巨大压力。我国正处于改革攻坚和社会转型时期，是各种矛盾和利益冲突多发的阶段。这个时期会发生许多复杂的问题，如民生问题、自然灾害、法治事件、文化事件、国际性事件带来的诸多问题，为集群行为的产生埋下了隐患。

第三，从诱发因素角度来看，由于利益诉求表达机制不完善，当人们的利益得不到维护时，就会在网上发布微博、短信、图片、微视频，就有可能引发网络集群事件。

第四，从号召动员角度来看，网络公民、专家学者、意见领袖都有可能“一呼百万应”，党政干部、企业经理人、非政府组织工作人员都有可能转换“身份”，变换“角色”，在网上发出“动员令”。

第五，从共同信念角度来看，网民相信公平正义，相信公开公正，相信“关注就是力量，围观改变中国”。

第六，从社会控制角度来看，网络引导和调控机制相对较弱。目前，政府对现实集群的控制仍比较重视。但法律对于网络集群事件并无明确的规定，技术部门也无十分有效举措。

不容回避的是，网络环境下频繁发生的网络集群对政府的公共管理，提出了新的挑战。

2. 网络集群事件分类

如何分析网络集群事件？

《中华人民共和国突发事件应对法》将突发事件分为四类：自然灾害、事故灾难、公共卫生事件和社会安全事件。其中第四类的主要表现

① 杜骏飞等：《政府网络危机》，中国发展出版社2011年版，第309页。

形式就是群体性突发事件。

一般来说，前三类突发事件中，政府与当事人的立场与目标往往具有一致性，即尽可能降低损失，尽快度过危机。但是，在社会安全事件或者说群体性事件中，政府与当事人在立场与目标上是分歧的，甚至是对立的。这样，就容易引发更大规模的社会危机。

前三类突发事件一般不会对主流价值观和社会制度形成根本性挑战，而社会安全事件或者说群体性事件通常将矛头直接指向主流价值观和社会制度，质疑现存秩序的合法性和正当性，引发领导危机和政治危机。因此，在应对群体性突发事件、化解社会危机时，关键在于做人的思想工作，化解群体的心理矛盾，改善群体的心理预期。①

根据安东尼·吉登斯（Anthony Giddens）的标准，前三类突发事件基本上属于“外在风险”（external risk），社会安全事件或者说群体性事件则属于“内在风险”（internal risk）。

《中华人民共和国突发事件应对法》将突发事件分为四级：一般、较大、重大和特别重大级别突发事件。为分析和表述的方便，笔者把四级合并为两级：一般和较大级别突发事件，重大和特别重大级别突发事件。

结合突发事件的等级和社会风险的分类，笔者把网络集群事件分为四大类，即一般凝聚性网络集群事件，重大凝聚性网络集群事件，一般分歧性网络集群事件和重大分歧性网络集群事件（见表6-1）。

表6-1　网络集群事件的分类

	外在风险	内在风险
重大和特别重大级别突发事件	重大凝聚性网络集群事件： 汶川特大地震 青海玉树地震	重大分歧性网络集群事件： 西藏“3·14”事件 新疆“7·5”事件
一般和较大级别突发事件	一般凝聚性网络集群事件： 奥运圣火受阻与抵制家乐福 微博打拐	一般分歧性网络集群事件： 成都“6·5”公交车燃烧事件 保护南京梧桐树风波

① 尹旦萍，《农村群体性事件应对中的社会动员策略——以石首事件后期的成功处置为例》，见魏礼群主编：《危机管理国际研讨会论文集》，国家行政学院出版社2011年第1版，第213页。

（1）一般凝聚性网络集群事件，即一般和较大规模的外在风险引起的网络集群事件。在自然灾害、事故灾难、公共卫生事件等突发事件中，政府与网民立场与目标是一致的，积极合作，共同努力，尽可能降低损失，尽快化解危机，进一步增强社会凝聚力。

例如，2011 年 7 月，中国社会科学院新闻与传播研究所等机构联合发布的《中国新媒体发展报告（2011）》指出，微博等新媒体正成为美国对中国发动网络外交、政治攻势的“冲锋枪”。在一场电视直播的美国总统竞选共和党党内候选人辩论中，总统参选人、前任驻中国大使洪博培声称，中国有 5 亿互联网用户，有 8 000 万博主，这些人的变化将是“扳倒中国”的重要力量。

针对洪博培向美国选民发表的“论断”，环球网在第一时间对中国网友进行在线调查，共有 32 355 名网友自愿反馈了个人意见。结果显示，66.5％的受访者表示自己不是也不会成为洪博培所谓的“扳倒中国的力量”；74.6％的受访者认为，中国网民的主流，非但不是“迎合美国的声音”，而恰恰是“爱中国的力量”。①

（2）一般分歧性网络集群事件，即一般和较大规模的内在风险引发的网络集群事件。这就是最常见的网络集群事件。在这种情况下，领导者立即向上级部门汇报，请求相关领域专家支持；同时，立即联系相关部门，迅速解决具体问题。

尤其重要的是，由于政府与当事方在立场与目标上有分歧，领导者一方面要联系新闻媒体，另一方面要联系意见领袖，共同引导舆论，防止网上恶炒，防止谣言传播。在处置过程中，领导者必须注意心理疏导，做好网民的心理安抚，缓解网民的心理情绪，化解网民的对立意识，努力争取达成共识，建立政府公信力。

（3）重大凝聚性网络集群事件，即重大和特别重大规模的外在风险引发的网络集群事件。在这种情况下，领导者首先要以身作则，选用有经验的领导干部，调动党员队伍，使用后备干部队伍，动员非政府组织

---

① 向楠：《84.7％的 80 后 90 后受访网友开通了微博》，《中国青年报》，2011 年 12 月 15 日。

和志愿者队伍。同时，联系各种媒体，大力宣传，凝聚人心，鼓舞斗志。当遇到特别重大突发事件，比如SARS事件，需要动员全国力量，甚至需要协调国际力量。

（4）重大分歧性网络集群事件，即重大和特别重大内在风险引发的网络集群事件。在重大和特别重大内在风险引发的突发事件中，领导者要立即上报国家应急指挥中心，协同各方力量，必要时动员公安、消防、武警和解放军力量，慎用国外境外力量，迅速控制局势，稳定社会秩序。领导者要格外注意舆论引导，尤其是包括微博在内的新媒体引导，注意准确发布信息，积极与网民互动，注意发现事件中的"意义"，尤其要注意加强社会主义核心价值观，注意政府形象和国家形象。

信息网络社会，由于信息传播方式的变革，任何一件网络突发事件都可能产生"蝴蝶效应"，四类网络集群事件之间并不是截然分离的，相互之间呈现多元性和共时性的联系。而且，突发事件自身的辐射效应和涟漪反应，往往导致四类网络集群事件在特定的情景下都可能相互转化。

领导者应该尽可能把事情发现在早，处理在小，注意限制网络集群事件的范围和级别，必须"关注细节，防微杜渐"，"关注全局，控制局部"，防止网络集群事件从第一类事件向第三类事件转化，防止网络集群事件从第一类向第二类扩散和转化，防止网络集群事件从第二类向第四类升级，防止网络集群事件从第三事件向第四事件升级。

即使相类似事件，在不同的历史和社会环境中也会表现出差异。一般分歧性网络集群事件如果没有得到根治，很可能升级为重大分歧性网络集群事件。由于网络的互联互通的特征，利益冲突程度没有明显的界限；另外，即使利益冲突程度低的事件，其背后都能找到与体制相关联的因素。当利益冲突程度低的事件不断发生，事件本身和背后的体制因素的联系不断增强。在积累效应的作用下，第二类型事件也可能向第四类型事件发展。

3. 网络集群的心理分析

（1）相对剥夺感。所谓"相对剥夺感"，是指当人们将自己的处境与某种标准或某种参照物相比较而发现自己处于劣势时所产生的受剥夺感。这种感觉会产生消极情绪，表现为愤怒、怨恨或不满。简单而言，相对剥夺感主要来自人们因为比较而产生的一种心理认知和感觉。如果与其他人相比，人们认为自己有权享有某种权利和权益，但实际上并不拥有这些权益，就容易产生相对剥夺感。如果与其他人相比，人们认为自己有权享有更多的权利和权益，但实际上只拥有较少的权利和权益时，就容易产生相对剥夺感。

在网络群体性事件中，相对剥夺感的网民既可能是直接的利益受损者，如个人财产的损失、生命的威胁、健康的流失，以及精神上的痛苦等；也可能是更广泛意义上的间接利益受害者，如制度僵化与民主预期之间的断裂给公众带来的失望和愤怒情绪，以及对公共政策的潜在威胁感知等。①

目前中国社会最突出的问题之一，就是社会分配不公和机会不均等，网民对此有痛切的感受。就像网民所说的："世界上最远的距离，是我俩一起出门，你买'苹果4代'，我买4袋苹果。"公共资源及其收益向少数人手中转移，贫富差距越来越大，越来越增强了社会底层和边缘群体的"相对剥夺感"，极大地削弱了不同阶层和群体之间的凝聚力。

为什么网络民间舆论场不同于主流媒体舆论场？关键原因在于网民结构，在于社会结构，在于网民的相对剥夺感。据CNNIC第30次调查报告，截至2012年6月底，我国网民中月收入在3 000元以上的人群占比提升明显，达26.0%，比2011年底提高了3.7个百分点。但是，从总体上来看，仍然有接近3/4的网民月收入在3 000元以下，38%的人月收入在1 000元以下，超过1/4的人月收入在500元以下（如图6－2所示）。

（2）"群体极化"。在社会心理学中，群体是由某些基于相同或相似的社会地位、心理或目标的人以特定的方式组合在一起进行活动且相互制约的共同体。群体中各成员之间在心理上彼此影响，群体心理会使个体产生归属感、认同感。

通过对60个政治网站的随机研究，桑斯坦发现大部分网站都不提

① 杜骏飞等：《政府网络危机》，中国发展出版社2011年版，第58页。

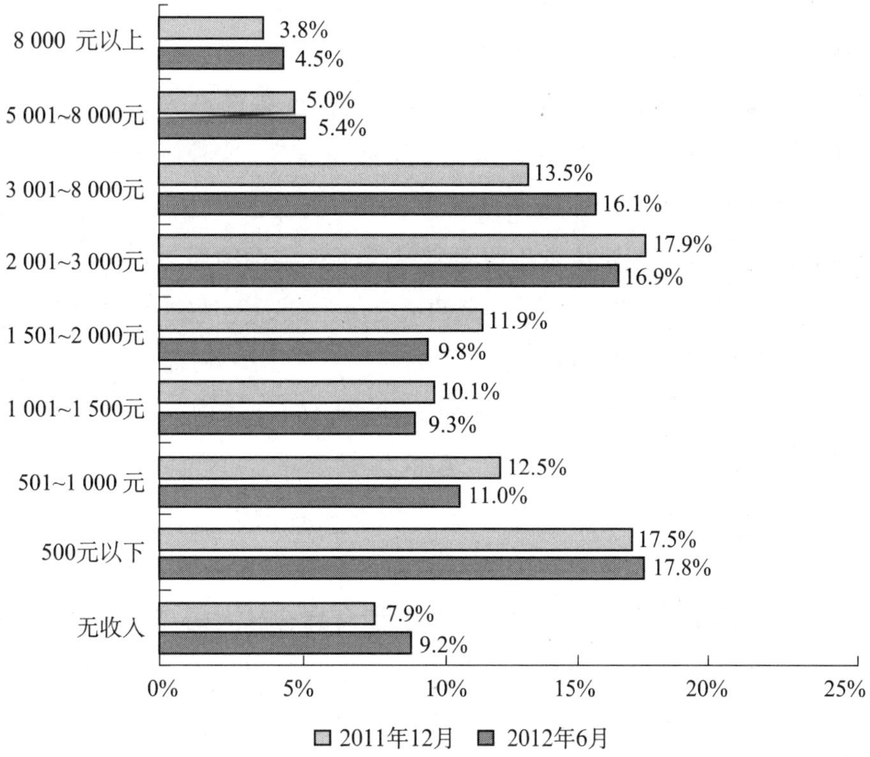

图 6-2　2011.12—2012.6 网民个人月收入结构

供与自己意见相左网站的链接。通过网络，人们更容易获得的是自己喜欢的信息，而拒绝接受自己不喜欢的信息。在进行信息交流时，群体成员通过排外性的讨论和交流，很容易走向狭隘和极端，结果局限了群体和个体的视野。“团体成员一开始即有某些偏向，在商议后，人们朝偏向的方向继续移动，最后形成极端的观点。”① 这种交流方式使网民以群内同质化、群际异质化的特点聚集，志同道合的网民群体更出现严重的“群体极化”倾向。

所谓“群体极化”，是指在群体中进行决策时，人们往往会比个人决策时更倾向于冒险或保守，向某一个极端偏斜从而背离最佳决策的现象。在决策过程中，一些成员面对挑衅时，或者群体中冒险人数占多数

① ［美］凯斯·桑斯坦著，黄维明译：《网络共和国：网络社会中的民主问题》，上海世纪出版社集团 2003 年版，第 47 页。

时，决策会变得更为冒险甚至激进，这种现象被称为“冒险偏移”。在某些情况下，如果群体中谨慎保守人数占多数时，群体做出的决策就比个人更保守，群体决策偏向保守一端，这种现象被称为“谨慎偏移”。但在更多的情况下，群体决策偏向“冒险偏移”。这种倾向意味着与个人单独行动相比较，群体成员更愿意拿组织资源去冒险。虽然风险决策会有较高的回报，但是失败的决策常常带来灾难性的后果。①

由此可见，“群体极化”具有两面性。一方面，它能促进群体意见一致，增强群体内聚力和群体竞争力；另一方面，它能使错误的判断和决定更趋极端。在一个具有强烈群体意识的群体内，更容易产生群体极化，更容易做出错误决策。在群体状态中，个人的才智被削弱，个人的个性也被削弱，“异质性被同质性所吞没，无意识的品质占了上风”。

互联网的这种群体极化效应，对于社会具有巨大的离心影响，影响社会成员之间的彼此认同和文化凝聚，特别容易引诱人们走向极端。尤其重要的是，过于极端化的小团体很容易把他们的主张推向不受理智束缚的边缘，从而使社会失去对他们的控制。更为严重的是，在网络赋权和网络控制的双重作用下，互联网正在成为激进主义者的有效工具。正如勒庞所描述的那样：“孤立的他可能是个有教养的个人，但在群体中他却变成了野蛮人”。

（3）娱乐至死。受到“媒介即信息”观点的启发，在《娱乐至死》这本名著中，尼尔·波兹曼认为，由于印刷术步入没落，电视改变了公众话语的内容和意义，政治、宗教、教育和任何其他公共事务领域的内容，都不可避免地被电视的表达方式重新定义。电视使得“文化成为一场滑稽戏”，瓦解了哈贝马斯意义上的文化公共领域。一切公众话语都日渐以娱乐的方式出现，并成为一种文化现象。一切文化内容都心甘情愿地成为娱乐的附庸，而且毫无怨言，甚至无声无息，“其结果是我们成了一个娱乐至死的物种”。

① 参见百度百科《群体极化》。

互联网，作为一种媒介，在一定程度上，也存在着“娱乐至死”的现象。网络传播的娱乐化趋势，从合理层面上说，游戏、娱乐、消遣本是人类的天性，是追求人生快乐的有效手段。人们通过计算机游戏、网络聊天、手机短信等工具，缓解了紧张、孤僻、冷漠、疏远的现实人际关系。但是，娱乐文化刺激的是人类最感性最低级的欲望，让欲望代替了高尚纯洁的艺术，“使精神从肉体中退出，理性从感性中退出，审美从艺术中退出。”① 2009 年的网络流行语“贾君鹏，你妈妈喊你回家吃饭！”在短短一天时间内点击数百万次，回帖数十万条。这是一次互联网行为艺术，是一次无恶意的文化狂欢。

（4）质疑心理。由于网上各种虚假信息的大量传播，网民形成了对网络信息质疑的心理定式，老百姓成了“老不信”。2007 年年末的“华南虎”事件，标志网络质疑达到一次高潮。对陕西周正龙的华南虎照片的真实性的质疑，从少数人很快波及整个网络。随后，在中国发射“嫦娥”探月卫星后，又有人针对“嫦娥”卫星拍摄的月球图片提出了质疑。通过和美国 2005 年绕月卫星拍摄的照片比较后，有的网民判断中国发回的首幅“月球脸”照片与之完全相同，并因此认为是“拷贝”、“做手脚”。

祝华新指出，在一些突发事件中，由于一些地方政府试图封堵新闻和舆论，或曲意辩解，往往会进一步激怒公众，使事态更加变得严重。南京市发生丙烯管道泄漏爆燃事故后，有官员在现场质问电视记者：“你是哪个单位的？叫什么名字？哪个让你直播的？”当天，网友发布有关内容的微博近 3 000 条，微博评论与转载 15 万条。“直播门”的后果，就是公众对政府发布的死亡人数不信任，让政府为澄清流言、稳定人心付出了更大的心力。

再如，山西王家岭煤矿救援中，8 天 8 夜后奇迹般地救出了 115 人。但对于井下实际被困人数到底是多少，获救者是否都来自井下，网上的嘀咕声始终没有停歇。尽管山西官方声称“尊重绝大多数遇难人员家属

① 马骏等：《中国的互联网治理》，中国发展出版社 2011 年版，第 113 页。

的意见”，对遇难人员名单不再公布，但是这种行为让网民怀疑可能另有隐情。[①]

4. 网络集群行为分类

（1）网络恶搞。彭兰认为，网络恶搞主要有以下四个特征。

第一，网络恶搞是一种娱乐方式。在整个大众文化和传媒业的娱乐化潮流之下，恶搞也成为了一种娱乐方式。大多数网民进行恶搞时，并没有反抗主流文化的自觉意识，更多的是在娱乐心态推动下的一种游戏。很多恶搞只不过是以解构主流文化的方式，来刺激人们的想象力与创造力，在这种颠覆中获得娱乐快感。大众渴望娱乐的心理为网络恶搞文化提供了成长的土壤。

第二，网络恶搞是一种宣泄方式。很多参与恶搞的人都有特定的心理释放诉求，恶搞作品本身往往是他们满足这种诉求的载体。当然，这种情绪释放所导致的暴力，常常需要一些靶子。这就难免常常伤及无辜，“很黄很暴力”事件中的小女孩便是一个典型的受害者。这也表明，恶搞的破坏性效果是值得警惕的。

第三，网络恶搞是对自由表达权利的向往。在有些情况下，恶搞是一种发表意见的方式。恶搞的作品只是其外壳，它实际上承载了人们的价值观与态度。在后现代社会环境下，人们在这方面的诉求越来越强烈。因此，恶搞在很多时候，不是一种文化之内的需要，而是文化之外的需要。

第四，网络恶搞是网络上非主流文化对主流文化的挑战。在社会文化领域，主流文化长期以来，一直占据着垄断地位。有些人即使不认同主流文化，由于无法获得大众传播渠道，无法表达个人意见，无法传播自己的作品。

用恶搞的方式对主流文化进行挑战，一是直接，二是成本低，三是比较容易引起公众关注。恶搞不一定都是理性的挑战，但是，它至少反映了人们对于过去被奉为神圣的主流文化的反思。这种反思与挑战，对于激活思想、促进文化的多元化，有着一定的积极作用。

---

① 祝华新、单学刚、胡江春：《2010 年中国互联网舆情分析报告》，http：//yuqing. people. com. cn/GB/209170/index. html.

信息网络数字技术革命，例如，家用DV的出现，图片、音/视频制作软件的普及等，为恶搞作品的生产提供了条件。网络低门槛、去中心化、多通道等特点，使传播变得更加方便，使得非主流文化可以与主流文化在网络平台传播。在网民“投票”的选择机制中，在裂变式的传播过程中，有些非主流文化作品效应得以不断放大。[①]

“网络恶搞”，本质是一种解构性行为。解构性行为容易产生轰动效应，与整个社会转型密切联系，因为人们的价值观也发生了很大变化。挑战传统的价值观，已经为越来越多的网民所认同、所追捧。网络恶搞的精神实质是反传统、非理性、非中心、非主流的，它表达了网民个性化、多元化和差异化的追求。

（2）人肉搜索。人肉搜索就是利用现代信息网络技术，变传统的网络信息搜索为人找人的关系型网络社区活动，在最短时间内揭露事件背后的真相。作为一种信息网络技术革命的产物，人肉搜索具有规模最大、创新最多、领域最全、速度最快、挖掘最深等特点。正如微博所说的：如果你爱一个人，就把他放到人肉搜索上，那么，你马上可以了解他；如果你恨一个人，就把他放到人肉搜索上，那么，他马上可以体会地狱是什么。

例如，2008年12月，南京市江宁区民政局局长、江宁区房产局局长周久耕在对房价问题放出“查处低于成本价销售楼盘的开发商”的高论后，引起网民不满。因网民搜索出周久耕在一次会议讲话时抽的是1 500元一条的天价烟，另外戴名表、开名车。这些行为严重超出其工资收入所能承受能力。因此，周久耕被有关部门关注。2009年10月10日下午，江苏省南京市中级人民法院判决：周久耕犯受贿罪，判处有期徒刑11年，没收财产人民币120万元。

（3）网络审判。网络审判正在成为一种普遍的现象。所谓“网络审判”，是指公众通过网络发表自己的观点或者以点击、转载等形式表达对网络事件的关注，逐步形成舆论，从而干预、影响司法行为。和现实中的司法程序一样，“网络审判”以群体声讨为核心，包括了调查、指控、声讨和

① 参见彭兰：《网络传播学学》，中国人民大学出版社2009年版，第233页。

执行几个环节。网络审判不仅仅是一种虚拟的游戏，而是与现实世界产生了种种联系，并影响着事件在现实审判的走向①（见表6-2）。

表6-2　网络审判的要素

事件	躲猫猫事件	华南虎事件	罗彩霞事件	杭州飙车案	周久耕事件	彭水短信案	邓玉娇案	出国门事件
主体	网络公众	网络公众、专家	网络公众、专家	网络公众、专家	网络公众	网络公众、专家	网络公众、专家	网络公众
客体	地方政府、看守所民警	陕西省林业局、周正龙	教育部门、公安部门、王桂俊及其家人	胡斌	周久耕	秦中飞	邓玉娇	考察团成员
舆论自身	批评性肯定性	批评性肯定性	批评性	批评性	批评性	支持性	支持性	批评性
强烈程度	言语	行为	言语	行为	行为	语言	语言	语言
持续性	1个月	8个月	3个月	2个月	3个月	2个月	1个月	1个月
功能与表现（符合—中度—符合—不符合）	行政介入，公布调查结果，做出相应处罚。结果中度符合网络舆论期望	行政介入，公布调查结果，做出相应处罚。结果基本符合网络舆论期望	行政介入，公布调查结果，做出相应处罚。结果基本符合网络舆论期望	行政介入，公布调查结果，做出相应处罚。结果基本符合网络舆论期望	行政介入，公布调查结果，做出相应处罚。结果符合网络舆论期望	行政介入，公布调查结果，做出相应处罚。结果基本符合网络舆论期望	行政介入，公布调查结果，做出相应处罚。结果不完全符合网络舆论期望	行政介入调查，公布调查结果，做出相应处罚。结果基本符合网络舆论期望
质量（理性—一般—不理性）	一般	理性	较为理性	较为理性	一般	较为理性	较为理性	一般

资料来源：杜骏飞等：《政府网络危机》，中国发展出版社2011年版，第160页。

① 赵晓力、李旭、吴伟光：《“网络审判”：从网上来，到网上去》，2006年7月2日 http://news.xinhuanet.com/newmedia/2006-07/02/content_4783559.htm.

例如，2010年10月20日，大学生药家鑫驾车撞人后，9刀将伤者张妙捅死，逃逸3天后在父母的陪同下投案。在审理过程中，由于其父曾是部队派驻军工企业的军代表，因而他被贴上“官二代”、“军二代”的标签。网民唯恐药父干预司法，因而不分青红皂白对其进行咒骂，甚至强调“药家鑫与法律，药家鑫与中国，只能活一个!”这种标签化策略，迅速引起全国关注。最终，药家鑫是被执行死刑。但后来证明，药家鑫是“官二代”、“军二代”的说法属于捏造。

网络审判也具有两面性。一方面，网民畅所欲言，不受法官的左右，网上舆论监督有利于促进司法公正，保护公民的知情权，遏制司法腐败；另一个方面，监督无序，信息失实，恶意炒作，误导网民都容易使网络审判与现实审判相冲突，影响依法审判。未来的网络审判在更加规范之后，与现实审判方式结合起来，进一步促进司法公正。

（三）网络群体性事件

1. 网络群体性事件的概念

一般来说，群体性事件是指由部分公众参与并形成有一定组织和目的的集体上访、集会、游行、阻塞交通、静坐请愿、聚众闹事围堵党政机关等群体行为。

一般认为，群体性事件具有四个方面的辨识标准：第一，五人以上。有关部门统计群体性事件首先以人数确定，例如，信访条例明文规定，五个人以上视为“事件”。第二，有一个共同的行为指向。第三，行为缺乏法律依据。第四，影响社会秩序尤其是财产安全秩序。

网络群体性事件是通过网上动员而引发网下行为的网民集群行为。一般来说，网络群体性事件主要是分歧性网络集群事件。今天，关于网络群体性事件的网络舆论开始呈现出转型升级的趋势。一方面，网民对曝光出来的负面事件不再满足“说说而已”，如果相关政府部门对当事人不进行处理，就决不罢手；另一方面，网民开始从“网上围观”转化为“网下围攻”，最终酿成群体性事件。①

① 秦露：《网络舆论传播中的“蝴蝶效应”》，《学习时报》，2011年6月7日。

2. 网络群体性事件的行为特征

（1）网络利器：人肉搜索和网络恶搞相结合。网民集体智慧体现最集中的应用便是网络恶搞和人肉搜索，因为这两种方法使各种假、恶、丑现象和黑灰势力无法隐匿和无法逃遁。有些网民首先关注到嬉笑怒骂的网络恶搞，然后参与到人肉搜索行动中。同时，这两种方法的联合运用，既可以让负面爆料在短时间内迅速传播，又可以让党委政府明白事情真相。[①]

（2）网络动员：网上动员和网下行动相结合。网络动员，作为社会动员的一种类型，就是以网络为媒介，发布和传播信息，对网民施加影响，以达到预期的目标。祝华新等人指出，近年来，在一些突发事件中，部分网民不是满足于网上的“口水战”，而是开始网下行动。例如，在杭州飙车案中，就在警方宣布肇事车速仅70码的当晚，不少网友来到车祸地点文二西路，点起蜡烛、献上菊花，表示对遇害者的哀悼和公正办案的诉求。在邓玉娇案中，一些网友纷纷到巴东“旅游”，有的还请求为邓玉娇立“烈女碑”。当地政府感到压力巨大，长江航线巴东码头自抗日战争以来首次停航，宾馆宣布客满。在北京西客站附近广场出现“行为艺术”，一个女青年以纱布层层缠裹自己，呈极力挣扎却无法挣脱状，身边摆放着几个大字：“谁都可能成为邓玉娇。”[②]

就网络政治动员而言，动员主体为实现特定的目的，利用信息网络技术在网络虚拟空间有意图地传播针对性的信息，影响网民，获得网民的支持和认同，号召和鼓动网民在现实社会进行政治行动，从而扩大自身政治资源和政治行动能力的行为和过程。[③]

有学者认为，完整的网络政治动员过程分为三个阶段，包含着三层相互渗透虚实转化。第一是实虚转化启动阶段。现实社会中的政治事件

---

① 沈健等：《浪潮求生》，机械工业出版社2012年版，第89—98页。

② 祝华新、单学刚、胡江春：《2010年中国互联网舆情分析报告》，http://yuqing.people.com.cn/GB/209170/index.html.

③ 娄成武、刘力锐：《网络政治动员：一种非对称态势》，《政治学研究》2010年2期。

诱发网络政治动员，动员主体进入网络空间寻找目标群体，发布动员信息。第二是网络空间互动阶段。动员主、客体以网民的身份在网络虚拟空间进行即时或者延时沟通与互动。第三是虚实转化完成阶段。即被动员了的网民回到现实社会以公民身份按照动员者的期望直接或间接作用于政治事件。由此可见，网络政治动员就是政治动员在现实社会和网络空间的转化和联动，虚实转化是网络政治动员的核心机制[①]（如图 6-3 所示）。

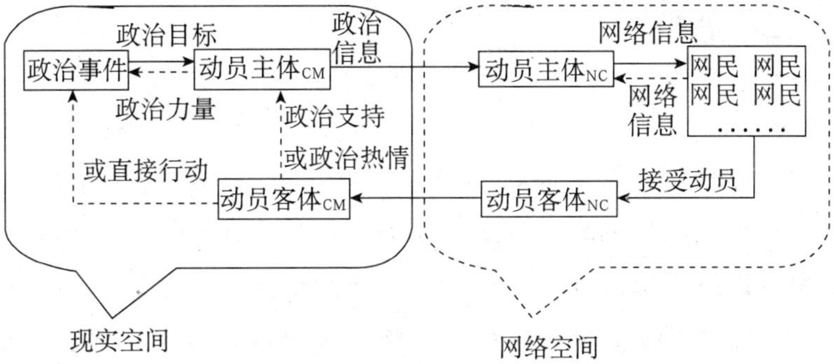

图 6-3　网络政治动员转化机制与过程

注：CM（the citizens in the material space）表示现实社会中的公民，NC（the netizens in the cyber2 space）表示网络虚拟空间的网民。

在复杂网络系统中，网络动员更是由多种因素决定的。正如学者所指出的，网络动员是因果决定和或然决定、交互作用和单一决定、线性相互作用和非线性相互作用、个人意志和众人意志相互作用所产生的合力的产物。网络环境的支撑力，动员主体的引导力，动员客体的自驱力，网络信息的催化力，共同决定网络动员的效力。[②]

（3）网络抗争：以网络暴力对抗现实暴力。网络暴力是现实暴力的网上呈现。网络虚拟社会是现实社会的镜像，网上不比网下好，也不比网下坏。强势集团欺压弱势群体，弱势群体滑向边缘群体，边缘群体中的绝望者可能沦为暴力群体。在现有体制提供的路径无法解决问题的时

① 娄成武、刘力锐：《网络政治动员：一种非对称态势》，《政治学研究》，2010 年 2 期。
② 娄成武、刘力锐：《网络政治动员：一种非对称态势》，《政治学研究》，2010 年 2 期。

候，边缘群体中的绝望者往往选择暴力对抗暴力。[①] 例如，2011 年 5 月 26 日发生的抚州爆炸案，标志着近年来的民众维权到了某个“拐点”，网民选择了玉石俱焚的暴力表达。

祝华新认为，现阶段社会矛盾的对抗性加剧，整个社会的容忍度和包容度下降。总体来看，社会矛盾的激化，还不具备社会全面对抗性质。但是，政府必须考虑网络民意，网络领导者需要超越分歧，超越对抗，以政治家的气度胸怀和远见卓识解决问题，引导社会进步。[②]

二、超越危机

危机是“危”和“机”的合成词，意思是危险和机遇共生并存。没有危机，没有事变，就不需要领导者；不能化解危机，不能应对事变，不能超越危机，就难以成为真正的领导者。孙志刚事件，成为收容遣送制度的拐点；唐福珍、宜黄事件，成为强制拆迁制度的转折点；钱云会事件，成为征地补偿制度的转折点；郭美美事件，成为中国慈善事业的转折点；温州动车追尾事件，成为中国高铁事业的转折点。树立“无网不胜”的新机遇观，领导者一定要善于分析危机，化危为机，转危为安。

（一）网络危机的概念

1. 乌坎危机的启示

乌坎村，位于广东省汕尾陆丰市，是东海镇 12 个渔村之一。长期以来，在当地居民不知情的情况下陆续贩卖 3 200 亩土地，卖地款项达 7 亿多元人民币，而补助款每户只有 550 元。村民屡次上访无果。[③]

---

① 祝华新、单学刚、胡江春：《2010 年中国互联网舆情分析报告》，http：//yuqing. people. com. cn/GB/209170/index. html.

② 祝华新、单学刚、胡江春：《2011 年中国互联网舆情分析报告》，http：//yuqing. people. com. cn/GB/209170/index. html.

③ 本案例根据《广东乌坎事件舆情研究 》（庞胡瑞，人民网舆情监测室主任分析师，2012 年 1 月 4 日）、《广东乌坎事件舆情研究》（陈锐，法制网舆情监测中心，2012 年 1 月 11 日）、《“乌坎转机”的时代意义和国家样本意义》（马立诚、吴思等，2011 年 12 月 26 日）等文章撰写。

2011年9月21日，乌坎三四千人手持横幅前往开发地块、村内存在土地争议的企业、村委会及陆丰市市政府游行请愿，打砸村委会、派出所，一度封堵公路。9月22日上午，一百多名汕尾武警特警进驻乌坎，以武力驱散正在集会的市民（包括妇女儿童），十多人受伤，其中有两个儿童被打至重伤，需要急救。随后矛盾激化，乌坎村民围攻派出所与市政府，投掷石块，推翻警车，十多名警察受伤，6辆警车被砸坏。警方施放水炮驱散人群，并拘留4人。

11月21日上午，400名左右的乌坎村民聚集到陆丰市政府门口上访，打出“打倒贪官”、“还我耕地”等标语，至11时26分，上访村民自行离去。当天下午及第二天，村内有几次数百人规模的集会。

12月9日，汕尾市人民政府召开新闻发布会，就陆丰市处置“9·21”事件作情况通报。东海镇党委对存在违纪问题的乌坎村党支部书记薛昌、副书记陈舜意予以免职处理，市纪委对薛昌和陈舜意进行了立案查处。公安部门已经抓获“9·21”事件中打砸为首分子庄烈宏、曾昭亮、薛锦波等人，并将继续追捕其余犯罪在逃人员，加紧推进取缔非法组织的工作。并且，发布会称“有境外势力对本次事件推波助澜”。

12月11日，村民代表薛锦波在看守所死亡，导致对抗升级，局势再度紧张起来。汕尾市政府声言，要严惩集会组织者，武警尝试强行进村，清除进村路障，受到村内近万名村民强烈抵抗，于清晨7时撤退。双方自该天起在村口设置路障，陆丰警方检查进村人士，禁止外来车辆或粮车进入村内。乌坎村民则欢迎外国或香港记者进入。

12月15日上午，乌坎村民举行大会。他们说，现在就算是广东省政府的官员也不可信，并要求中央政府介入调查；而当局则警告，将严惩为首煽动村民闹事、妨碍公务之人。

英国每日电讯报报道说，在12月17日的村民大会中，要求当局在5天内交出薛锦波的尸体；否则准备到陆丰市政府游行示威。12月18日，香港明报记者现场所见，双方封锁之下，附近村民自发送去粮水。明报记者在12月19日发现，其中一个关卡有30人把守，大部分为二三十岁的青年，部分手持棍棒戒备。

12 月 19 日，乌坎村民收到 12 月 18 日由汕尾市委举行之乌坎事件媒体见面会的录影光碟。市委书记郑雁雄提出让步方案，包括保证军警不会强行入村。下午 2 时，乌坎代表临时理事会发起集会，号召第二天再次游行，要求当局释放 3 名被拘留代表并归还薛锦波遗体。杨色茂当场号召 100 名年轻人成立维安队，另募集 500 人做预备队。

12 月 20 日，乌坎事件有了新的转机。上午，在陆丰市政府召开干部群众大会，广东省委副书记朱明国传达了汪洋书记的指示：乌坎事件的发生有其偶然性，也有必然性，这是长期忽视经济社会发展中发生的矛盾积累的结果，是我们工作“一手硬一手软”的必然结果。

12 月 22 日，正是农历冬至。下午 3 时半，郑雁雄、陆丰市委书记杨来发、副书记邱晋雄等陪同朱明国进村与林祖銮在办公室会谈，与村民们共饮功夫茶。朱明国代表省工作组祝愿乌坎村民过个好冬至、过个好元旦、过个好春节。这让公众看到了事件会得到良好解决的希望。同时，汕尾书记关于乌坎事件的讲话，一度在网上被割裂和放大，后来通过“汕尾公众网”发布讲话全文，获得公众谅解，得到了舆论的好评。当天中午，被拘留村民张建城被获释回村，取保候审，另外两位被捕者庄烈宏、洪锐潮也于第二天下午获释回村。

12 月 22 日，人民日报“人民时评”刊发评论《“乌坎转机”提示我们什么》。评论称：“今天的中国，正处于社会转型期，经济社会在不断前行中不可避免地积累了一些矛盾，利益主体多元化、利益诉求多样化、利益冲突显性化。广东作为改革开放的先行地，经济发展快，开放程度高，社会转型快，流动人口多，社会管理压力大，社会矛盾早发多发，出现的问题既具有典型性，又具有警示性。”

评论表示，群众固然不能“有诉求就过激，一过激就违法”，基层政府也不能把本属正常的诉求表达，用“堵”和“压”使之演变成过激对抗。评论赞扬广东省委派遣的工作组化解了村民激烈的情绪。评论认为，“这种有错即纠的政治勇气，体现了我们党一以贯之的宗旨：对群众利益负责，就是对党的事业负责”。

从各方媒体评论来看，自从 12 月 20 日广东省委工作组进驻乌坎之后，公众对事件走向持比较乐观的态度，认为事件应该能够得到理性的、妥善的解决。

媒体认为，乌坎事件的解决也将具有重要的样本意义，为中国其他类似的基层群体利益博弈导致的群体性事件提供借鉴。对比广东省委与之前陆丰、汕尾官方对待此事的态度，可以看出广东省委的处理方式确实可圈可点。有人把广东省委解决乌坎危机的模式归结为五个方面（如图 6-4 所示），为中国其他类似的基层群体利益博弈导致的群体性事件提供借鉴。①

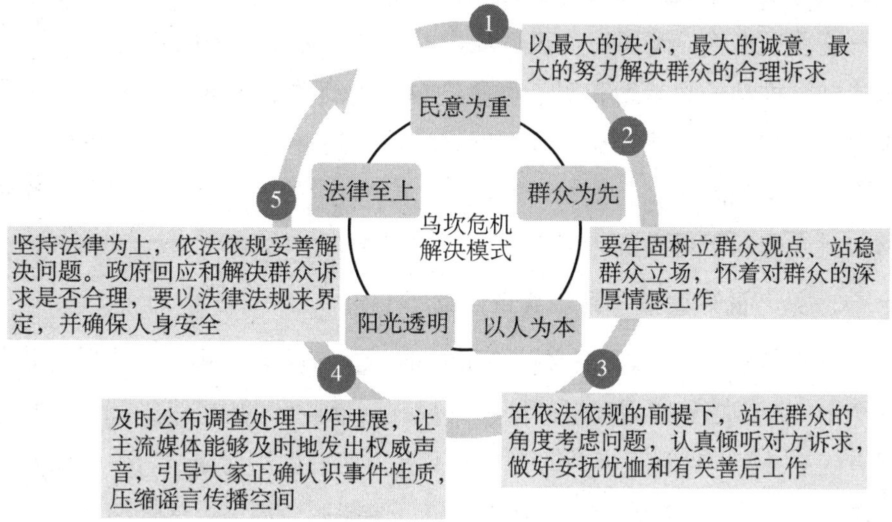

图 6-4　乌坎危机解决模式

图片来源：陈锐：《广东乌坎事件舆情研究》，法制网舆情监测中心，2012 年 1 月 11 日，http://www.legaldaily.com.cn/The_analysis_of_public_opinion/content/2012-01/11/content_3288306.htm?node=33049

2. 从信息危机到国家危机

中国人民大学舆论研究所《中国社会舆情年度报告（2012）》指出，2011 年，全年具有社会影响力的网络热点事件总计 349 件，这说明中国已进入危机常态化社会。报告显示，与 2011 年具有社会影响力的网络

① 陈锐：《广东乌坎事件舆情研究》，法制网舆情监测中心，2012 年 1 月 11 日，http://www.legaldaily.com.cn/The_analysis_of_public_opinion/content/2012-01/11/content_3288306.htm?node=33049.

热点事件总计349个相比，2010年为274个，2009年仅有248个，社会舆情事件数量不断攀升。报告数据显示，在一定程度上，群体性事件已不再是单个危机事件，而信息传播使众多群体性事件经网络联系起来，产生较为严重的社会影响。

信息社会的最大特征就是信息的快速大范围传播。在信息传递、收受、交流、分享与沟通的过程中，存在着信息过量、信息失真、信息失密、信息误读、信息误解等各种危机。网络危机，最先起源于信息危机，其本质在于认同危机，最终导致领导危机。

这些危机将导致国家危机。境内外各种势力通过网络进行渗透和颠覆活动，推动分裂活动和颜色革命。与传统的政治斗争手段相比，在网上将以更高效的方式实现，利用网络串联、造谣、煽动将比在现实中容易得多，也隐蔽得多。例如，新疆“7·5”事件，就是在分裂分子借助网络挑唆煽动下爆发的。

3. 从“圆形监狱”到“共景监狱”

1785年，英国哲学家边沁（Bentham）提出圆形监狱概念。圆形监狱由一个中央瞭望塔和四周环形的囚室组成。圆形监狱的中心是一个瞭望塔，所有囚室对着中央瞭望塔。每一个囚室有一前一后两扇窗户，一扇朝着中央塔楼，一扇背着中央塔楼，以便探照灯光能照亮囚室。这样的设计使得处在中央塔楼的监视者可以便利地监视到囚室里的囚徒的一举一动。

在这样结构的监狱中，即使监视者不在，由于始终感觉有一双监视的眼睛，由于不知是否被监视，以及何时被监视，囚徒不敢轻举妄动，从心理上感觉到自己始终处在被监视的状态，时时刻刻迫使自己循规蹈矩。这就实现了“自我监禁”——监禁无所不在地潜藏进了他们的内心。

中央瞭望塔装有百叶窗，监视者是不可见的，也是不可预测的，因而充满了神秘和威慑。这种圆形监狱设计，既可以起到有效的监视作用，也能够让监视者完全处于隐蔽而安全的境地，使监视者与他们所监视的囚犯相比是自由的。

今天，人们所面对的一个最为重要的事实是，传统社会建立在信息不对称基础上的社会治理模式发生了从“圆形监狱”到“共景监狱”的根本性转换。①

今天，手机照相和摄像无处不在，就像“表叔”那样，个人隐私和行为都有可能无处不在、无时不在地监督着、记录着和传播着！传播的技术革命正在促成一种新的被称为“共景监狱”的社会结构。与“圆形监狱”相对，“共景监狱”是一种围观结构，是众人对个体展开的凝视和控制。在互联网世界里，谁也不知道目光从哪里、又在何时投射过来。

> “你不可能隔绝于无所不在的网络，躲避开周围群众的监督目光。我们以前常说‘人在做，天在看’，现在可以改成‘人在做，大家在围观’，再加一句：请看着办。”

因此，网络突破了“监督者”和“囚犯”的身份差异。与少数人监视多数人相反，“共景监狱”则是多数人监视多数人，是“人人”监督“人人”。2011年4月11日，天涯论坛上出现名为《中石化广东石油总经理鲁广余挥霍巨额公款触目惊心》的帖子，引起网民极大关注。网帖贴出了四张发票，总消费金额约168万元。4月20日，中石化宣布免去广东石油分公司总经理鲁广余的职务。2011年6月，在实名认证的微博中公开炫富的“郭美美”，瞬间成为“慈善不透明”的标签。在引发了不少网民对新浪微博实名认证不严的不满之余，郭美美事件引爆了公众的“慈善焦虑”。②

在共景监狱之中，不仅官员可以监督网民，网民也可以围观官员。几乎每个人都感受到了集体凝视的压力，大声疾呼被视为托词辩解，沉默无语被认定俯首认罪。一般而论，网民在交锋中的胜算总是比官员更大一些。因为网民数量优势，官员寡不敌众；而且，网民具有“天然的”道德优势，官员往往被看作有罪的。③

---

① 喻国明：《媒体变革：从“全景监狱”到“共景监狱”》，《人民论坛》，2009年第16期。

② 罗争光、周蕊：《2011年微博发展扫描：微博一“晒”百态生》，《工人日报》，2011年12月25日。

③ 喻国明：《媒体变革：从“全景监狱”到“共景监狱”》，《人民论坛》，2009年第16期。

（二）网络危机应对流程

1. 会理悬浮照事件的启示

2011年6月26日，天涯社区爆出四川省会理县人民政府公共信息网上一条题为“会理县高标准建设通乡路”的新闻中，配图是人为PS图片。帖子发表后，惹来了众多网友围观，会理县政府网站也一度因访问量太大而崩溃。当日晚间，此新闻即被删除。[①]

6月27日上午，《潇湘晨报》等媒体对该县进行采访，工作人员进行了回应：网友的质疑是对的，新闻照片不应拼接；6月26日夜间发现问题后，经过初步调查，已对涉事工作人员进行了严肃处理，并要求不允许再犯类似错误。

6月27日下午，该图片在微博上大量转发之后，会理县人民政府开设微博对此事进行回应，“网友的质疑是对的，我们的工作存在问题”。随后，官方微博更新了三条信息，在当地政府部门、当事人进行道歉之后附上了领导考察现场的原图，辅以道歉的诚意。此微博上一系列的动作得到了网友的支持，相关帖文转帖量近两万次。

网友们在围观之余，开始了“愉快地”以这张照片为基础的PS大赛。三位领导被PS到全世界甚至地球以外各个地点、各种场合。最初，顺承民意，孙正东在自己新开的微博上跟网友幽默调侃，还发布了自己喜欢的网友PS“会理三杰”调查郭美美事件图和在白宫指挥击毙本·拉登图。

6月28日，孙正东微博开始转向宣传会理及其旅游资源。28日早上，孙正东发微博：

> “呵呵，大家PS了一天一夜，一定很累了，欣赏几张我们会理的照片吧！7月就快到了，9月还会远吗？9月来会理，你能吃到世界上最棒的石榴哦！”

---

① 本案例根据《四川会理PS事件舆情研究》（庞胡瑞，人民网舆情监测室主任分析师，2011年7月8日）、《会理PS领导照片事件”上演公关危机大逆转》（王列娜，2011年11月4日）、《四川会理县PS照片事件：政府危机公关的非典型样本 》（林衍，《中国青年报》，2011年7月6日）等文章撰写。

而在以“会理”为名的微博话题中，四川当地媒体抓住时机宣传会理的地理位置、历史沿革和名胜特产。孙正东微博也不失时机地用幽默的口吻介绍会理：

> “感谢全国热心网友，让会理县领导有机会在短短的时间内免费“周游世界”，“旅行”归来后，领导已回到正常的工作轨道，也希望网友把关注的焦点，转移到会理这座古城上来。会理是座有着两千多年历史文化的古城，也是古南方丝绸之路的重镇，看看阿卓志鸿镜头下的美丽的会理吧，绝对没有PS哦！”

这条微博被大量转发。其他有关当地微博也即时跟进，把这一事件完全演变为免费而高效的会理县品牌推广。央视著名主持人张泉灵在微博上评论：

> “PS事件既让大家欢乐了，又展示了网友强大的PS能力；既让大家讨论了对新闻真实性的看法，又增加了会理县的知名度；既展示了会理县应对网络事件的态度和能力，又涌现出情商智商双高的孙正东同学。我几乎要认为这是最成功的网络公关事件了。”

29日早晨，孙正东微博话题重新回到网友PS领导照大赛，试图结束这次事件。在涉及此事的正面舆论指数全面压过负面舆论指数的时候，孙正东努力消除悬浮照事件的影响，其以幽默和真诚向网友建议不要再恶搞领导照片。

> “听说PS还在继续，会理领导表示鸭梨很大。他们不仅要长时间保持同一姿势处于飘浮状态，还要全球各地地跑，有时甚至还得穿越去参加开国大典什么的，很忙很累的有木有?！麻烦各位大侠放下鼠标，高抬贵手，别再玩了！那些执迷不悟的“顽固分子rdquo，悄悄提醒下，小心领导组织拆迁办去你家拆电脑哦。”

这些微博很快得到大量转发和评论。西祠胡同创始人响马说："会理威武，处理得相当漂亮，喝彩。"此后，孙正东微博内容主要是会理县风光和小吃等旅游元素。

最终，化危为机，转危为安，会理悬浮照事件圆满结束。

2. 网络危机应对四步曲

从会理悬浮照事件不难发现，网络危机应对，就像写文章的"起、承、转、合"一样，也包括"顺起、承接、转圜、结束"等四个环节。

（1）顺起，第一时间启动预案。顺起，就是顺应信息裂变式传播之势，第一时间积极回应。第一时间回应，才能抓住先机。应对突发事件舆情，谁首先发布信息谁占先机。一旦发现舆情信息，作为责任主体的政府部门必须以最快的速度做出反应，力争在第一时间发布信息，表明立场和态度，做到事实当澄清，错误需改正，问责必到位，以抢占舆论先机，赢得主动权。第一时间发布信息一般应该在 2 小时以内，最迟不超过 4 小时，力争使回应的权威信息成为传统媒体报道的主要内容。同时密切关注网络传播态势，争取使权威信息发布与网络转载趋于同步，避免谣言先于真相。

实践证明，在网络社会，逆信息裂变式传播之势而行，试图通过封锁信息来平息危机的做法往往是要失败的。在 2009 年邓玉娇事件中，湖北巴东县野三关镇的电视和网络信号一度因为"防雷击"而中断。无独有偶，湖北石首事件发生后，石首市区网吧断网，事发地还一度断电，但这都并未能阻挡网上的舆论浪潮。

6 月 7 日，杞县一辐照厂发生放射物卡源事故，信息在网上流传、发酵，政府却一直失语。7 月 17 日，随着"放射源将爆炸"谣言的广泛传播，大批群众纷纷奔向周边县市"避难"，杞县县城一度几成空城。在这起事件中，看似谣言是引发大规模社会恐慌的诱因，但其背后隐含的，却是公共事务透明度低下和政府公信力缺失。事后，杞县政府未能反躬自省，反而迁怒于网民，抓了 5 名在网上夸大事故危险性的"造谣者"和转帖者。结果，这种错误行为进一步激化了官民矛盾。

第一时间发布信息，不是仓促应战，而是认真分析精心设计的应急方案的第一个环节。一般来说，领导者和专业管理机构要早发现、早预警、早处置。

应对网络危机，首先对舆情种类、性质、危急程度进行分类分级，对舆情发展趋势、走向、可能的影响范围做出评判，对舆情苗头迅速发出预警，组织调研，摸清情况，制订预案。一般来说，可以把网络危机分为三个等级，一般负面、中等负面、重大负面。政府和企业需要针对不同级别的负面准备相应的预案。一般负面信息，是指毒性与传播性都不强的信息，主要是进行引导而不直接干预。具有中等病毒性和传播性的负面信息，需要处理或引导，并进行有限干预，防止上升为重大负面危机。对于具有高度病毒性与传播性的重大负面信息，必须争分夺秒，全媒体联动，全面干预，采用召开新闻发布会、声明、专访、专家证言等所有应对危机的手段。[①]

在正确分析研究判断舆情的基础上，迅速启动应急预案，迅速按“快报事实，慎报原因，重报态度，准报结果”的原则，第一时间发布事件认定的实时信息，第一时间表明党委政府的立场态度，努力掌握话语权。

（2）承接，深入调查真相。所谓“承接”，就是承接民意，发现真相准确回应，动态发布。

第一，寻求真相。信息的真实由信息源决定，能否掌控真实的信息源，关系信息发布的权威性，关系党委政府的公信度。对于突发事件的信息源，党委政府发布信息时一定要反复核实，确保真实无误。

第二，准确回应。舆论引导的公信力不仅取决于真实，更取决于准确，尤其是舆论场处在“偏激共振”的时候，极小的误差会引起极大的反弹。发布信息要反复核实，确保能够经得住网民“挑刺”，千万不要因微小的误报、漏报加重网民的质疑甚至误解，影响党委政府公信力，引发“次生危机”。[②]

---

① 沈健等：《浪潮求生》，机械工业出版社 2012 年版，第 107－119 页。

② 王中桥：《提高领导干部网络执政和舆论引导能力》，《长江日报》，2012 年 5 月 19 日。

第三，动态发布。随着事件调查的进展不断跟进式发布即时信息，既能够满足公众知情需要，又有利于事件本身的圆满解决。要根据舆情的内容、性质、影响和关注程度等因素，合理确定动态发布周期。对于涉及面广、社会影响重大的舆情，采取实时发布的方式；对于一般性舆情，则可以24小时为发布周期。

需要强调的是，在承接阶段，领导者和专业机构不能忽视社情民意，不能低估网民智商，不隐瞒事实、不回避问题、不掩盖真相，用事实真相回应社会关切，赢得社会信任。会理悬浮照事件发生之后，孙正东顺应了网民的心理需求，及时回应，幽默回应，赢得了广大网民的认同。

（3）转圜：赢得网络主导权。应对网络危机，领导者和专业机构一定要善于转圜，变被动为主动，准确把握舆论引导的方向和重点，针对网民的质疑，主动答疑解惑。当公众得知事件之后，往往要进一步思考事件背后的奥秘。在这个阶段，媒介可以理性地引导舆论，条分缕析，鞭辟入里，引导网民走出“视觉盲区”和“认识误区”。①

第一，把握网络舆论发展的方向。“网络把关人”在信息选择、引导舆论方面至关重要。但网络把关人应当讲究把关的方式：变“把关”为“指路”，变“堵截”为“疏导”。领导者应该以正确的观点和严密的逻辑以及说服的技巧来把握和引导舆论的走向。②

第二，把握网络危机发展的节点。对于危机事件的报道，媒体记者应当冷静处理，尤其是在事件发生的重要节点，更要厘清报道的重点和脉络，不能舍本逐末。例如，在杭州飙车案的报道中，就有五个重要的节点，分别是——“车案发生”、“70码”、“政府表态”、“胡斌父母下跪”、“巨额赔偿”。在这几个阶段，只要媒体能够抓牢新闻的重点，就能争取到较高的注意度，增强公信力。③

第三，把握网络舆论发展的节奏。领导者和专业机构要持续滚动发

① 杜骏飞等：《政府网络危机》，中国发展出版社2011年版，第73页。

② 戴和根、何开长、宋欣、李刚：《创新社会管理，健全网上舆论引导机制》，《学习时报》，2011年5月9日。

③ 杜骏飞等：《政府网络危机》，中国发展出版社2011年版，第73页。

布处置措施和工作进展，及时跟踪回应社会的种种关切和质疑，不为小道消息和谣言的传播提供条件。①

需要强调的是，在转圜阶段，领导者和专业机构学会换位思考，考虑多元主体的立场、感情和需要，才能真正寻找到引导的着力点，心灵的共鸣点，才能真正的扭转舆论发展的方向。在“7·23”甬温线特别重大铁路交通事故发生后的第三天，沈阳在接受人民网舆情会商室专访时强调，铁道部有关人员心态要调整，把自己当成旅客。要学会换位思考、将心比心，有针对性地面对网络疑点进行解释。

（4）合作，多元协同终结问题。会理悬浮照事件的妥善解决说明，虽然中国社会各方面力量处于一种博弈的状态，但是领导者要找到很好的社会沟通和社会对话的途径。不管多大的仇恨和矛盾，都是可以走向对话的。在信息网络时代，宣传部门要宣传党的主张，弘扬社会正气，通达社情民意，引导社会热点，疏导公众情绪，搞好舆论监督。宣传部门要处理好政府相关部门、媒体、企业、公益组织和微领袖之间的关系，把多方面的博弈关系转化为相互协同关系。

（三）从应对危机到领导变革

杜骏飞认为，政府危机性事件之所以频频发生，除了互联网技术所带来的信息爆炸，其根源还在于体制机制的缺陷。正因为体制机制的缺陷，才会在典型事件发生后招致民怨沸腾。“厦门PX”事件体现了政府以环境为代价追求经济目标的长期性政策失衡，“汶川地震”暴露了灾害预警、房屋质量、慈善管理等一系列制度问题，而“躲猫猫事件”则是司法系统公权力滥用的一个缩影。“李刚案”所引发的舆论从侧面体现了公众对官员的权力滥用和裙带关系的痛恨。

杜骏飞认为，网络已经成为各种社会矛盾和体制漏洞的预警器，当某种社会弊病累积到一定程度，网民便会以激进的方式发出抗议。虽然网民群体的非理性饱受诟病，但非理性的表象下包含着理性内核，即社会公正受到

① 王中桥：《提高领导干部网络执政和舆论引导能力》，《长江日报》，2012年5月19日。

挑战。民意无法通过正常渠道得到宣泄，必然就要在网络上更加猛烈地爆发。

网络舆论虽然可以在一定程度上让网民得到一个交代，却无法推动问题的真正解决，更无法阻止同类事件的重复发生。健康发展的社会，必然要依靠审时度势的制度改革。只有将危机所暴露的制度缺陷纳入制度改革进行完善，才能预防同类危机的发生。改革危机所暴露的体制性缺陷是预防同类危机再次发生的根本途径[①]（如图 6－5 所示）。

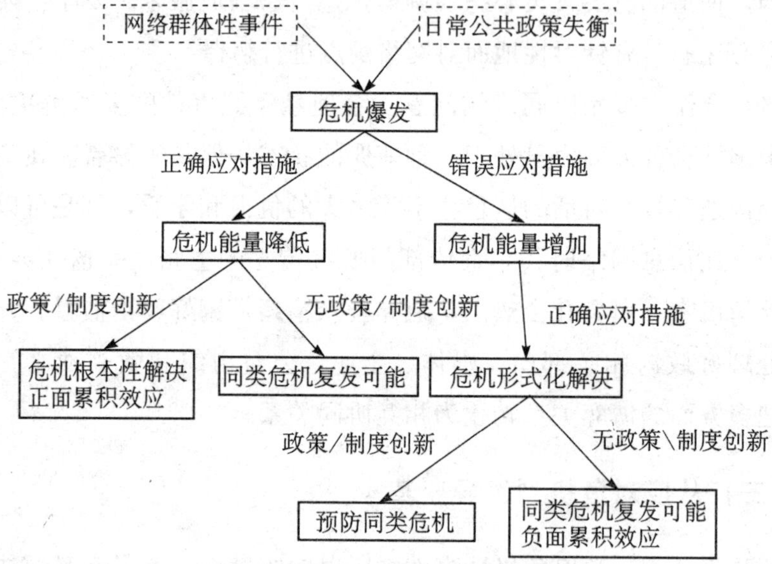

图 6－5　网络群体性事件推动制度创新

参考图片：杜骏飞等：《政府网络危机》，中国发展出版社 2011 年版，第 78 页。笔者有所修改。

在绪论中，笔者谈到科特提出的“目睹—感受—变革”的变革心理模式。而当今中国互联网已经让网民围观，让网民参与，感受中国的变革过程。广州孙志刚收容致死案、湖北佘祥林杀妻冤案、重庆“彭水诗案”、山西黑砖窑事件、陕西华南虎事件、辽宁西丰公安进京抓记者事件、广州许霆取款案等，都是网络“穷追猛打”改变了一些人预先设计的结果，引起了人们对完善我国相关法律、制度和司法行政程序的深刻反思。“面对舆论质疑，中国红十字会负责人表示‘要把门开得大大

① 杜骏飞等：《政府网络危机》，中国发展出版社 2011 年版，第 78 页。

的'，决定将2011年度财务公开，并承诺用两年时间初步实现省级以上红十字会信息公开的制度化、标准化和规范化，努力化解危机。"[①]

人民日报评论部2011年8月25日发表《政务公开呼唤"参与型公民"》，引用学者亨廷顿的公式"政治制度化/政治参与度=社会稳定"，警告说："如果政治制度化水平赶不上政治参与的增长，容易滋生社会动荡。当前，政治参与范围扩大、热情提高，只有健全参与渠道、扩大参与平台，才能避免可能产生的混乱。"评论认为，只有把"扩大公民有序政治参与"从制度上落到实处，官民互动，协同共治，才是一种良性循环。

随后，人民日报评论部2011年9月1日发表《以"制度供给"呼应参与热情》。文章指出："当此之时，重中之重是建构一个推进公民有序参与、促进社会良性循环的新型治理框架"，把预决算、公务开支甚至有关国家公职人员的个人财产晒出来。

超越危机，推动变革，需要多元领导主体"以互联网为工具，来聚合、动员和组织公民力量，从互联网渗透现实、推动现实。"具体而言，从围观个案升级到围观体制变革，即围观政改，是逻辑发展的必然。[②]

三、网络认同

在网络社会，化解危机，化"危"为"机"，其核心是基于信息交流和思想交融而建立的"意义"，是多元领导主体之间的相互认同。卡斯特认为，在全球化的网络社会有三种认同：抗拒性认同、合法性认同和规划性认同。当代中国，同时存在着这三种认同，既有抗拒，也有合作，更有希望。

（一）理解抗拒性认同

1. 占领华尔街运动的启示

在"阿拉伯之春"之后，"华尔街之秋"也必然到来，因为互联网

① 人民日报社论部：《用公开透明推动改革大业》，2011年8月11日。
② 笑蜀：《公民围观，来自普通人的渐进革命》，《时代周报》，2010年11月25日。

"无差异地挑战主权国家"。①

69岁的拉森是著名的反资本主义、反消费主义杂志《广告克星》的创立者，与妻子住在温哥华郊外的一座农场。2011年6月初，《广告克星》在给用户发送的邮件中写道："美国需要自己的解放广场（开罗革命的地标）。"家在美国伯克利的29岁的怀特"对占领华尔街这个主意感到非常兴奋"，于6月9日注册了Occupy WallStreet. org网站。随后，《广告克星》杂志制作的"舞女与铜牛"的海报，使得该报反资本主义的文化基因（meme）爆炸式传播。即便抗议者缺少明确的诉求，这一文化基因令许多感受到自身梦想破灭的人找到了表达的空间。

2011年9月17日，上千名示威者聚集在美国纽约曼哈顿，开始占领华尔街。有人甚至带了帐篷，要长期坚持下去。整个占领活动所采取的"水平化"组织形式，已经成为其他国家占领运动的样本，类似的"无领导"、"协调人轮换制"及"无固定示威要求"的形式，也出现在东京、悉尼、马德里和伦敦的示威游行活动中。这种"水平化"组织形式如同Linux这种开源软件一样，任何人都可以充当占领运动的"工程师"，为整个活动添砖加瓦。

10月15日下午5时，数千人的游行队伍聚集在曼哈顿，反对华尔街公司。此后，占领华尔街运动迅速扩展为席卷全球80多个国家和地区、950多个城市的占领运动。在罗马、马德里等城市，抗议演变为暴力事件，造成多人受伤。香港示威者在汇丰总行对面的栏杆，挂上三块写有"占领中环，反对资本主义"的红色横幅。中国台湾网民也在社交网站Facebook上发起"占领台北"行动，号召民众包围台北101大楼，抗议台湾社会的贫富差距。

"占领华尔街"的直接导火索，正是华尔街大银行要向消费者收取更高的账户费从而转嫁去年通过的金融监管改革法给银行带来的成本负

① 本案例根据百度百科"占领华尔街"、《给我一个平台，我可以占领整个地球》（刘灏，《南都周刊》2011年度第40期）《谁发出占领华尔街第一声》（凌奥幸，《南都周刊》2011年度第47期）、《美国示威者"占领华盛顿"》（王丰，新华网，2011年10月7日，http：//news. xinhuanet. com/world/2011-10/07/c _ 122124302. htm.）等材料撰写。

担。自3年前华尔街因自身不负责任的行为酿成国际金融危机以来，美国社会对华尔街的非议和责难就从未平息。美国民众认为，政府的救援让华尔街并未因自身的贪婪而受到惩罚。华尔街已恢复元气，却未能和普通民众共度时艰，反而热衷于内部分红。

“占领华尔街”的抗议者，大都在30岁以下，主要来自中下阶层，其中很多人都没有工作。他们中还有大学教授、工程师甚至交易所的前交易员。由于多种因素的影响，美国经济持续疲软，失业率仍维持在9%以上，导致贫困人口大量增加。美国人口普查局最新发布的报告显示，2010年美国贫困率为15.1%，贫困人口达到4 620万人，为52年来最高。

在占领华尔街运动中，有一个媒体组，经营Occupytogether.org网站，进行24小时不间断的流媒体直播，维持Twitter、Facebook和Tumblr上的信息流，并同其他地方的类似占领活动展开Skype对话。媒体组的目的很明确：通过互联网扩大影响力，增加同盟者。

美国国内超过1/3的人支持华尔街的抗议者，甚至更多的人（超过58%）对美国的政治感到愤怒。根据10月中旬美联社的民意测验数据显示，愤怒的人数仍在增加中。这些愤怒已累积到一定程度，正在撕扯着这个国家。

占领华尔街运动是1%和99%的关系。占领者声称：“我们共同的特点是占总人口99%的普通大众，对于仅占总数1%的人贪婪和腐败，我们再也无法忍受。”这是因为，斯蒂格利茨在著名的《1%有，1%治，1%享》文章中指出：“1%的富人拥有着99%的财富。99%的人为国家纳税，却没有人真正代表我们。华盛顿的政客都在为这1%的人服务。”

占领华尔街运动，以及席卷全球的占领运动，充分说明了信息化资本主义的困境。网络信息化将会加剧资本主义生产方式固有的矛盾，加快了资本主义向社会主义过渡的历史进程。

信息网络化浪潮给各个资本主义国家带来了一系列无法解决的问题：第一，信息化在增加技术资源和财富的同时，也将导致各资本主义国家内部及不同资本主义国家之间资源和财富的分配不均；第二，信息化也对各资本主义国家政府的施政能力构成严重挑战；第三，信息化不仅造成资本主义国家失业的增加，而且也对基本的民主政治秩序构成威胁。①

2. 信息化资本主义

有的学者认为，信息网络社会带有资本主义的基因。有学者甚至认为，信息网络社会具有“经济性质的数字帝国主义”、“数字资本主义”或“数字帝国主义”社会的特征。“数字资本主义”（digital capitalism）是比喻资本主义进入了信息时代，信息网络技术成为资本主义先进生产力的代表，并对整个资本主义的生产关系、生产方式和社会政治制度产生了重大的影响。”②

美国学者卢斯夏诺认为：“在信息社会里，知识就是一种权力。在信息化时代更是如此，这是不言而喻的道理。像万维网等工具恰好为这种权力发挥全球影响提供了潜在的手段。其意义是很清楚的：如果一个国家控制了信息流，就如同在另外一个不同的时代控制了海洋一样。”

卡斯特认为，网络社会把整个世界更加紧密地联系在一起，但从世界范围看，网络社会同时伴随着全球范围内的苦难和罪恶。卡斯特所说的网络社会的苦难和罪恶，包括“不平等”（inequality）、“两极化”、“贫穷”、“悲惨”、“工作个体化”、“劳工的过度剥削”、“社会排斥”和“异常整合”等“社会分化”现象。而且，“社会排斥及社会整合和政策不足，形成了第四世界，也就是信息化资本主义中具有生产关系特殊形式的一个重要过程：我们称之为异常整合，意指犯罪经济中的劳动过程。”③

① 宋齐和：《信息化与社会主义趋势》，《唐山高等专科学校学报》，2002 年第 2 期；冯鹏志：《“信息磨”产生的是全球化社会主义社会吗？——关于当代科技发展对社会制度的影响的对话》，《中国党政干部论坛》，2000 年第 5 期；陆俊、严耕：《网络社会：社会主义抑或资本主义》，《思想理论教育导刊》，2005 年第 5 期。

② 俞可平：《全球化时代的资本主义——西方左翼学者关于当代资本主义新变化若干理论的评析》，《马克思主义与现实》，2003 第 1 期。

③ ［美］曼纽尔·卡斯特著，夏铸九、黄慧琦译：《千年总结》，社会科学文献出版社 2006 年版，第 59 页。

毋庸置疑，信息网络技术革命和全球化资本主义造成了经济上的马太效应，富者越富，穷者越穷。经济上的两极分化造成了网络社群心理的极化现象。当然，造成网络社会分裂的不仅有经济差别，还有宗教差别、民族差别、文化差别、种族差别、代际差别、地域差别等。

如果把人类社会发展分为三个阶段，那么，当前处于后现代社会和后工业社会；如果把人类社会分为四个阶段，那么，当前处于知识社会、信息社会和网络社会；如果把人类社会分为六个阶段，那么，当前处于超越资本主义社会的后资本主义社会（见表 6 - 3）。

卡斯特在《网络社会的崛起》中准确地把握住信息化资本主义阶段的本质和表征，在《认同的力量》中突出强调超越信息化资本主义的力量正在形成、凝聚和彰显过程。笔者认为，占领华尔街运动是人类开始“后”资本主义社会的过程的正式标志。

表 6 - 3　人类社会发展阶段

	公元前				公元	
	250 万年 8000 年 3500 年 500 年 元年 500 年 1500 年 1750 年 1945 年 1970 年 2000 年 2100 年					
三个阶段	传统社会				现代社会	后现代社会
	前工业社会				工业社会	后工业社会
四个阶段	原始社会		农业社会		工业社会	知识社会
	原始社会		农业社会		工业社会	信息社会
	原始社会		农业社会		工业社会	网络社会
五个阶段	狩猎采集	园艺社会	农耕社会	农业社会	工业社会	
	狩猎采集	园艺社会	游牧社会	农业社会	工业社会	
	狩猎采集	游牧社会	农耕社会	传统文明社会	工业社会	
	原始社会		奴隶社会	封建社会	资本主义社会	社会（共产）主义社会
六个阶段	狩猎采集	园艺社会	游牧社会	农业社会	资本主义社会	后资本主义社会
	狩猎采集	园艺社会	游牧社会	农业社会	工业社会	后工业社会

资料来源：何传启主编：《中国现代化报告概要（2001—2010）》，北京大学出版社 2010 年版，第 30 页。

3. 零和博弈思维

所谓抗拒性认同，就是由那些其地位和环境被支配性逻辑所贬低或者污蔑的社会行动者所拥有的认同。[①] 如前所述，信息网络技术革命不仅加大了相同阶层、相同身份人群之间的联系，而且加大了不同阶层、不同身份人群之间的撕裂。抗拒性认同是“被排斥者对排斥者的排斥”，在中国体现为网络民粹主义，表现为仇富、仇官、仇警。

例如，2008 年 10 月，哈尔滨六警察打死青年林松岭。起初网络舆论几乎一边倒地谴责警察；当网上传言林松岭有高官亲属背景时，舆论锋芒随即指向寻衅滋事的“恶少”，网文标题也改成了“六警察打死林衙内”[②]。2009 年 7 月 24 日，吉林通化钢铁公司股权调整引发职工不满，民营企业派驻的总经理被活活打死。新闻跟帖几乎一边倒地赞扬通钢“工人阶级了不起”，幸灾乐祸于“打死个把资本家有什么了不起”。这场网络起哄属于“泄愤事件”，绝大多数参与者与最初引发的事件并没有直接利益关系，更大程度上的路见不平或借题发挥，表达对社会不公的不满，体现了典型的“民粹主义”。[③]

再如，面对媒体的舆论监督，郑州市规划局副局长逯军这样反问记者：“是替党说话，还是准备替老百姓说话？”这句脱口而出的话，揭示了这种深层次的抗拒性认同！由此可见，某些官员心中，党和人民是利益对立关系，拿党做护身符，对抗群众和舆论监督，维护个人和小团体的利益。[④]

当前，有些领导者缺乏网络意识，缺乏网络执政能力。当媒体介入之后，一些久拖未决的问题，可以斩立决般的速度解决掉。这样一种带有作秀性质、危机公关性质的迅速处理，往往把事情掩盖过去了。这只是一种兵来将挡、水来土掩的敷衍了事的方式，往往加强了抗拒性认同。

---

① ［美］曼纽尔·卡斯特著，曹荣湘译：《认同的力量》，社会科学文献出版社 2006 年版，第 6 页。

② 祝华新、单学刚、胡江春：《2008 年中国互联网舆情分析报告》，http：//yuqing. people. com. cn/GB/209170/index. html.

③ 祝华新、单学刚、胡江春：《2009 年中国互联网舆情分析报告》，http：//yuqing. people. com. cn/GB/209170/index. html.

④ 祝华新、单学刚、胡江春：《2009 年中国互联网舆情分析报告》，http：//yuqing. people. com. cn/GB/209170/index. html.

这些人员不是在“应对”中重视一个“应”字，即“呼应”民意，与人民的情感、意志、要求相互映照，努力达成共识，而是格外看重“对”字，处心积虑思考掩盖网络揭露的地方丑闻和负面事件真相，尽力为陷入舆情旋涡中的责任官员、腐败官员做保护伞、建避风港。是“对付”舆情还是“呼应”舆情，是执政思维先进还是落后的分水岭。①

祝华新指出，在近年来的突发公共事件中，多数情况下是当事人、地方政府和“围观”公众三方皆输。当事人冤屈难申，地方政府花费了大量人力财力维稳却落得一身埋怨，“围观”民众觉得社会正义更加渺茫。②

当前网络领导的问题，是以“网络民粹主义”为特征的抗拒性认同，本质上是一种敌我斗争的零和博弈思维模式。在乌坎转机的过程中，人们可以看到两种不同的思维模式。一种是敌我思维模式，一旦出现群体性事件，看到一个异己的利益群体出现，跟“我们”闹别扭了，立刻唤醒敌情意识，如果找到境外势力或别的什么势力介入的迹象，人民内部矛盾便转化为敌我矛盾，各种对付敌人的手段都用出来了。在网络社会中，这种思维模式对现实的判断与事实真相往往距离很远。③ 另一种是能较好解决问题的法治思维模式。

（二）增强合法性认同

所谓“合法性认同”，是由社会支配者和支配制度引入，以扩展和合理化其对社会行动者的支配。对于政府来说，要增加合法性认同，增加执政的合法性。而政府当前所要努力的，乃是进一步增加合法性认同。④

---

① 西风：《“对付”还是“呼应”？执政的分水岭》，《现代快报》，2010年4月13日。

② 祝华新：《网络时代官民关系的七大特点》，《中国青年报》，2010年11月5日。

③ 吴思：《“乌坎转机”的时代意义和国家样本意义——北京专家学者高度评价“乌坎转机”?》，胡耀邦史料信息网，http：//www.hybsl.cn/zonghe/zuixinshiliao/2011-12-26/28051.html.

④ ［美］曼纽尔·卡斯特著，曹荣湘译：《认同的力量》，社会科学文献出版社2006年版，第6页。

1. 依法治理

《人民日报》2011年12月22日“人民时评”刊发评论：乌坎事件的峰回路转，在于扫除面对群众的“对手思维”，“在面对具体矛盾冲突时，把握了群众利益的诉求点，也就把握了问题解决的关键点”。

范以锦认为，从中华人民共和国发展史可以发现建构公民社会的重要性和基本方法。尽管中国距离完全意义上的公民社会，还需要长期不懈的努力，但改革开放以来，中国已经向前大大迈进了一步。中共十一届三中全会之后，中国结束了“以阶级斗争为纲”的口号，全党全国的工作重点转移到以经济建设为中心上来，为公民社会的到来提供了良好的生态环境。[①]

改革开放之前我们听到的是“人民”的概念，很难听到“公民”的概念。如何区分人民和公民的概念？“人民是一个更加革命的概念，是区分敌我的概念。如果把一部分人称做敌人，那么，剩下的就是人民。公民是大家作为社会共同体的成员，叫作公民。”[②]

如前所述，在乌坎事件中，省委工作组承认村民的要求是基本合理的。这种处理问题的思维模式就转入了公民权利思维模式，就是法治思维模式。乌坎村民之间的利益纠纷，不是敌我关系。即使乌坎村民有敌我思维，彼此斗争。这种村民之间的内部关系也与政府无关，政府的任务是站在超然的立场，依法管理村民的事务。广东省委工作组宣布了五项原则，最后两条是“阳光透明和法律为上”，强调要依法裁决，进入阳光透明的法治思维模式。[③]

2012年3月5日下午，十一届全国人大五次会议广东代表团举行全团会议并向媒体开放，中共中央政治局委员、广东省委书记汪洋在回答记者提问时强调：

① 于硕、蓝云：《从开放社会到公民社会》，南方日报出版社2010年版，第7页。

② 于硕、蓝云：《从开放社会到公民社会》，南方日报出版社2010年版，第6页。

③ 吴思：《“乌坎转机”的时代意义和国家样本意义——北京专家学者高度评价“乌坎转机”?》，胡耀邦史料信息网，http://www.hybsl.cn/zonghe/zuixinshiliao/2011-12-26/28051.html.

"这次在处理乌坎事件上，我们一个重要的立足点就是判断乌坎群众所反映的诉求是不是合理合法的。我们经过初步了解以后，认为乌坎群众在土地等问题上的诉求既是合理的，又是合法的，因此，我们就是要代表人民群众的利益，而不是代表那个村子里面村支书所实际代表的小圈子的利益，这是我们妥善解决乌坎问题的一个立足的基本判断或者是基本点。"

"解决乌坎问题，刚才这位日本记者讲了，认为是我们在民主选举上开了先河，甚至刚才凤凰卫视这位记者也讲了是因为涉及政治体制改革，我实事求是地说一句话，乌坎的民主选举是按照《中华人民共和国村民委员会组织法》和《广东省村民委员会选举办法》进行的，没有任何创新，只不过我们把选举法和组织法的落实过程做得非常扎实，让这个村子在过去选举中走过场的形式做了纠正，如此而已。"

"我们没有说因为担心像乌坎村这样的事件扩散而对这个问题的处理采取一些什么变通或者其他的态度，没有！我觉得我们对乌坎村事件的处理是坚持了中国共产党的执政理念和人民政府执政为民的基本理念，就是我们要和人民群众站在一起。"

2. 加强主流价值传播

对于党和政府来说，加强主流价值观的宣传，就是要增加合法性认同。加强主流价值观宣传，要用好一般凝聚性网络集群事件和重大凝聚性网络集群事件。汶川地震发生后 18 分钟，新华网就开始发布消息。短短几个小时，新浪、腾讯等中国各门户网站，已将海量新闻，包括对地震的防护方法等，以板块组合或活动标签的形式，呈现于首页的显要位置；与此同时，央视不间断 24 小时直播。

汶川地震发生后，胡锦涛总书记第一时间做出批示，要求尽快抢救伤员，保证灾区人民生命安全。温家宝总理当晚赶到都江堰，以 66 岁的年龄在近5 天的时间里踏遍 7 个重灾县市。国家减灾委启动一级救灾应急响应。解放军部队、武警、公安消防部队从四面八方紧急调往灾区。在经过短暂的犹豫后，中国政府同意国际救援队进入灾区。

自 5 月 24 日温家宝总理在震中汶川县映秀镇接受中外记者联合采访时表示：面对这样大的震情，欢迎世界各国的记者前来采访，相信大家会用良知、人道主义精神，公正、客观、实事求是地报道震情、灾情和我们中国所做的工作。我国对国际开放了地震的采访报道权，共有 100 多家境外媒体的 300 多记者涌进灾区，对汶川地震做出了更加全面而详细的报道。

祝华新认为，网络舆论对政府的救灾响应速度评价有两个参照系。一个是唐山大地震，媒体认为汶川救援摒弃了“文化大革命”的极“左”影响，不像唐山地震对死伤人数等灾情隐而不报。此次把救人放在第一位，体现了“以人为本”的执政理念。

另一个是美国，媒体认为汶川救援速度和效率超过“卡特里娜”飓风袭击新奥尔良事件，不亚于美国对“9・11”恐怖袭击的反应，而国家领导人亲自挂帅的救灾力度，体现了社会主义国家集中社会资源办大事的优越性，超过了美国“9・11”事件。①

3. 建设信息化社会主义

1987 年，美国著名工程师斯多尔曼认为：“软件是许多人协作的工程，而私有财产权阻碍这一工作；软件应该像空气那样为每一个人自由地取用。他明确地把‘自由软件’（free software）与‘私有软件’（proprietary software）对立起来，希望今后只有自由软件。他认为，软件的本性是协作。为了协作，人们应能自由地拷贝、改动、传播软件及其相关文档（如说明书等），这就是自由软件中‘自由’的基本含义。”

① 祝华新、单学刚、胡江春：《2008 年中国互联网舆情分析报告》，http：//yuqing. people. com. cn/GB/209170/index. html.

斯多尔曼创造了一个新概念“copyleft（拷贝，留下）”以戏谑的黑客文化风格与他认为已过时的“copyright”（复制权，版权）的概念相对立。“copyleft”和“copyright”的词素中，“-left”和“-right”也有“左”和“右”的意义，因此也成了“左版”和“右版”的对立。对于右版（即现有的“版权”）而言，左版更具有社会主义的性质。①

凯文·凯利认为，信息技术不断走向共享和免费。“因为它在变得免费的时候，还可以提升自由度。技术所蕴涵的天才、能力、好处，只有在近乎免费的时候，方能得到释放。对免费的追求，可以去除施加在技术元素各个门类身上的枷锁；使其极尽所能地与其他技术门类相互作用；杂交出新的工具，加强工具的生态特征；给使用者更多的选择和自由。当一种技术越来越充裕，越来越廉价，它很容易找到自己的小众市场以存在下去，并以商品的形式对其他技术进行支持。技术走向免费的同时，也会释放自身存有的最后两样东西：选择与可能性。”②

面对全球资本主义危机，凯文·凯利提出了数字社会主义的概念。数字社会主义运动使得人们越来越接近一个非资本主义、开源、大众生产的社会。几乎每一次分享、合作、协作、开放、自由定价和透明的力量都证明数字社会主义的价值。每当我们尝试应用数字社会主义，我们就发现新社会主义的力量要比我们想象的大。③

笔者认为，从全球网络社会来看，超越信息化资本主义社会的力量正在形成、凝聚和彰显。如果把人类社会分为六个阶段，那么，当前中国处于超越资本主义社会的社会主义社会。

笔者认为，丁力所提出的“广东正在探索社会主义3.0”的新模式，其实质是信息化社会主义，是社会主义初级阶段发展的特征之一。信息化社会主义正是要发挥信息的共享和免费作用。

如果说占领华尔街运动的深层次原因是美国从所谓的“民有、民

① 贾星客，李极光：《论自由软件运动》，云南师范大学学报，2001年第1期。
② ［美］凯文·凯利，张行舟、余倩等译：《技术元素》，电子工业出版社2012年版，第128页。
③ ［美］凯文·凯利，张行舟、余倩等译：《技术元素》，电子工业出版社2012年版，第242页。

治、民享”变成了斯蒂格利茨所指出的“1%有，1%治，1%享”，那么，超越信息化资本主义的信息化社会主义则是“共有、共治、共享”。笔者认为，“在共建中共享、在共享中共建”正是信息化社会主义的本质，也正是中国网络社会发展的方向。

建设信息化社会主义，就是坚持和发展基本路线，走共同富裕之路；就是坚持和发展群众路线，网来网去，来去自如；就是坚持和发展统一战线，彼此合作，共赢博弈。

（三）建构规划性认同

所谓规划性认同，是指社会行动者基于一定的能够到手的文化材料，而构建一种新的、重新界定其社会地位并因此而寻求全社会转型的认同。[①] 在卡斯特看来，规划性认同是对合法性认同的继承和超越。合法性认同是一种政治认同，是基于工业社会和公民社会的认同，而规划性认同是一种文化认同，是一种“意义”的认同，是由前现代社会和前工业社会传承下来的文化基因决定的。

1.“完美”的联邦

有人说，300年前的“五月花号”绽放了一个美国梦。1863年9月22日，在南北战争中，林肯总统签署了《解放黑人奴隶宣言》，宣布黑人“永远获得自由”。然而此后的100年里，黑人依然悲惨地蹒跚于种族隔离和种族歧视的枷锁之中。1963年8月23日，在林肯纪念堂前，马丁·路德·金表达了一个梦想。我认为，马丁·路德·金的梦想，是基于美国梦的黑人梦想，他强调在宪法范围内打破种族障碍，构建一种基于合法性认同的基础上发展而来的规划性认同。

奥巴马，其父亲是肯尼亚一名黑人经济学家，其母亲是一名美国白人女教师。1995年，奥巴马出版了自传《源自父亲的梦想》。奥巴马真正成为政治明星，是在2004年7月民主党全国代表大会上。当时，他还只是一位默默无闻的州议员，却被推选出来做全党的“基调演讲”，

---

① ［美］曼纽尔·卡斯特著，曹荣湘译：《认同的力量》，社会科学文献出版社2006年版，第6页。

阐述民主党在总统选举中的纲领和政策。在这次演讲里面，奥巴马奠定了他的政治基调。他摒弃几十年来的左右对抗，把那些好斗的民主党人与共和党人定位为老一代，把自己定位为能够团结和超越政治斗争的新生代。“这里没有一个自由派的美国，也没有一个保守派的美国，这里只有一个美利坚合众国。这里没有一个黑色美国和一个白色美国、拉丁裔美国、亚裔美国，这里只有一个美利坚合众国。”这次演讲的核心不是“说服”，而是“认同”。

奥巴马深深知道马丁·路德·金的梦想——一种已经被现今主流政坛遗忘了的古老承诺。许多媒体更是把奥巴马的演讲和美国黑人民权运动家马丁·路德·金的《我有一个梦》的著名演讲做比较，很多人因此认识并记住了这张年轻的黑色面孔。两个月后，奥巴马以70％的高票当选为联邦参议员。在美国人看来，奥巴马在政治上的成功表明：梦想可以超越种族和肤色。

在奥巴马竞选的过程中，也有网络危机。赖特引领奥巴马成为基督教徒、主持奥巴马的婚礼、为奥巴马的两个女儿施洗礼。在奥巴马竞选期间，66岁的黑人牧师赖特指责美国传播恐怖主义招致“9·11”恐怖袭击、鼓动非裔美国人谴责美国等言论曝光，为竞争对手攻击奥巴马提供了依据。为此，奥巴马在3月18日的发表长篇演说，否定了赖特的过激言论，但表示自己不能抛弃赖特，因为远离赖特对他而言就像远离非裔群体或他的白人外祖母。他要超越种族仇恨与隔阂，建构新的联邦，“一个更完美的联邦”。

2. 超越重大分歧

我们认为，信息网络在基础设施方面，信息传播速度快，范围广，具有超越性，为超越重大分歧、建构规划性认同提供了基础。

姜奇平认为，在信息网络社会，人们必须超越无政府主义、民粹主义、新左派、自由主义等工业社会的概念。网民不是新左派。新左派强调的是物质共享，网民强调的是知识共享。前者是工业社会的思想，后者是信息社会的思想。网民说“共产主义”时，与新左派、社群主义者、福利主义者的概念不完全相同，因为物质不能共享而知识可以共享。网民不是传统自由主义者，而是个性自由主义者。前工业社会的权利观，以个人的同质化为前提；后工业社会的权利观，以个人的异质化为前提。①

互联网的出现与发展，是我国现代公共领域兴起和重构的契机。网络可以超越国界，超越每个人所属的经济利益集团，网络媒体的巨大信息容量能够提供一个充分广阔的对话空间，为建构规划性认同提供了历史性的机遇。

在网络虚拟空间，各个阶层、各个民族、各种文化都可以超越现实限制，共享话语权，广泛地进行虚拟交流。②

3. 新的天下观

超越即复兴，超越即发展。超越型领导者在继承传统文化基础上对现代文化的超越，促使传统文化在信息网络社会的重生和复兴。在当代中国，这种规划性认同的基础是新的天下观。

一般来说，中国传统文化的天下观，主要表现儒家式的天下大同乌托邦理想。孔子在《礼记·礼运》里，阐述了大同社会的理想：

> “大道之行也，天下为公，选贤举能，讲信修睦。故人不独亲其亲，不独子其子，使老有所终，壮有所用，幼有所长，鳏寡孤独废疾者，皆有所养。男有分，女有归。货恶其弃于地也，不必藏于己；力恶其不出于身也，不必为己。是故谋闭而不兴，盗窃乱贼而不作，故外户而不闭，是为大同。”

笔者认为，“天下”，不仅是地理意义上的空间，而且是华夏文化传播的文化空间，更是多民族共存共荣的和平空间。传统文化的天下观是超越血缘的、超越种族的、超越地域。任何民族，只要接受了天下大同的礼乐文化，都是华夏民族的成员。③

---

① 姜奇平：《网民不是什么?》，2008 年 4 月 28 日，http：//www. sina. com. cn.
② 郭玉锦、王欢：《网络社会学》，中国人民大学出版社 2010 年版，第 215 页。
③ 雷强：《天下选举》，中国经济出版社 2009 年版，第 361 页。

许纪霖认为，从孔子到汉唐，重心落在天下主义，不太强调夷夏之分。汉唐是气吞山河的大帝国，有强大的中心吸引力，不仅“以夏变夷”，用中原文明改造蛮夷，而且“以夷变夏”，用异质的文化丰富华夏文明本身，使之变得更多元、更开放。唐朝的胡人可以在长安当大官，可以成为封疆大吏。汉唐帝国在真正强大崛起的时候，是非常自信的，不在乎夷夏之辨，更多表现出天下主义的胸怀。到了宋代，外患危机严峻，随时有王朝倾覆的威胁，天下主义暂时行不通，遂突出夷夏之辨的另一面，更强调夷夏之间的不相容性与华夏文化的主体性。但即使在宋代之后，夷夏之辨依然无法脱离天下主义而成为独立的意识形态。夷夏之辨是相对的，并非绝对的存在。天下主义与夷夏之辨内在渗透、相互镶嵌。天下主义是进攻利器，夷夏之辨乃防守之道。防守的终极目的，依然是要实现天下归仁的儒家天下理想。

许纪霖认为，“五四”之后，传统的天下观转化为现代的世界主义情怀，不以中西为沟壑、古今为壁垒，而是追求全人类的普世文明。中国共产党从成立之日起，就既是中华优秀传统文化的忠实传承者和弘扬者，又是中国先进文化的积极倡导者和发展者。[①]

何为中国？我们不仅要继承天下观，而且要发展天下观，实现中华民族的融合，面向世界，面向未来，形成新的规划性认同。中国的规划性认同渊源于历史，又超越传统，它以现实为基点，以未来为目标，试图在历史、现实与未来之间进行穿越，实现认同的重构。

许纪霖认为，中国认同是一个重构的过程，需要坚持包容的、扩展版的新天下观。新天下观是对普世文明的追求，这个普世文明并非以西方为代表，也绝非为基督教文明所垄断，而是中国文化和世界文化的公约数，是沟通交流之后融合形成的共识。[②]

据笔者观察，新天下观不仅是学者在书斋中的理论重建，而且是领

---

① 许纪霖：《谈新天下主义》，《东方早报书评周刊》，2012 年 1 月 28 日。

② 许纪霖：《谈新天下主义》，《东方早报书评周刊》，2012 年 1 月 28 日。

导者在实践中的共同认识。新的天下观不仅是建设社会主义 3.0 模式的基础，也是建设中国规划性认同的基础！

文化精神，历久弥新！

结语

网络为王

- ⊙世界大同:相信未来更美好
- ⊙技术元素:无法估量的力量
- ⊙微柔变革:走出一条网路来

“风声、雨声、读书声，声声入耳；家事、国事、天下事，事事关心。”通过手机等移动终端，我们随时随地发布各种信息，随心所欲关注天下大事。我们可以突破物理的、地理的、社会的“间断”，基于爱、正义、共同的喜好和经历，灵活而有效地“连接”起来，形成马克思所说的“自由人的联合体”。

所谓“王者”，用中国传统的语言来表达，就是“天下之所归往也”；用领导科学的语言来表达，就是德鲁克和布兰克所强调的，“就是拥有追随者的人”；用网络领导的语言来表达，就是“全球网络社会中的有影响力的重要节点”。

一、世界大同：坚信未来更美好

领导者之所以为领导者，就在于拥有愿景，拥有追随者。伟大的国家，伟大的领袖，都拥有伟大的愿景，激发伟大的动力，创造伟大的事业。中华文化之所以伟大，就在于拥有“天下为公，世界大同”的愿景；中国共产党之所以伟大，就在于拥有建党百年愿景和建国百年愿景，就在于不断追寻社会主义的“意义”。

胡鞍钢等人认为，21 世纪上半叶，中国将发生翻天覆地的伟大变化，全面实现现代化，中国将建成富强民主文明的社会主义国家。在这 50 年内，中国将继续创造新的奇迹，将先后完成新的三件大事。第一件大事就是用 20 年的时间全面建设小康社会；第二件大事就是到 2030 年构建共同富裕社会；第三件大事就是全面实现社会主义现代化。其中，构建共同富裕社会是一个承上启下的发展阶段，它是全面建设小康社会的必然延伸，也是全面实现社会主义现代化的必经之路。[①]

中华民族是乐观主义者，面向未来，面向世界，坚信“生生不息”，不断创造新的生活和文化。胡鞍钢等人认为，到2030年，我们将建设十几亿人民共同富裕的社会，具体为七个方面。①十几亿人民共同发展和共同分享的社会。数千年横亘在人与人之间的地区界限、城乡差距、贫富之别将得到明显消弭，人民是国家的真正主人，共同推动发展过程，共同创造物质与精神财富，共同分享发展成果。②全民学习型社会。③全民健康型社会和全民健身型社会。④高度生态文明社会。⑤创新型社会和知识社会。⑥高度政治文明社会。十几亿人民当家做主，拥有不同层级、不同形式广泛的政治、经济、社会、文化民主权利；各级政府决策能力、组织能力、动员能力、执行能力、调适能力进一步提高。⑦高度精神文明社会。中华文化更加繁荣，国家软实力进一步提升，形成人人维护和谐、人人建设和谐、人人促进和谐的良好社会风气，建成世界上最大的全民文明、全民道德、全民和谐的文明型社会。[②]

在全球网络社会，中国将成为共享全球领导力的多元主体之一，共同建设“大同世界”。传统国际关系的强权依附使得全球化潜伏着不稳定的危险因素，使得全球问题的治理失效，严重阻滞了国际关系的民主化进程，西方大国对全球利益和领导权的垄断拉大了南北贫富差距，剥夺了弱小利益群体的发言权。经济帝国主义引发的社会扭曲必须得到纠正，强权政治剥离的社会正义价值必须得到匡复。

什么是“大同世界”？胡鞍钢等人认为，重要的是要消弭三大界限，缩小三大差距：人与人的界限和差距、国与国的界限和差距、人与自然的界限和差距。破除三大中心论，倡导三大共同论：在人与人

① 胡鞍钢、鄢一龙、魏星：《2030中国迈向共同富裕》，中国人民大学出版社2011年版，第3页。

② 胡鞍钢、鄢一龙、魏星：《2030中国迈向共同富裕》，中国人民大学出版社2011年版，第191—193页。

的关系上，我们要破除“精英中心论”、“富人中心论”，主张“人民中心论”、共同富裕；在国与国的关系上，我们要破除“北方中心论”、“强权中心论”，主张公平平等、共同繁荣；在人与自然的关系上，我们要破除“人定胜天论”、“发展至上论”，主张天人合一、共生共荣。

和谐理论和网络领导理论为共享全球领导力提供了理论基础。共存共荣使得各种力量共享经济发展机会；坚持多边主义，对话协商，建立共同安全机制使各种力量分享了和平与和平领导权；坚持包容精神，促进各种文明交流，使得各国和各民族共同分享文化引领权。我们还发现一些跨国组织和机构也正发挥自己的权威和作用，参与到维持秩序和经济、社会调节的过程中来。

胡鞍钢等人认为，走向2030年，全人类进入了千年未有的大时代，发生了千年未有的大变局，迎来了千年未有的“大同世界”，突出表现为相互关联、相互影响、相互作用的四大趋势：一是“大发展”。主要是南方国家大发展，成为世界第三次黄金发展时期最主要的推动力量。二是“大趋同”。南方国家经济起飞，加速追赶北方国家，南方和北方经济发展水平从过去两个世纪的大趋异转向大趋同，南方国家人均GDP达到北方国家的三分之一。世界走向共同繁荣、共同富裕。三是“大逆转”。南北格局大逆转，南方国家主要经济指标占世界的比重与其人口比重趋同。世界走向更加均衡、更加平等。四是“大变革”。全球治理机制和结构大变革，南方国家成为主角，发挥更大、更积极的作用，更有利于世界均衡发展。①

二、技术元素：无法估量的力量

我们坚信的未来的美好愿景实现的力量源泉是什么呢？主要有两大

① 胡鞍钢、鄢一龙、魏星：《2030中国迈向共同富裕》，中国人民大学出版社2011年版，第200页。

基本力量：一个是科技的力量，另一个是人文的力量。

在2012年6月出版的《技术想要什么》中，凯文·凯利研究了技术元素、免费经济 Web 3.0、数位人生和未来网络等五个问题。凯文·凯利发现，技术（technium）是一种生命体，是世间至强之力。“技术是生命体的第七种存在。人类目前已定义的生命形态包括植物、动物、原生生物、真菌、原细菌、真细菌，而技术应是之后的新一种生命形态。”技术成了能够自在、自为的一种有活力的生命，而人类是能够自治、有思维活动、有意识和自由意志的生命。

迪伊·霍克强调，生物演进存在着指数效应。最早的生命形式大约出现在45亿年前。大约经过这个时间的一半，即22亿年的发展进化，迈出了从无核细胞到有核细胞第一小步的演化。又经过这个时间的一半，即大约10亿年，出现了第一个简单的脊椎动物。然后，仅过了5亿年，就出现了原始的鱼类与爬行动物。这之后，又仅用了2亿年，就完成了恐龙、鸟类以及复杂植物的演化。再后来，哺乳动物的出现只用了1亿年。在人类的整个演化过程中，在生物体的多样性和复杂性上每一步的跃进所需的时间，都会比前一次大约减少一半。我们没有理由不相信在向更复杂、更多样化的生物体的演化中，这种时间的指数化缩短会继续进行。

更为关键的是，网络社会，从新知识的发现到技术的必然产生，再到普遍应用不再有时间的落差。轮子——这一技术上的最早概念，经过几个世纪才得到普遍认可，经过几十年有了蒸汽机、电灯和汽车，再经过几年产生了收音机和电视机。今天，无数装有微型芯片的设备遍及全球，就如同太阳光普照大地一样。①

复杂网络系统已经成为一个快速升级换代的生生不息的巨大力量，不断自我超越，不断升级换代。IBM曾经为业界王者，在主机这个行业

---

① ［美］迪伊·霍克著，张珍、张建丰等译：《隐形VISA：面向未来的混序组织》，上海远东出版社2011年版，第79页。

没人能够打败IBM，打败IBM的最后是微软。在软件行业没人打败微软，结果是谷歌打败了微软；谷歌又是做搜索的，谷歌最后又被Facebook打败了，Facebook是一个社交网站。[①] 人们总是习惯性地瞻望：谁是下一个王者？

关于Web 3.0问题，凯文·凯利强调人机融合，强调语义网、物联网、云文化、谷歌式科学，强调网络将发展成为有智慧的有意识的自主的全球超有机体，甚至提出了数字社会主义。

凯文·凯利强调："我们变得更健康、更干净、更聪明、更善良、更快乐，以及更平和。"[②] 实际上，科技和人性永远不是分开的，互联网一直在改进我们的人性，让我们变得更人性化。

三、微柔变革：走出一条网路来

中国如何实现伟大的愿景？中国改革成功的经验是什么？中国未来改革的道路如何选择？不同国度、不同职业、不同专业、不同年龄的人们都在进行着观察、思考和探索。

在Web 3.0时代，我们正在进入领导3.0阶段，中国传统文化的"格物、致知、诚意、正心、修身、齐家、治国、平天下"的文化基因将复活重生，重新在每一个人心中闪耀着"意义"的光辉。

笔者发现，当代中国生机勃勃，体制外的力量与体制内的力量，互相"连接"起来，共同推进"微柔变革"。

所谓"微"，就是微众，就是微创新，就是微变革，就是日常化的微观政治。胡泳认为，政治可以分为宏观政治和微观政治，宏观政治是结构性的，微观政治是日常化的。微观制度的改变并不必然地在逻辑上可以推导出宏观结构的调整。但是，假如这些小单位能治理好，因为人民是生活在微观政治中的，我们也能够极大地提升人民的福祉。在这个

① 王壮：《马化腾VS.凯文·凯利：互联网千亿级的考问》，2010年4月24日，http://www.36kr.com/p/102779.html.

② ［美］凯文·凯利，张行舟、余倩等译：《技术元素》，电子工业出版社2012年版，第300页。

意义上，我们不需要“大革命”而需要“微革命”，由“微信息”和“微交流”共同推动的“微革命”。[1]

2011年，一些草根百姓和知识分子在微博上宣布自荐参选人大代表，引起基层政府的担忧。但在云南曲靖市，市政府的官方微博“微博曲靖”，打破常规，发帖介绍本市一位自荐参选的市民蔡馥敏。47岁的蔡馥敏开设博客、微博客，关注家庭、教育、医疗、劳动就业等问题，并自警道：“我们每一位想为国为民分忧的人士，很多时候，先看看法律法规，不要随意而为。”网友称赞：曲靖市委、市政府包容基层民主的尝试，有利于融洽官民关系，最终有利于基层维稳。[2]

所谓“柔”，就是柔性领导，柔性执政，就是协商、妥协与协同共治。例如，上网过滤软件“绿坝——花季护航”就是在网民的质疑和激烈反对中，在2009年7月1日强制安装起始日的前夕——6月30日晚工业和信息化部紧急宣布推迟预装；后来又改口说，“绝不会出现在所有销售的计算机里一律强制安装的问题”，改进后的预装方案主要限制在学校、网吧等公共场合的计算机。祝华新等人指出，“绿坝”事件是2009年网民作为“压力集团”整体发声和发力的一个标志性事件。但这种虚拟“压力集团”不是政治组织，现阶段在若干具体利益问题上具有温和表达不满和不服从的特征，不会对社会稳定产生颠覆性影响。[3]

再如，在法律的废改立过程中，要与网民和专家互动，听取专家和网民的意见。2009年12月7日北京大学法学院5位法学家认为《城市房屋拆迁管理条例》涉嫌违宪，拆迁条例成为众矢之的。经过政府与网民的共同努力，2011年1月19日，《国有土地上房屋征收与补偿条例》

---

① 参见互动百科，“微革命”词条，http：//www.hudong.com/wiki/%.

② 祝华新、单学刚、胡江春：《2011年中国互联网舆情分析报告》，http：//yuqing.people.com.cn/GB/209170/index.html.

③ 祝华新、单学刚、胡江春：《2009年中国互联网舆情分析报告》，http：//yuqing.people.com.cn/GB/209170/index.html.

公布并开始施行。

如前所述，奥一网的微创新，在于提出网络问政的概念。此后，奥一网持续进行微创新，提出了网络公民的概念，举办网民论坛，建立了南方民间智库，建立了微博问政平台。正是这些系列微创新过程创造了广东民主的新表现形态。此后，奥一网持续不断的微创新，最终引发了网络问政的“非线性风暴”，推动了中国政治民主的发展。

在每年两会和各省市地方两会召开之际，多元领导主体整合各大网站推出的“总理请听我说”、“我有问题问总理”、“为省部委建言”、“人大代表、政协委员意见征集”等互动平台，网上征民意，网上答问题，把网民提出的意见和建议加以整理和公布，督促相关单位应答。这种制度化的规范化的网络问政，为网民提供政治参与的机会，为各方提供协商的机会。

例如，人民网E政广场模拟“两会”提案工作，让网民向中央各部委、各地方政府机构递交自己的意见和建议。2011年、2012年全国“两会”期间，全国政协提案委将近百份E政广场网友提案印发成册，分发给每一位政协委员。因此在2011年获得第21届中国新闻奖。我们相信，更多的类似于人民网E政广场的创新能够推动中国的改革与发展。

综观网络中国，在党中央、国务院的领导下，从党、人大、政协到政府、法院、检察院再到工会、共青团、妇联等组织和机构已经上网，从网络建党、E-两会到E-政府、网上法院、网上检察院、网络团委到流动妇女平安之家，“上网访民意”，“下网解民忧”，多元领导主体把虚拟世界和现实世界统一起来，统筹网上网下两个世界，进行着稳妥的有序的变革。

我们相信，多元领导主体已经成为创造世界历史的真正动力、真正英雄。在领导3.0时代，追求和平、幸福、美好生活的十几亿中国人民、几十亿世界人民成为中国与世界舞台的真正的主角，成为真正的共享领导者，成为推动历史走向更美好明天的强大动力。

我们相信，中国道路是“人间正道”，社会主义道路是十几亿中国人民通向共同富裕的康庄大道，同样的是同舟共济的全球主义道路，也是几十亿世界人民通向“大同世界”的光明大道。①

① 胡鞍钢、鄢一龙、魏星：《2030中国迈向共同富裕》，中国人民大学出版社2011年版，第200页。